# ランキングマップ世界地理

統計を地図にしてみよう

伊藤智章 Ito Tomoaki

JN052659

★――ちくまプリマー新書
436

# 目次 ＊ Contents

# まえがきに代えて

## サッカーの世界ランキングを地図にする

皆さんは、「世界ランキング」というと何を思い浮かべますか？　ランキングを地図にすると、どんなことが見えてくるのでしょうか？

図表0-1は、ＦＩＦＡ（国際サッカー連盟）の男子Ａ代表の世界ランキングです。同じ国の中に複数の代表を出す地域（イギリスなど）があったり、自治領などの非独立地域も代表を出すため、世界の独立国の数（日本が承認している国は１９６カ国）を上回る２１１のナショナルチームがあります。

上位32カ国（本戦出場枠の総数）の分布を見ると、ヨーロッパ（19カ国）と南米（5カ国）に集まっているのがわかります。２０２２年大会（カタール）でのヨーロッパの出場枠は13、南米は４・５でした。本大会に行ける実力ある国でも、大陸別予選突破が難しい激戦区です（２０２６年大会では拡大予定）。

１０１位以下の国々は、小国（自治領を含む）や発展途上国に幅広く分布しています。本

| 順位 | 国・地域 | ポイント |
| --- | --- | --- |
| 1 | アルゼンチン | 1840.93 |
| 2 | フランス | 1838.45 |
| 3 | ブラジル | 1834.21 |
| 4 | ベルギー | 1792.53 |
| 5 | イングランド | 1792.43 |
| 6 | オランダ | 1731.23 |
| 7 | クロアチア | 1730.02 |
| 8 | イタリア | 1713.66 |
| 9 | ポルトガル | 1707.22 |
| 10 | スペイン | 1682.85 |
| 20 | 日本 | 1588.59 |

図表 0-1　国際サッカー連盟（FIFA）男子世界ランキング（2023 年 4 月）
公式サイト（https://www.fifa.com/fifa-world-ranking/men?dateId=id13974）より作成

戦は夢のまた夢でも、定期的に国際Aマッチを戦う「おらが国（邦《くに》）の代表」を応援し、ランキングに一喜一憂する人々を想像してみるのも楽しいです。ちなみに、この時の最下位（第211位）は、ヨーロッパの小国サンマリノ共和国、第210位はカリブ海のイギリス領アンギラ諸島でした。

地図化に使うランキングは、最新のものでなくてもかまいません。むしろ過去のランキングと比較することで、新たな気づきを得られることがあります。図表0-2、0-3は、現在のランキングのポイント集計のルールが適応された2018年7月と現在のFIFA世界ランキングの順位の変動をみた地図です。

順位を大きく伸ばした国は、中東からアフリカ諸国に集まっています。共通するのは天然資源（石油や天然ガス）が豊富に採れることです。1位の赤道ギニアは1992年に天然ガス田が、1995年に海底油田の採掘が始まり、2017年にOPECに加盟しました。2022年のワールドカップに開催国枠で初出場したカタールは、有力な外国人選手の帰化も話題になりました。

2022年大会でアフリカ勢初の4位に入賞したモロッコ、隣国のアルジェリアもこの5年間で大きくランキングを伸ばしています。モロッコは準決勝で旧宗主国フランスと対戦し

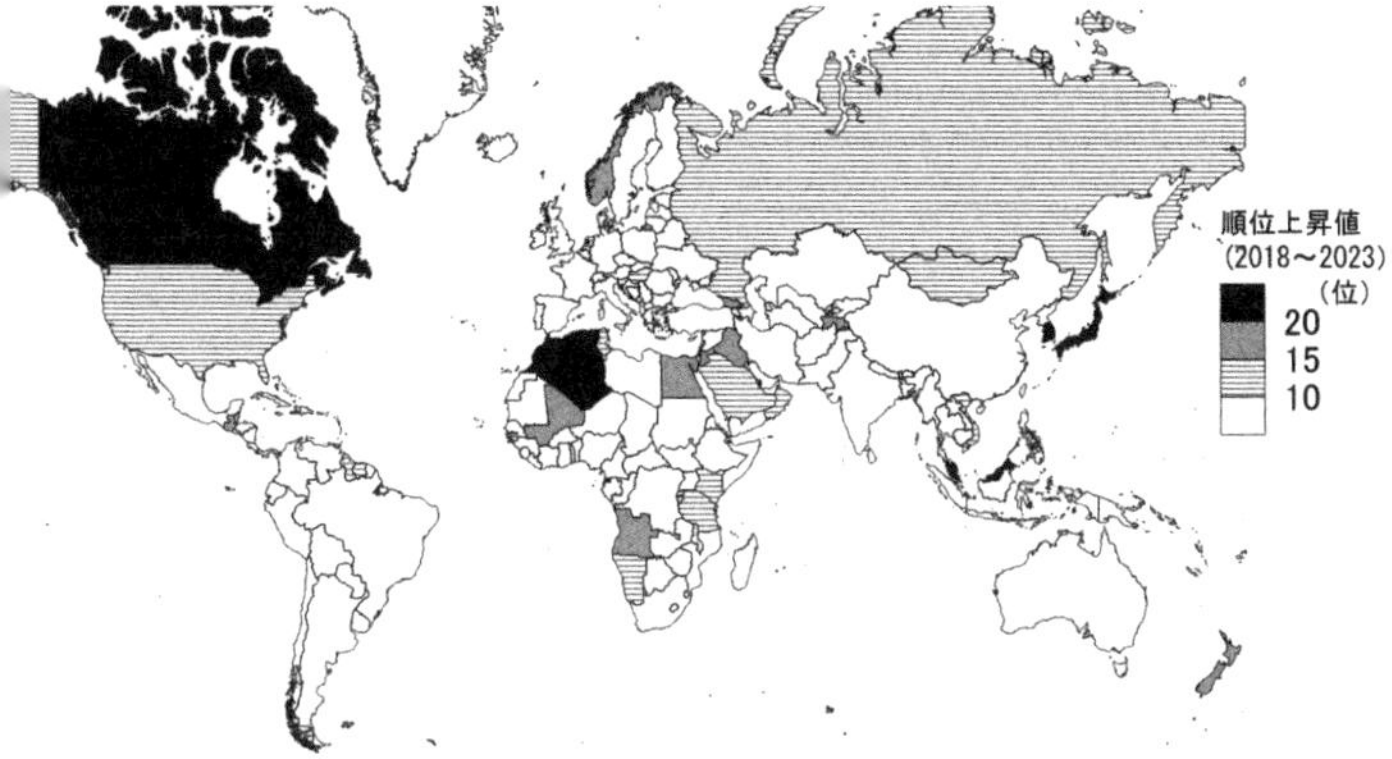


| 順位 | 国・地域 | FIFA ランキング（位）（2018 年） | FIFA ランキング（位）（2023 年） | 変動幅（位） |
|---|---|---|---|---|
| 1 | 赤道ギニア | 129 | 94 | +35 |
| 2 | マレーシア | 171 | 138 | +33 |
| | カタール | 94 | 61 | +33 |
| 4 | アルジェリア | 66 | 34 | +32 |
| | モロッコ | 43 | 11 | +32 |
| 6 | カナダ | 76 | 47 | +29 |
| 7 | バーレーン | 112 | 85 | +27 |
| 8 | 韓国 | 51 | 27 | +24 |
| 9 | 日本 | 41 | 20 | +21 |
| 10 | ジョージア | 96 | 77 | +19 |
| | ヨルダン | 103 | 84 | +19 |

図表 0-2　FIFA 世界ランキングが上昇した国（2018〜23 年）
出典：図表 0-1 に同じ

ましたが、モロッコのA代表にはフランスのプロリーグで活躍する選手も多くいます。旧植民地と宗主国のつながりが、代表の強化にどうつながっているのか、考えてみたいテーマです。

## 順位が大きく下がった国

逆にこの5年間で順位を大きく下げた国の分布を見てみると、ヨーロッパに集まっていることがわかります（図表0-3）。10位以上順位を下げた国は44カ国ありましたが、うち21カ国がヨーロッパでした。その多くが東欧諸国と小国です。経済のグローバル化に伴う西ヨーロッパ企業の進出と再移転による不況が、各クラブや代表強化の財政を圧迫しているのかもしれません。

順位の下落幅の1位と2位には、北大西洋の2つの島国（地域）が並んでいます。アイスランドの人口は約37万人、フェロー諸島（デンマークの自治領）は、人口約5・3万人（新潟県の佐渡島の人口が約5・2万人です）しかいません。でも、両国（地域）とも、ヨーロッパの国際Aマッチを転戦し、確かな結果を残しています。アイスランドは2018年（ロシア大会）のヨーロッパ予選を勝ち抜いて初出場を果たしました。フェロー諸島では1942年

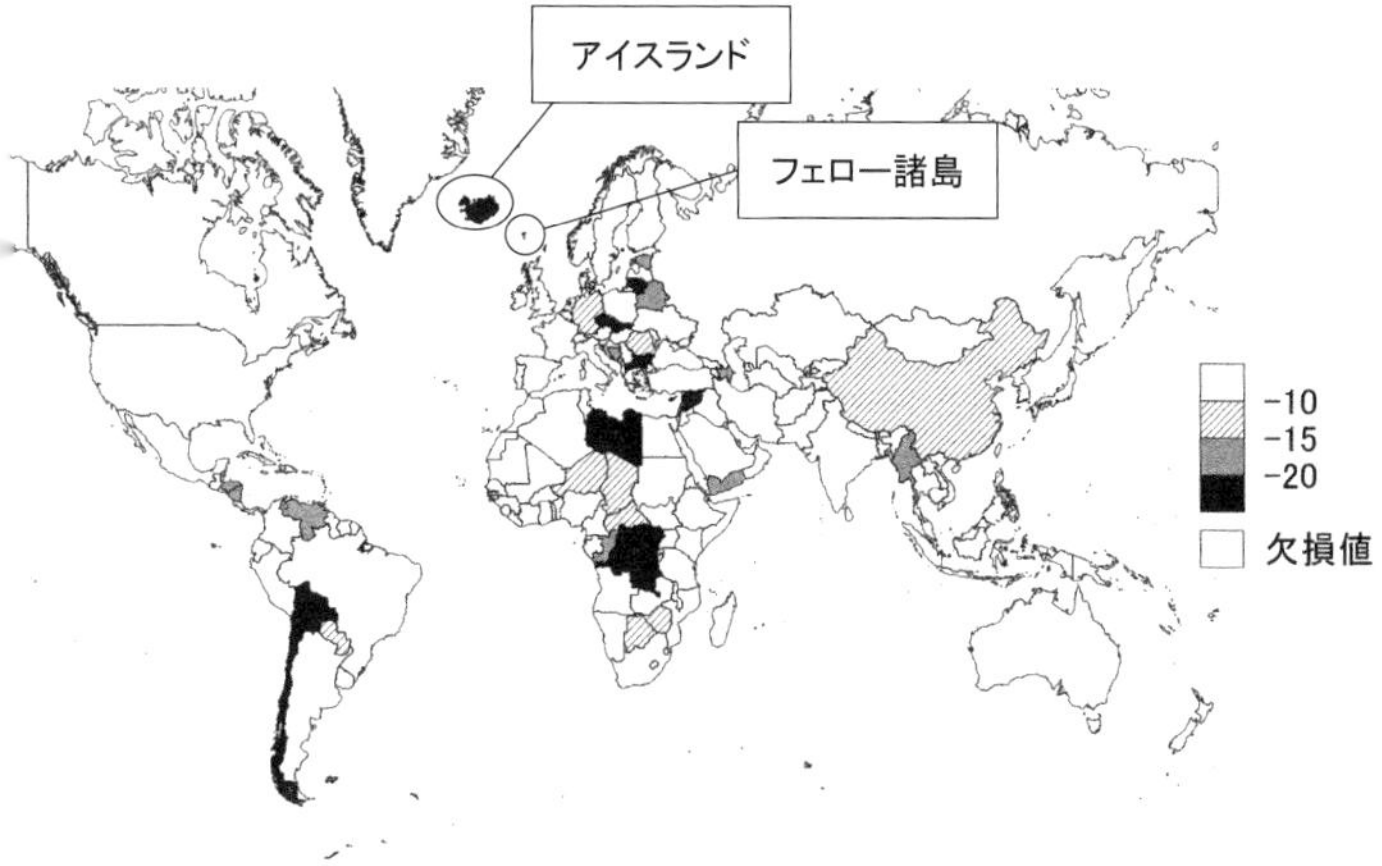


| 順位 | 国・地域 | FIFA ランキング（位）（2018 年） | FIFA ランキング（位）（2023 年） | 変動幅（位） |
|---|---|---|---|---|
| 1 | アイスランド | 22 | 64 | ▼42 |
| 2 | フェロー諸島 | 93 | 125 | ▼32 |
| 3 | スロバキア | 24 | 51 | ▼27 |
| 4 | コンゴ民主 | 45 | 70 | ▼25 |
| 7 | ブルガリア | 54 | 76 | ▼22 |
| | グアム | 184 | 206 | ▼22 |
| | リビア | 99 | 121 | ▼22 |
| | モーリシャス | 158 | 180 | ▼22 |
| | シリア | 68 | 90 | ▼22 |
| 10 | ボリビア | 62 | 83 | ▼21 |
| | チリ | 10 | 31 | ▼21 |

図表 0-3　FIFA 世界ランキングが下降した国（2018〜23 年）
出典：図表 0-1 に同じ

創設の「プレミアリーグ」（10チーム）を頂点とする地域リーグがあります。フェロー諸島の世界ランキングは、人口2・7億人のインドネシア（149位）よりも上です。

## 本書の構成

本書では、世界のあらゆる「ランキング」を地図化して、地図から読み取れることや、その背景について考えます。

学校で使う地図帳の巻末には統計資料が載っています。また、教科書や資料集には、統計を基に作られたカラフルな地図がたくさん載っています。授業ではそれらの資料を使って何が読み取れるのか、なぜそのような分布になるのかを考えます。ただ、使われる統計は基本的に最新であることが前提であり、上位の国を探したり、覚えることはあっても、古い統計を地図にしてみたり、下位の国に注目することはあまりありません。また、それぞれの資料には必ず出典が明記されていますが、インターネット等を介して発行元にアクセスして「元のデータ」を見ることはないと思います。

地図の作図には、フリーのＧＩＳソフト「ＭＡＮＤＡＲＡ」を使いました。地理の授業で操作を体験したことがあるかもしれません。

できる限り多くの資料を見てもらおうということで、地図と統計に紙面をあてましたので、かなり分厚い本になってしまいましたが（編集部の皆様、ありがとうございます）、どこから開いてもらっても楽しく読める構成になっています。パラパラッとめくってもらって面白そうな地図とランキングがあったら手を止めて、まずは地図とランキングをじっくり眺めてみてください。本書は何よりも地図がメイン、素材の持ち味が命です。

読者の皆さんが「世界の今はこうなっているのか！」「面白いな。自分も地図を描いてみたいな」と思ってもらえれば本望です。世界のデータの「海の幸」を、頭から尻尾まで存分に堪能してください。

# 第1章　世界の自然環境

## 1　世界の屋根――高い山と長い山脈

世界で最も高い山、エベレスト（チョモランマ）山（標高8848m）は、ヒマラヤ山脈を構成する峰の一つです。山の高さのランキングを上位10位まで（いずれも8000m以上）並べてみると、10山のうち9山がヒマラヤ山脈にあります。2位のK2山（標高8611m）があるカラコルム山脈は、ヒマラヤ山脈と同じ山系に属しています（図表1-1）。

山脈は、地球の表面を覆う地殻の移動と衝突によってできます。46億年前に地球ができたときは、熱くてドロドロした火の玉のようだった地球の表面が冷やされて固まった部分ですが、地球の内部では冷えないで液体状の物質が循環しています。地殻の下を満たしているマントルや外核が地殻を破って液状の岩石（アセノスフェアといいます）が漏れ出している場所を海嶺《かいれい》といいます。地表面（海中）に出たアセノスフェアは、すぐに冷やされて岩石になる際に、周囲の地殻を押し広げます。押された地殻は元あった場所から移動しますが、前に進みづらい場所では地殻自体が折れ曲がり、長い山脈になります。

ヒマラヤ山脈やカラコルム山脈は、インドとアフリカの間のインド洋の深海にある中央インド洋海嶺で湧き出たアセノスフェアが地殻を動かし、インド半島（5000万年前は南ア

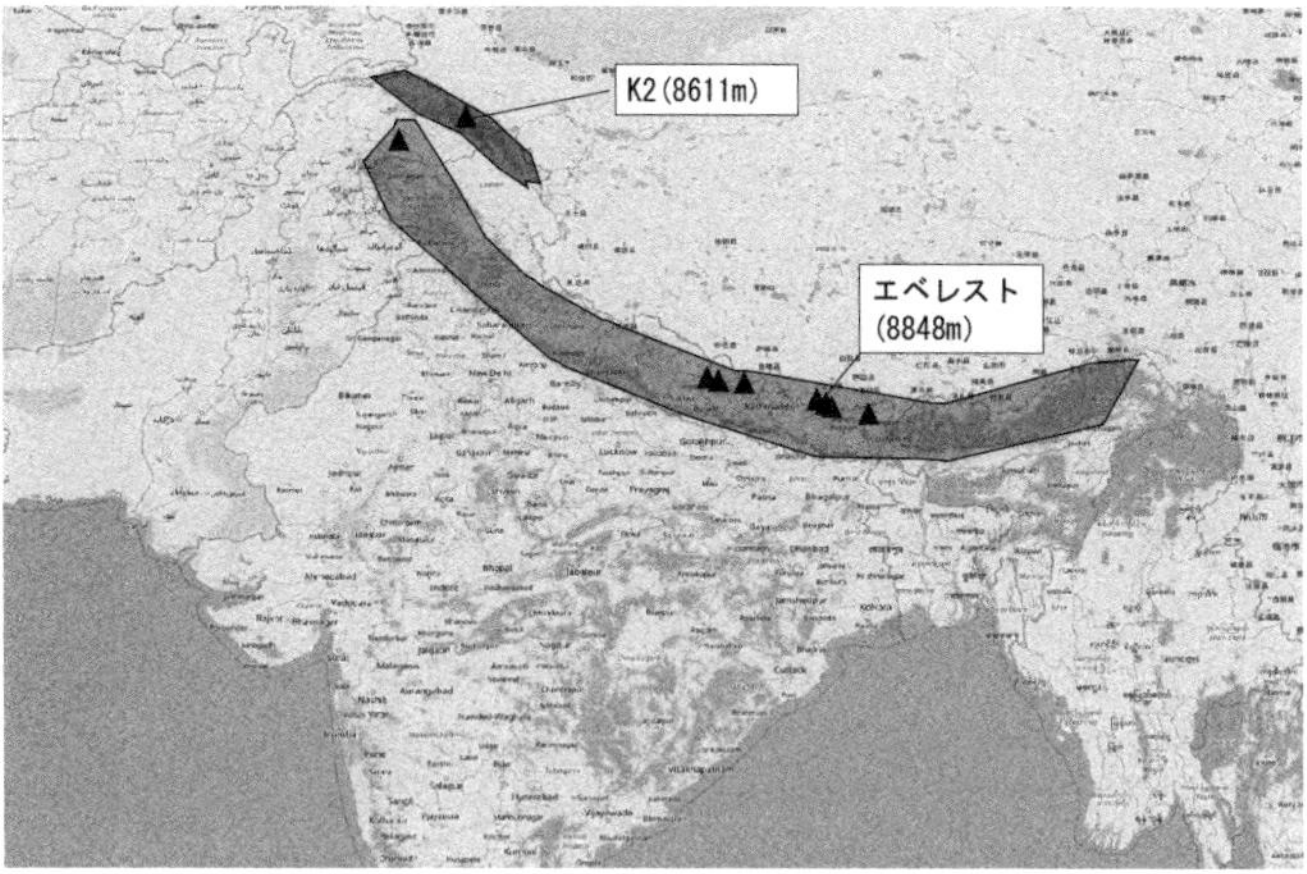


| 順位 | 山 | 山脈 | 標高（m） |
|---|---|---|---|
| 1 | エベレスト | ヒマラヤ山脈 | 8848 |
| 2 | K2 | カラコルム山脈 | 8611 |
| 3 | カンチェンジュンガ | ヒマラヤ山脈 | 8586 |
| 4 | ローツェ | ヒマラヤ山脈 | 8516 |
| 5 | マカルー | ヒマラヤ山脈 | 8463 |
| 6 | チョオユー | ヒマラヤ山脈 | 8201 |
| 7 | ダウラギリ | ヒマラヤ山脈 | 8167 |
| 8 | マナスル | ヒマラヤ山脈 | 8163 |
| 9 | ナンガパルバット | ヒマラヤ山脈 | 8126 |
| 10 | アンナプルナⅠ | ヒマラヤ山脈 | 8091 |

図表 1-1　標高の高い山上位 10 山の分布
理科年表 2023 より作成

フリカの東にあった巨大な島だったと考えられています）をユーラシア大陸に押し込んでできた山脈です。インド半島は、最終的にはユーラシア大陸の下に潜り込み、再びマントルに戻ります。潜り込む場所では海溝と同じように深い溝を作ります。ガンジス川とその周りのヒンドスタン平原がその溝にあたります。

図表1-2は世界の山脈を距離の長い順にみたランキングです。現在、地球上にある大山脈は、新期造山帯（約2億5000万年前以後に造山運動が始まり、現在も活動中の山脈）と古期造山帯（2億5000万年前以前に造山運動があり、現在は活動のないもの）に分けられます。古期造山帯の中にも長く連なる山脈があります。2位のサザングレートエスカープメントは、直訳すると「大断崖」で、日本の地図帳では、その一部が「ドラケンスバーグ山脈」として記されています。古期造山帯で多く採れる石炭と、ダイヤモンドで知られる山脈です。

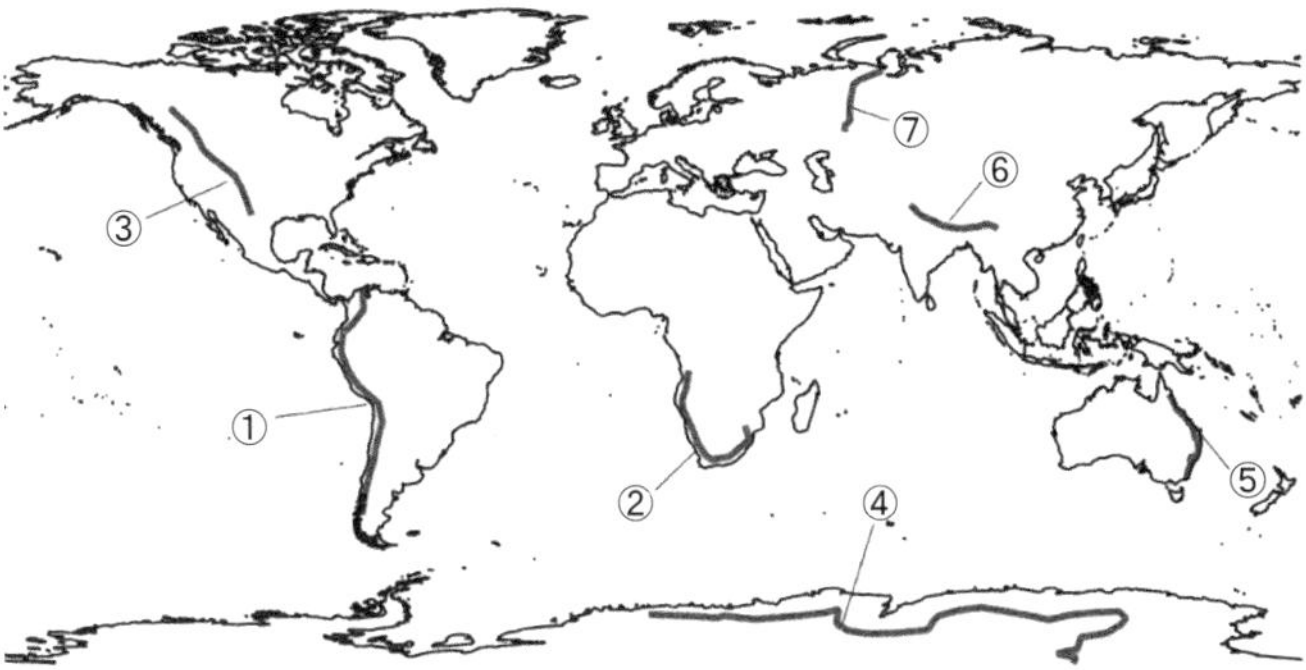


| 順位 | 山脈 | 稜線距離(km) | 造山帯 |
|---|---|---|---|
| 1 | アンデス | 7000 | 新期 |
| 2 | サザングレートエスカープメント | 5000 | 古期 |
| 3 | ロッキー | 4800 | 新期 |
| 4 | 南極横断 | 3500 | 古期 |
| 5 | グレートディバイディング | 3500 | 古期 |
| 6 | ヒマラヤ | 2600 | 新期 |
| 7 | ウラル | 2500 | 古期 |

図表 1-2　稜線の距離が長い山脈

Wikipedia "List of longest mountain chains on Earth" より作成

## 2　世界の川――長さ世界一ナイル川の苦悩

世界の川を距離が長い順に10河川を地図にまとめました（図表2-1）。アフリカのナイル川が南米のアマゾン川よりも若干長く、世界一の長さです。しかし、支流を含めた流域面積と平均流量（一秒間に運ばれる水の体積）ではアマゾン川が他を大きく引き離しています。ナイル川は、流域面積では世界3位に、平均流量では93位まで順位を落としてしまいます。それでも、平均流量の日本一（信濃川）が毎秒503㎥ですから、十分に雄大な流れではありますが、近年ナイル川を流れる水と運ばれる土砂は、どんどん減っています。「世界一」の川、ナイル川について、詳しく見たいと思います。

図表2-2は、ナイル川の流域と主なダムを示した地図です。

ナイル川は、大きな二つの河川が合流して一つの流れを作っています。赤道直下の国、ルワンダにあるカゲラ渓谷を源流にビクトリア湖を通って北上する「白ナイル」と、エチオピア高原にあるタナ湖を源流に西に流れた後、スーダンで北上して白ナイルに合流する「青ナイル」です。青ナイルの水量は、白ナイルの約2倍で、ナイル川の水の4分の3を占めます。

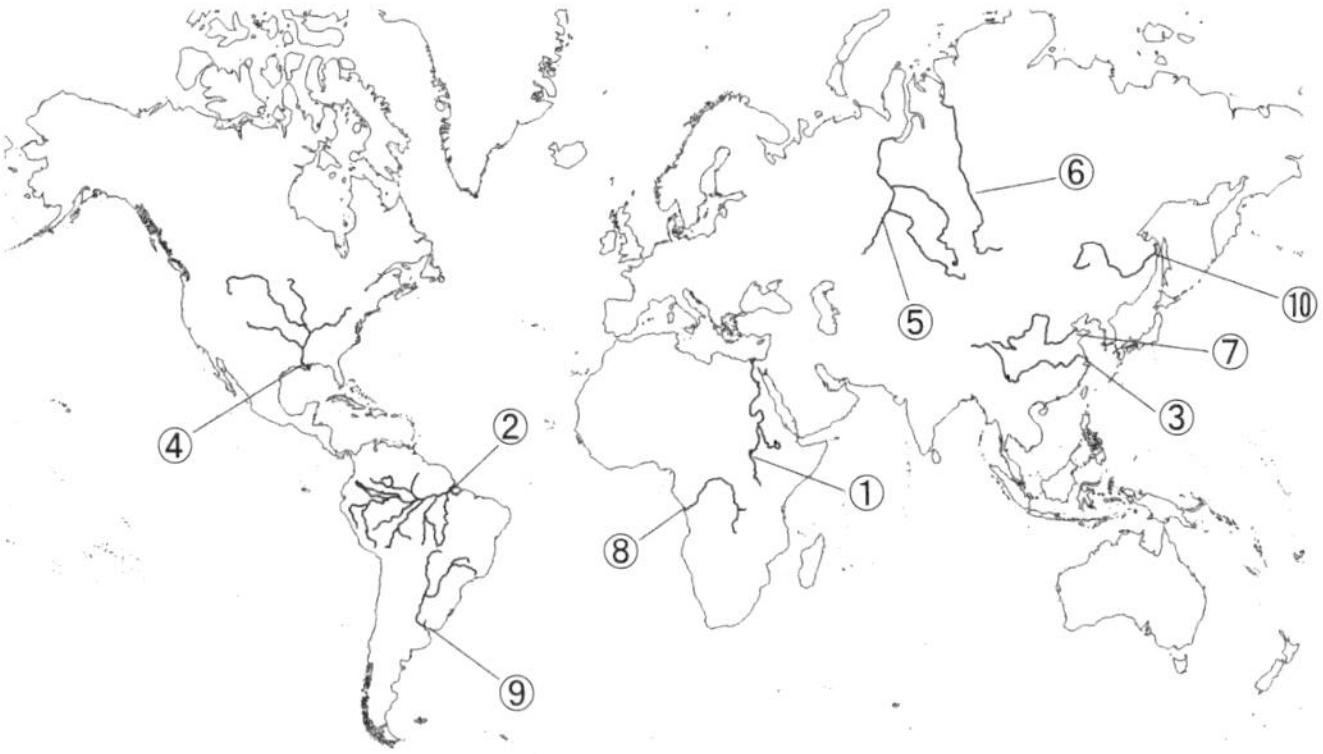


| 順位 | 河川名 | 長さ（km） | 流域面積（万 $km^2$） | 平均流量（$m^3$／秒） |
|---|---|---|---|---|
| 1 | ナイル | 6,695 | 335 | 1,251 |
| 2 | アマゾン | 6,516 | 705 | 122,483 |
| 3 | 長江 | 6,380 | 196 | 28,630 |
| 4 | ミシシッピ/ミズーリ | 5,969 | 325 | 15,159 |
| 5 | オビ | 5,568 | 299 | 12,717 |
| 6 | エニセイ/アンガラ | 5,550 | 258 | 18,589 |
| 7 | 黄河 | 5,464 | 98 | 1,422 |
| 8 | コンゴ | 4,667 | 368 | 39,849 |
| 9 | ラプラタ/パラナ | 4,500 | 310 | 15,581 |
| 10 | アムール/アルグン | 4,444 | 186 | 10,190 |

図表 2-1　世界の大河川（長さ上位 10 河川）
理科年表・GRDC（世界河川流量データセンター）より作成

古代ギリシアの歴史家ヘロドトスは、「エジプトはナイルのたまもの」との言葉を残しましたが、周期的におこる洪水は、青ナイル流域の雨季と乾季の降水量の差によるものです。

1970年に完成した「アスワン・ハイダム」は、ダム湖（ナセル湖）の面積が5250㎢（琵琶《びわ》湖の7・8倍）におよぶ巨大なものです。このダムの建設で、周辺の農地は拡大し、小麦や綿花の生産が増加しましたが、下流域では年間1億トンに及んだ粘土質の土の供給がなくなり、ナセル湖に貯水された水の約78％にあたる年間100億㎥もの水が蒸発してしまうため、ナイル本流に戻される水が激減するなどの影響が続いています。

近年、青ナイル流域の開発を進めるエチオピアでもダムの建設を進めています。1970年以後、既に32のダムを建設し、2020年には過去最大級となる「大エチオピアダム」が完成しました。5年から10年がかりで貯水を行い、水力発電所が稼働すれば、アフリカ最大、世界で7番目の発電量になります。

世界一の長さを誇りながら、流量は減り続けるナイル川。影響を及ぼす範囲も規模も、格段に大きなものになることは間違いありません。

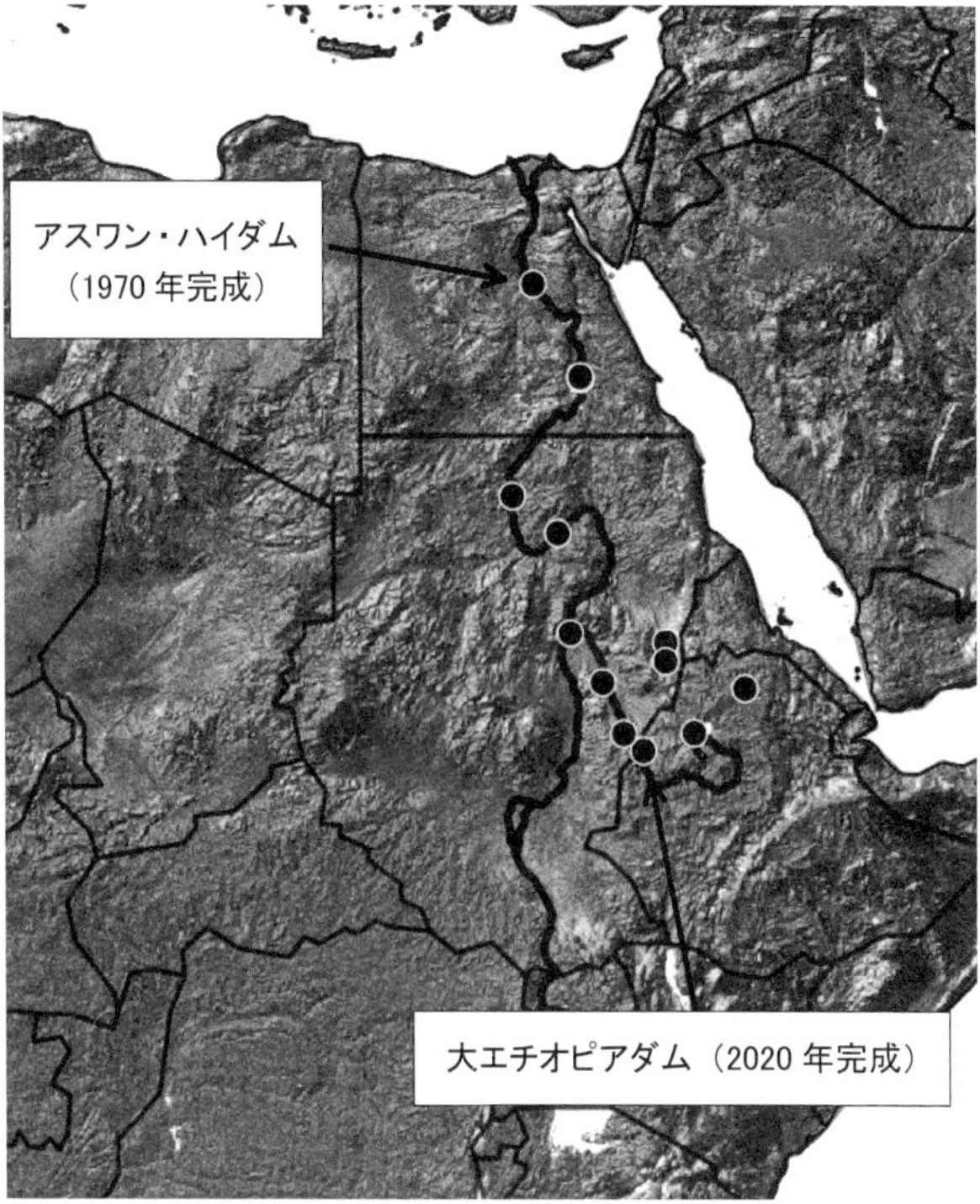


図表 2-2　ナイル川流域の主なダムの分布

## 3　世界の湖――名実ともに「海」になったカスピ海

世界の湖の大きさを比較してみると（図表3－1）、圧倒的に大きいのがカスピ海です。2位のスペリオル湖の4・5倍、日本一大きな湖である琵琶湖（669・3㎢）の約560倍もの広さがあります。

カスピ海は、地中海や黒海と同じように、もともとは外海につながる湾だったものが、今から約550万年前に起きた地殻変動で外海との出入り口が閉ざされてできたと考えられています。ボルガ川をはじめ、約130の河川が流入しますが、カスピ海から流れ出る河川はなく、海水の約3分の1程度の塩分濃度は流入する水と蒸発する水のバランスで保たれています。

カスピ海は大きな「湖」なのか、それとも周囲を陸に囲まれた「海」なのか、周辺国を巻き込んだ論争がここ20年近くにわたって繰り広げられてきました。

というのも、「湖」とするか「海」とするかによって、沿岸国が主張できる領有権や資源の配分が大きく変わるからです。

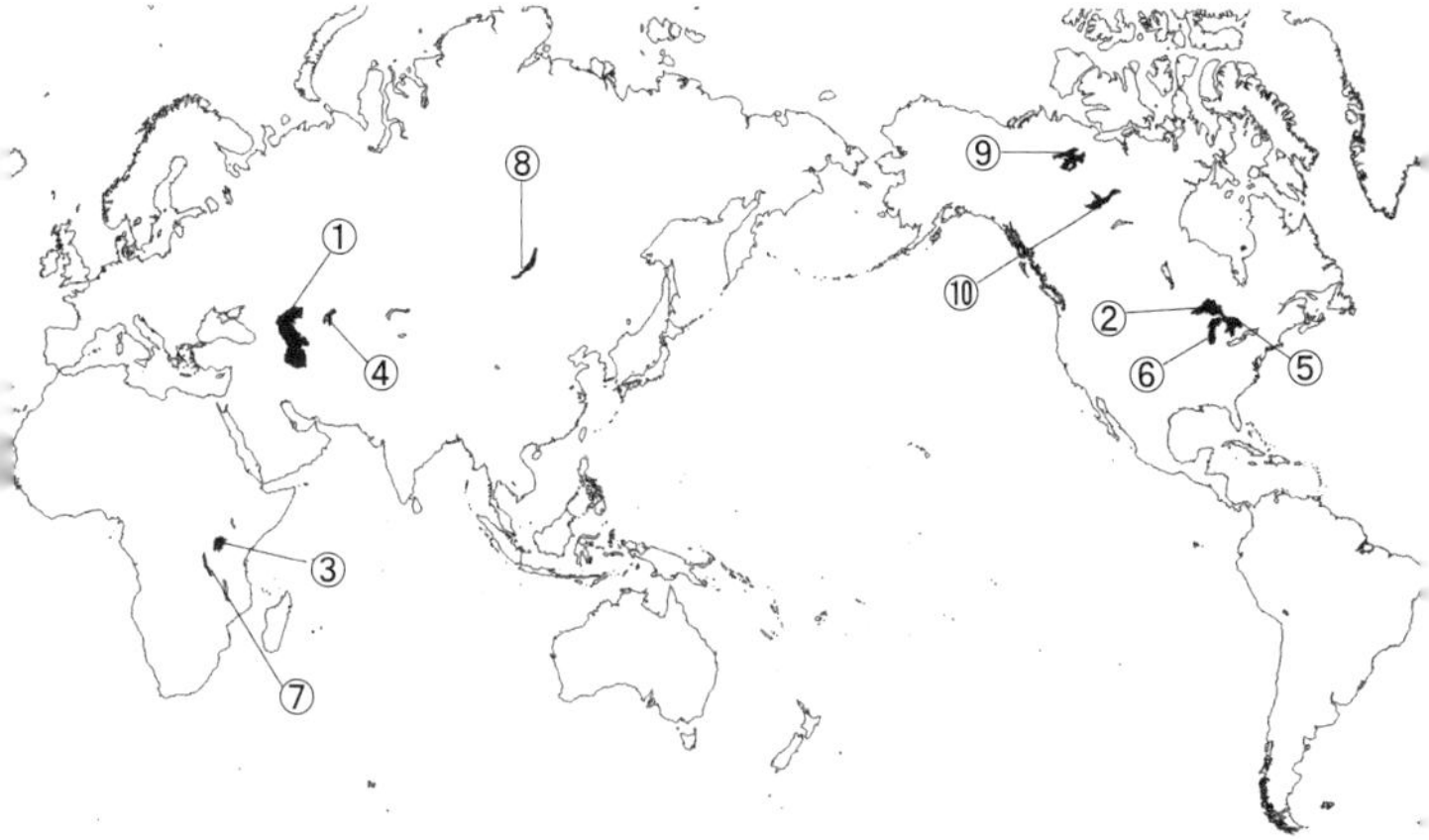


| 順位 | 湖名 | 面積（km²） | 最大水深（m） |
|---|---|---|---|
| 1 | カスピ海 | 374,000 | 1025 |
| 2 | スペリオル湖 | 82,367 | 406 |
| 3 | ビクトリア湖 | 68,800 | 84 |
| 4 | アラル海 | 64,100 | 68 |
| 5 | ヒューロン湖 | 59,570 | 228 |
| 6 | ミシガン湖 | 58,016 | 281 |
| 7 | タンガニーカ湖 | 32,000 | 1471 |
| 8 | バイカル湖 | 31,500 | 1741 |
| 9 | グレートベア湖 | 31,153 | 446 |
| 10 | グレートスレーヴ湖 | 26,568 | 625 |

図表 3-1　世界の十大湖沼
理科年表より作成

かつてカスピ海の沿岸国はイランとソ連（ソビエト社会主義共和国連邦）の2カ国だけでした。両国は、「カスピ海は湖である」という見解で一致し、カスピ海で得られる資源とそれに伴う利益を50%ずつに分けてきました。カスピ海産が世界シェアの9割を占めるキャビアがとれるチョウザメの漁業権も折半されていました。

１９９１年にソ連が崩壊し、15の共和国に分割されると、カスピ海の沿岸国もイランと4カ国に増えました。イラン以外の各国は、「湖」であるカスピ海の領有権を沿岸国で5等分するか、「海」として位置づけて国際海洋法条約を適用させて領海と排他的経済水域を定めることを主張しました。２０１８年にカザフスタンのカスピ海岸の都市、アクタウで開かれた沿岸国の首脳会議で話し合いが行われ、沿岸から15カイリ（約28km）を領海、25カイリ（約45km）までを排他的経済水域とし、それより沖合を公海（接続水域）としました（図表3-2、3-3）。

条約上は「海」となったカスピ海ですが、石油資源開発に伴う環境汚染や、水深が上下することによる生態系への影響（塩分濃度の変化）など、差し迫った課題も多くあります。国の枠を超える形での協力がますます必要だと思われます。

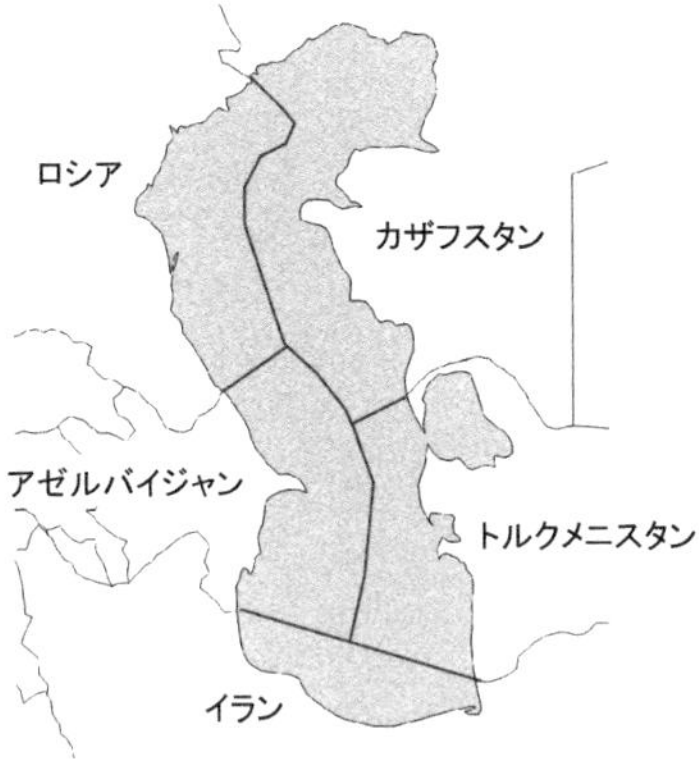


図表 3-2　カスピ海の権益分割「湖」として5等分

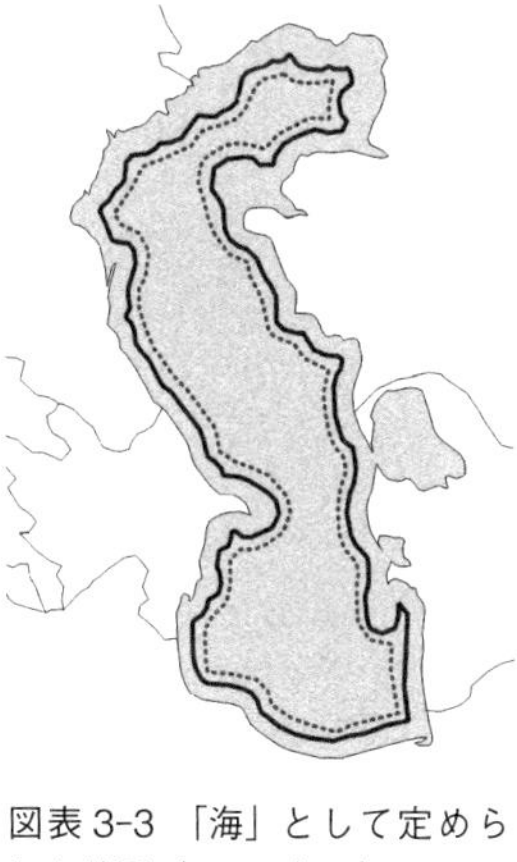

図表 3-3「海」として定められた境界（2018 年～）

## 4　最高気温と最低気温――地球温暖化と異常気象

歴代の最高気温記録と最低気温記録のランキングと観測地点の分布を地図にしてみました。世界には、約9万の気象観測地点があり、毎日気温や降水量のデータを収集しています。

図表4-1は、歴代最高気温記録の10地点です。1位は、アメリカのカリフォルニア州「デスバレー」の56・7℃。2位はチュニジアのケビリで1931年に記録した55℃です。

最高気温が50℃を越えた観測地点の分布を見ると、大部分が緯度30°付近に分布しています。30°付近は、赤道付近よりも太陽の熱射量は少ないですが、乾燥気候で気温が上昇しやすいこと、砂漠が広がり、むき出しの岩や砂が熱を吸収して空気を暖めることが理由として考えられます。50℃以上の気温は22地点のうち11地点が2000年以後に記録しています。異常な高温は、干ばつや山火事、生態系への悪影響をもたらしています。

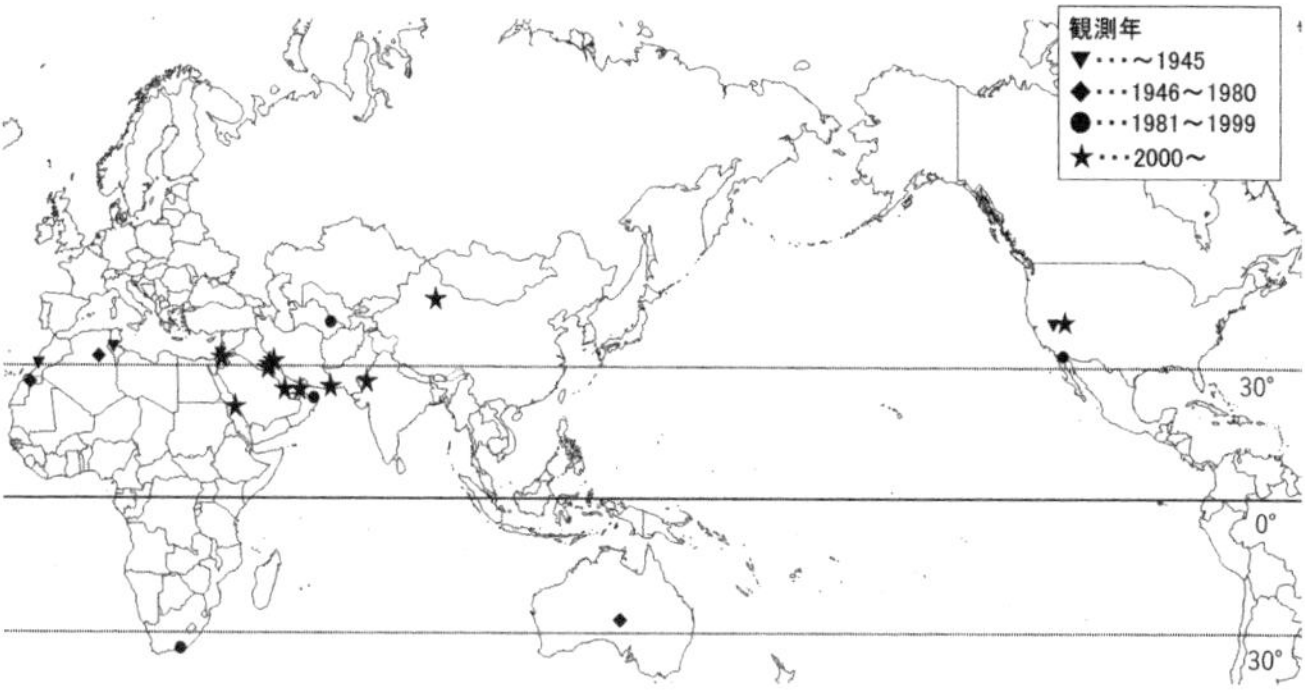


| 順位 | 気温 | 国名 | 地点名 | 観測年 |
|---|---|---|---|---|
| 1 | 56.7 | アメリカ | デスバレー | 1913 |
| 2 | 55.0 | チュニジア | ケビリ | 1931 |
| 3 | 54.0 | イラン | アフヴァーズ空港 | 2017 |
| 3 | 54.0 | イスラエル | ティラトズビ | 1942 |
| 5 | 53.9 | クウェート | ミリッパ | 2016 |
| 6 | 53.8 | イラク | バスラ | 2016 |
| 7 | 53.7 | パキスタン | モヘンジョダロ | 2017 |
| 8 | 52.1 | アラブ首長国連邦 | アル・ジャッジラ | 2002 |
| 9 | 52.0 | サウジアラビア | ジッダ | 2010 |
| 9 | 52.0 | メキシコ | メヒカリ | 1995 |

図表 4-1　50℃以上を記録した地点と世界の歴代最高気温
Wikipedia “List of weather records” より作成

最低気温の記録を見てみましょう（図表4－2）。上位2地点は南極大陸の内陸部の高原地帯です。ロシア（観測当時はソ連）のヴォストーク基地の標高は3488m、中国のドームA観測所の標高は4093mで、南極大陸で最も標高が高い地点にあります。北半球の最低気温もグリーンランドの内陸部で、海上の北極点よりも気温が低くなっています。－40℃を下回った年を地図に落としてみると最高気温とは対照的に、近年の記録達成は少なくなっています。ただ、2000年以後に－40℃を下回った地点を見てみると、ヨーロッパの北緯40°～50°付近に集中しています。ドイツのフンテンシー（2001年：－45.9℃）、ロシアのウストシュチューゲル（2009年：－58.1℃）、イタリアのボサ・フラドゥサ（2013年：－49.6℃）。ヨーロッパでは、近年大寒波が毎年のように襲来しており、2021年の1月には、スペインのマドリードで50年ぶりの積雪を記録しました。地球温暖化による大気循環のバランスの変化は、異常高温だけでなく、異常低温ももたらしているようです。

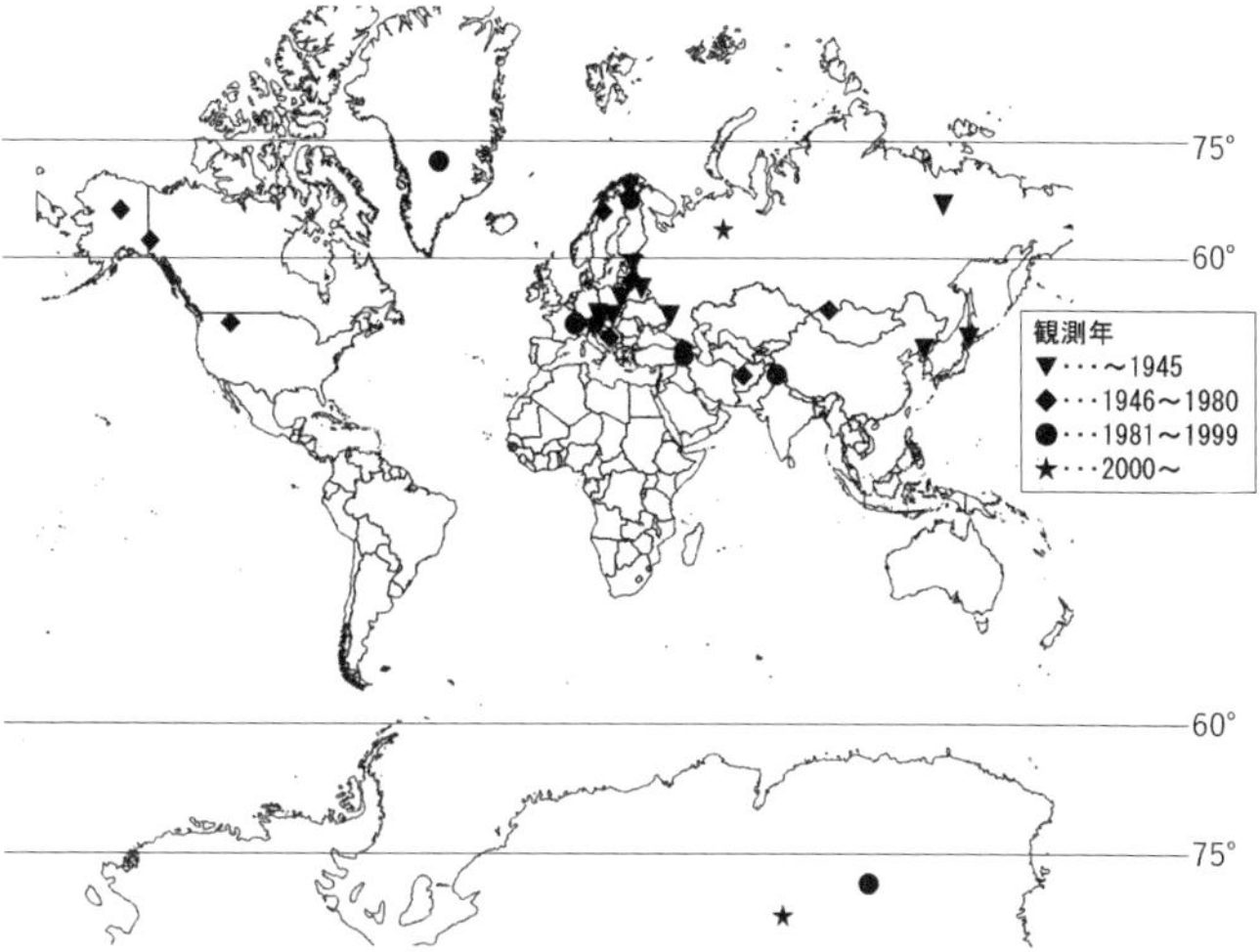


| 順位 | 国・地域 | 地点名 | 気温 | 観測年 |
|---|---|---|---|---|
| 1 | 南極 | ヴォストーク基地（ロシア） | −89.2 | 1983 |
| 2 | 南極 | ドーム A 観測所（中国） | −82.7 | 2019 |
| 3 | グリーンランド | クリンク観測所（世界気象機関） | −69.6 | 1991 |
| 4 | ロシア | オイミャコン | −67.8 | 1933 |
| 5 | カナダ | スナッグ | −63.0 | 1947 |
| 6 | アメリカ | プロスペクトクリーク | −62.2 | 1971 |
| 7 | ロシア | ウストシュチューグル | −58.1 | 1978 |
| 8 | アメリカ | ロジャースパス | −56.7 | 1954 |
| 9 | モンゴル | ズンゴビ | −55.3 | 1976 |
| 10 | オーストリア | グリーンロッヒ | −52.6 | 1932 |
| 10 | スウェーデン | ヴガッヤルメ | −52.6 | 1966 |

図表 4-2　−40℃以下を記録した地点と世界の歴代最低気温
出典：図表 4-1 に同じ

## 5　回帰線に沿って広がる砂漠——砂漠化の進行

世界の砂漠および周辺の乾燥地域のランキングです（図表5-1）。

乾燥地域は、地表から蒸発する水蒸気の量が降水量を上回る場所です。水蒸気の蒸発量は実測できないので、その場所の平均気温に係数をかけて計算します（「乾燥限界値」といいます）。乾燥地は、降水量が乾燥限界値の20％に満たない場所で、このうち、5％に満たない場所を極乾燥地域（レベル5）、5％から20％の範囲を乾燥地域（レベル4）としています。各砂漠の面積は、レベル4以下に該当する土地の広さになります。

サハラ砂漠の面積は907万㎢におよび、世界で一番広い砂漠です。「乾燥地」の面積では、南極大陸（1400万㎢）が上回りますが、地表が氷に覆われた景色は「砂漠」とは異なるので、ランキングからは外しました。

上位3つの砂漠に共通することは、同じ緯度（20°〜30°）の緯線に沿うような形で東西に長く広がっていることです。これらの砂漠は回帰線に沿う形で広がっているので「回帰線砂漠」と呼んでいます。

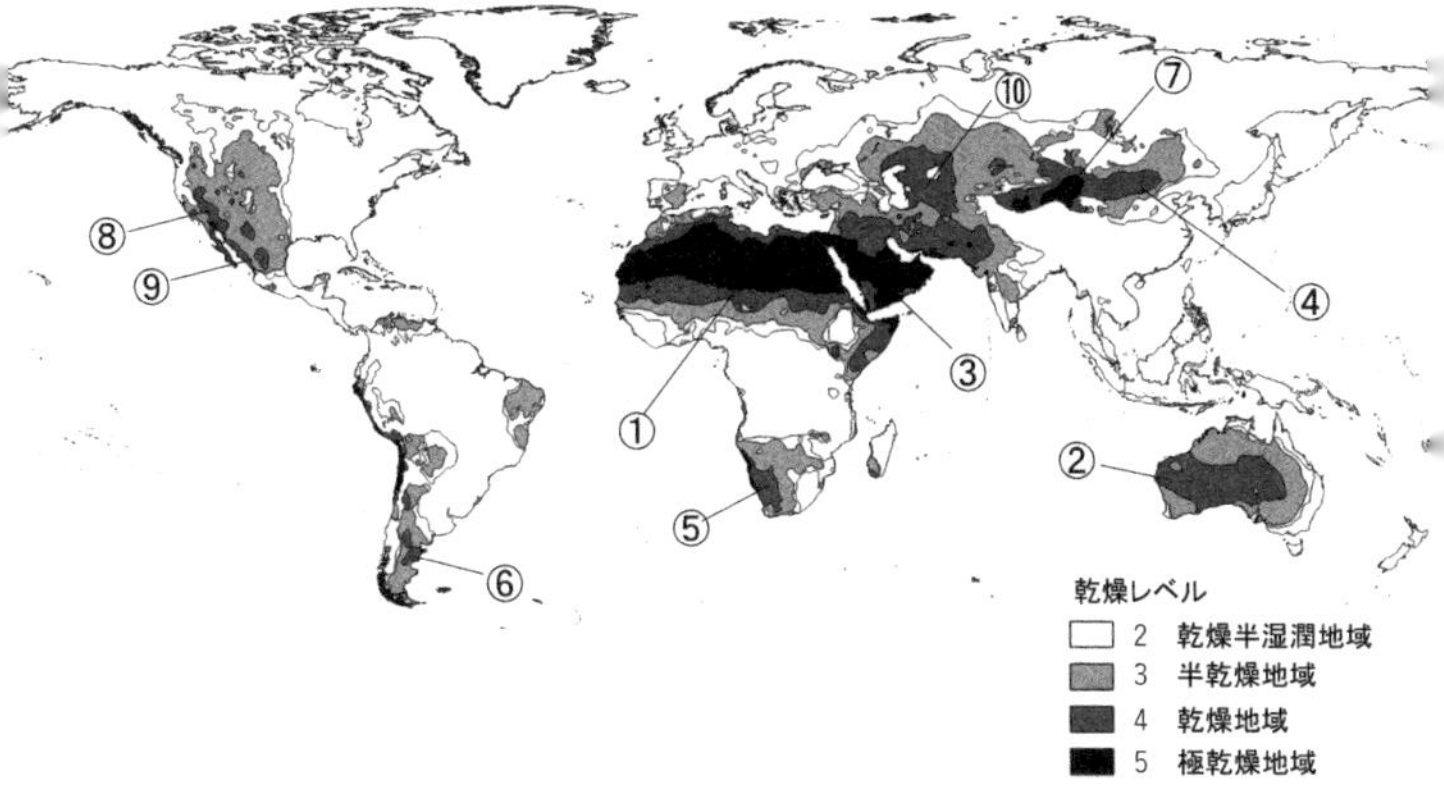


| | 砂漠名 | 面積（万 km²） |
|---|---|---|
| ① | サハラ | 907 |
| ② | オーストラリア | 337 |
| ③ | アラビア | 246 |
| ④ | ゴビ | 130 |
| ⑤ | パタゴニア | 67 |
| ⑥ | カラハリ | 57 |
| ⑦ | タクラマカン | 52 |
| ⑧ | グレートベースン | 49 |
| ⑨ | チワワ | 45 |
| ⑩ | カラクーム | 35 |

図表 5-1　世界の乾燥帯と主な砂漠（面積順）
理科年表より作成

次に「砂漠化」の現状について見てみましょう。砂漠化の原因には、慢性的な干ばつや砂漠から吹き付ける砂塵《さじん》など、自然的な要因も関わっていますが、ここでは人為的な要因による土壌劣化面積の大陸別比較を行いました（図表5-2）。

土壌劣化面積が最も大きいのがアジアです。具体的には、ヒマラヤ山脈の南側（インド・ネパール）と、中国の内陸部で土壌劣化が進んでいます。人口の急増に合わせて農地が拡大し、生活用の薪炭《しんたん》の需要が高まる中で森林が切り開かれているため、砂漠からの飛砂や、雨が降った時の表土の流出を食い止められなくなります。また、草原の植物の再生能力以上の家畜を飼育してしまう過放牧や、半乾燥地を灌漑《かんがい》して水を撒《ま》きすぎることによっておこる塩害（土壌中の塩分が水に溶けて上昇し、地表付近に溜《た》まる現象）で不毛の地が広がっています。規模こそアジア・アフリカには及びませんが、北アメリカやヨーロッパ、オーストラリアなど、先進国が集まる地域でも砂漠化とは無縁ではありません。

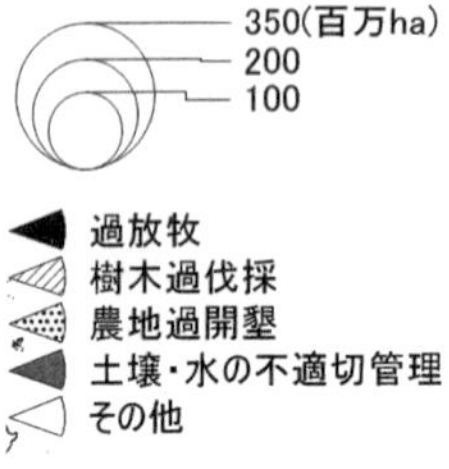

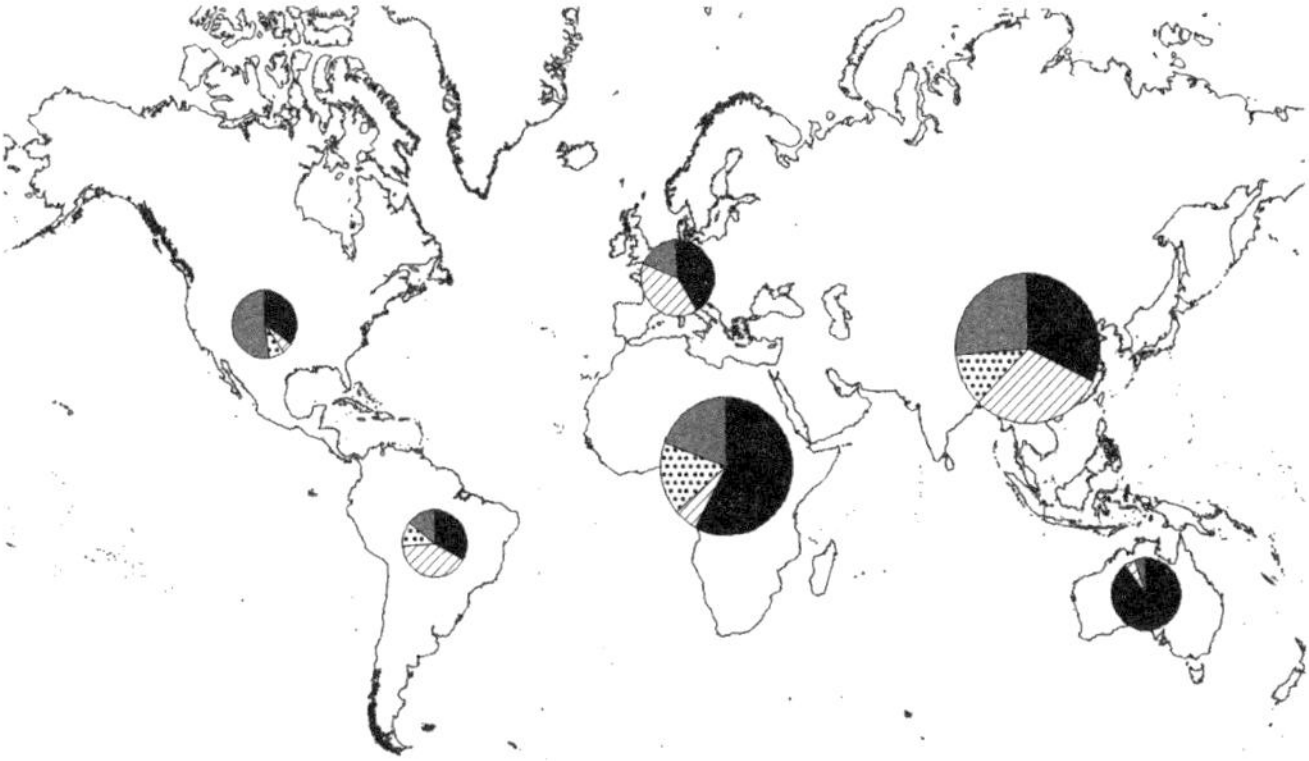

| 地域 | 人為的要因による土壌劣化面積（百万 ha） | 土壌劣化の原因と土壌劣化地に占める割合（%） | | | | |
|---|---|---|---|---|---|---|
| | | 過放牧 | 樹木過伐採 | 過開墾 | 不適切な土壌・水管理 | その他 |
| アフリカ | 319.4 | 57.8 | 5.8 | 16.9 | 19.5 | 0.0 |
| アジア | 370.3 | 32.1 | 30.1 | 11.4 | 26.1 | 0.3 |
| オーストラリア | 87.5 | 89.7 | 4.8 | 0.0 | 5.5 | 0.0 |
| ヨーロッパ | 99.4 | 41.5 | 39.1 | 0.0 | 18.4 | 0.9 |
| 北米 | 79.5 | 34.8 | 5.4 | 7.7 | 52.1 | 0.0 |
| 南米 | 79.1 | 33.1 | 40.7 | 11.5 | 14.7 | 0.0 |

図表 5-2　土壌劣化面積と土壌劣化の要因（大陸別）
鳥取大学乾燥地研究センター Web サイトより作成
原典は UNEP "World Atlas of Desertification: Second Edition"（1997）

# 6　植林義務がある国もある——森林面積と森林の増減

世界の森林面積は、4058・9万㎢（2020年）あり、陸地の約31％を占めています。国連の食糧農業機関（FAO）は、毎年世界各国の森林や林業に関する統計をとりまとめ、日本の林野庁が翻訳して公開しています。このデータを基に、世界の森林の現状を地図にしてみました。

図表6-1は、森林面積の上位10カ国と、国別の森林面積率をみたものです。広大な亜寒帯林（タイガ）があるロシアやカナダ、アメリカや、熱帯雨林（セルバ）が広がるブラジルが上位に入っています。中国やインド、オーストラリアなど国内に砂漠がある国では、森林面積率が低くなっています。

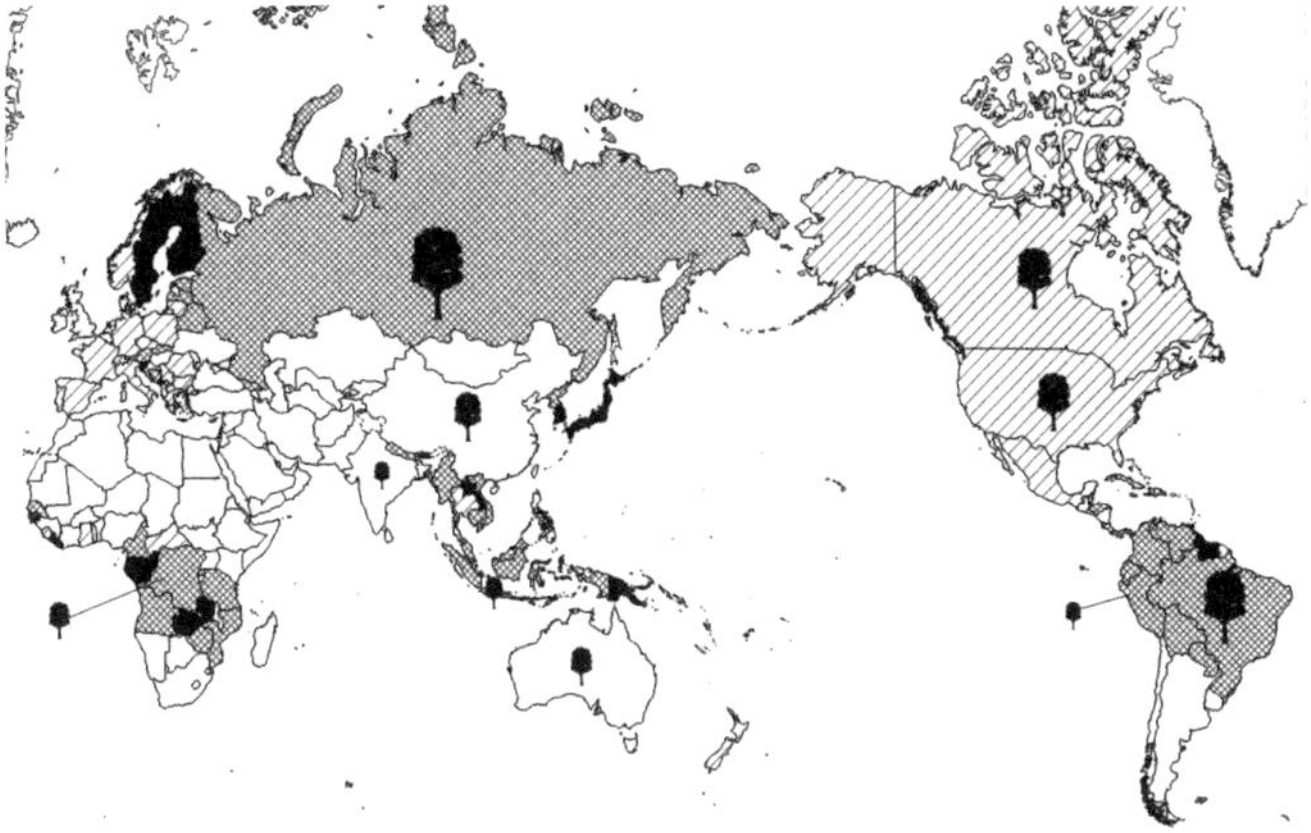

| 順位 | 国名 | 森林面積 2018 (万 $km^2$) | 森林面積率 (%) |
|---|---|---|---|
| 1 | ロシア | 815.3 | 49.8 |
| 2 | ブラジル | 499.1 | 59.7 |
| 3 | カナダ | 347.0 | 38.7 |
| 4 | アメリカ | 309.8 | 33.8 |
| 5 | 中国 | 216.2 | 23.0 |
| 6 | オーストラリア | 134.0 | 17.4 |
| 7 | コンゴ民主 | 128.4 | 56.6 |
| 8 | インドネシア | 93.3 | 49.7 |
| 9 | ペルー | 72.7 | 56.8 |
| 10 | インド | 71.6 | 24.1 |

図表 6-1　世界の森林と森林面積率（2018 年）
国連食糧農業機関（FAO）より作成

図表6-2は、森林が減少した国の減少面積と減少率を比較したものです（1990年と2018年の比較）。

森林減少面積が最も大きいのはブラジルで、89・8万$km^2$（森林減少率15・6％）でした。2位インドネシア（25・2万$km^2$：21・3％）、3位コンゴ民主共和国（22・3万$km^2$：14・8％）と、熱帯雨林を抱える国で森林の減少が進んでいることがわかります。

森林減少率の上位国を挙げてみると、アフリカと中南米諸国で特に高くなっています。アフリカでは、人口の増加に伴う食料の確保や、生活に必要な燃料を得るための薪炭材の需要が高まり、森林の伐採が進んでいる一方で、南米では、輸出向けの農産品の栽培や牧場を広げるために森林が伐採されています。ニカラグアでは輸出向けの肉牛の放牧地の拡大が進み、ブラジルやパラグアイでは切り拓《ひら》かれた森林が放牧地や大豆畑に転用されています。

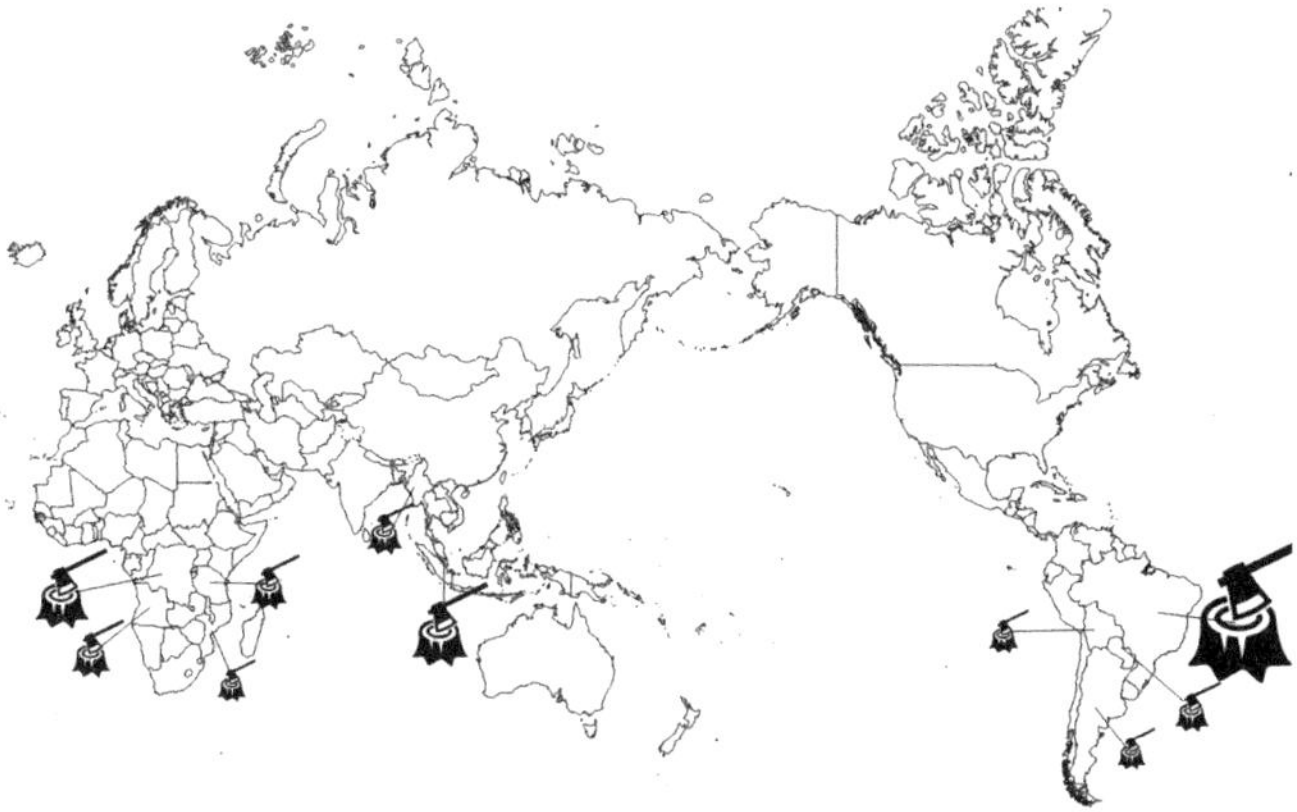

| 順位 | 国名 | 森林減少面積（万 km²） | 森林増減率（%） |
|---|---|---|---|
| 1 | ブラジル | −89.8 | −15.3 |
| 2 | インドネシア | −25.2 | −21.3 |
| 3 | コンゴ民主 | −22.3 | −14.8 |
| 4 | アンゴラ | −11.5 | −14.6 |
| 5 | タンザニア | −10.7 | −18.7 |
| 6 | ミャンマー | −10.1 | −25.7 |
| 7 | パラグアイ | −8.9 | −34.8 |
| 8 | ボリビア | −6.6 | −11.3 |
| 9 | アルゼンチン | −6.4 | −18.2 |
| 10 | モザンビーク | −6.2 | −14.2 |

図表 6-2　森林面積の減少面積と減少率（1990〜2018 年）
出典：図表 6-1 に同じ

次に森林面積が増加した上位10カ国と増加率を地図に表してみました（図表6-3）。増加面積が最も大きいのは中国で、2位のインド、3位のアメリカを大きく引き離しています。

中国の森林面積率は現在23・0％（2020年）です。中華人民共和国の建国当時（1949年）は8・6％しかありませんでしたが、11歳以上のすべての国民に年間3〜5本の植樹を義務づける「義務植林」制度を始め、黄河や長江の流域を中心に重点的に植林を進めています。ただ、植樹した木が森となり、災害を軽減するまでには長い時間がかかります。1998年6月から9月に発生した豪雨は、建国以来最悪と言われる大災害をもたらしました。長江とロシアとの国境の黒竜江（アムール川）の支流の松花江《しょうかこう》流域を中心に死者約4000人、約1400万人の人が家を失いました。

ヨーロッパでは森林増加率が高い国が連続しています。高い順にアイスランド（69・2％）、アイルランド（69・2％）、スペイン（33・5％）、イタリア（26・3％）、などです（日本は－0.6％）。異常気象（豪雨や異常高温）や酸性雨による森林の枯死も常態化していることを踏まえると、中国同様に、荒廃した森林を取り戻すための政策がとられています。

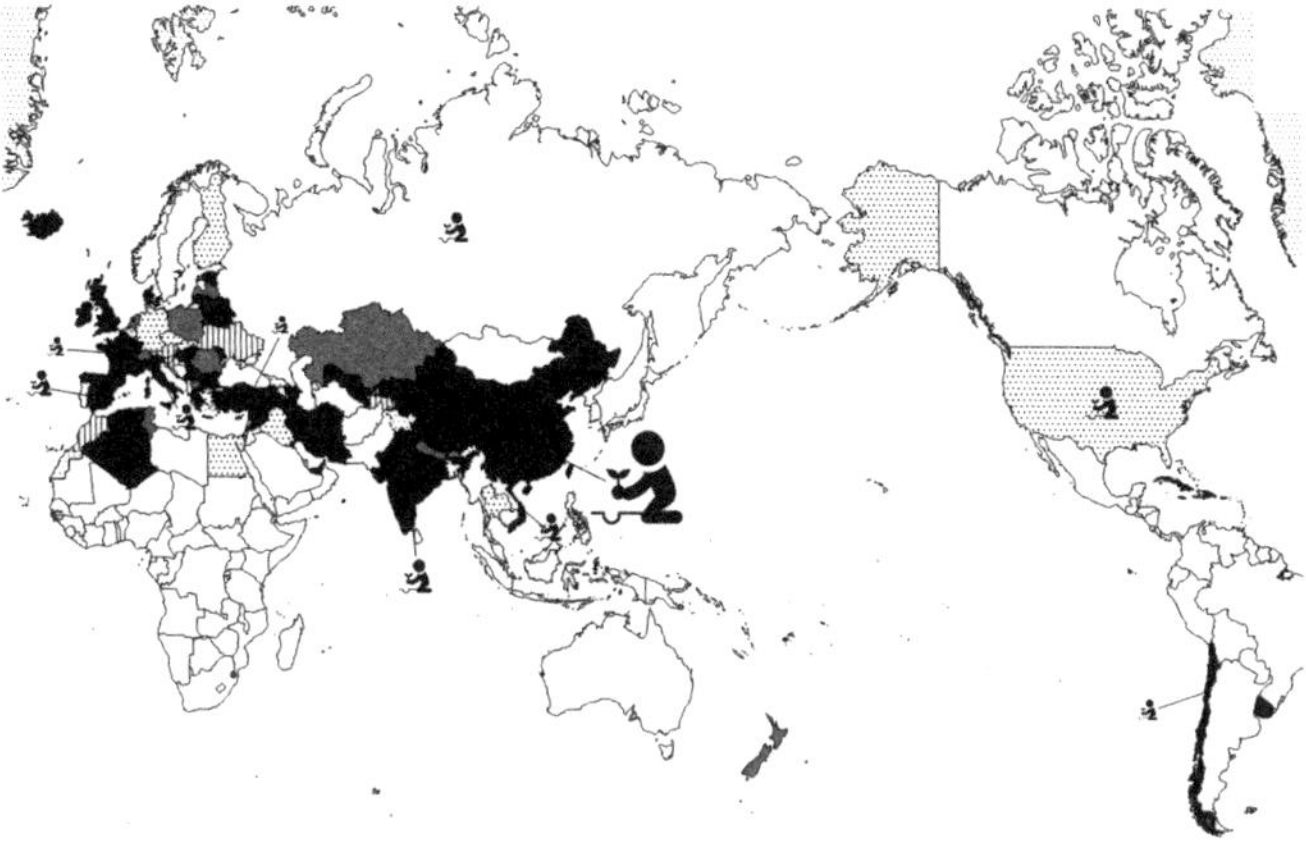

| 順位 | 国名 | 森林増加面積（万 km²） | 森林増減率（%） |
|---|---|---|---|
| 1 | 中国 | 59.1 | 40.0 |
| 2 | インド | 7.6 | 12.0 |
| 3 | アメリカ | 7.3 | 2.4 |
| 4 | ロシア | 6.4 | 0.8 |
| 5 | ベトナム | 5.1 | 54.6 |
| 6 | スペイン | 4.7 | 33.5 |
| 7 | チリ | 2.8 | 17.8 |
| 8 | フランス | 2.7 | 18.4 |
| 9 | トルコ | 2.1 | 10.7 |
| 10 | イタリア | 1.9 | 24.6 |

図表 6-3　森林面積の増加面積と増加率（1990〜2018 年）
出典：図表 6-1 に同じ

## 7　氷に覆われた場所

地球上には、一年を通して氷が融《と》けない場所があります。南極、北極周辺や、高山の山頂付近です。これらの地域では、冬に降り積もった雪の一部が夏になっても融けずに万年雪になり、その上に雪が積もることで長い年月をかけて氷の塊を作っています。内陸を覆う氷の塊を氷床、海岸付近や谷底でゆっくりと移動している氷の塊を氷河と呼んでいます。

図表7-1は、世界の氷床および氷河の分布です。グレーの部分が氷床および氷河です。氷床は南極大陸の大部分と、グリーンランドの内陸部にありますが、他は氷河に覆われています。

氷河は自身の重みで岩盤に圧力をかけ、ゆっくりと移動することで岩盤を削ります。スカンジナビア半島やチリの南部では、氷河が削った谷（U字谷）に海水が浸入してできた「フィヨルド」が見られます。また、アメリカ・カナダ国境付近にある五大湖や、フィンランドの内陸部にあるたくさんの湖は、氷河期（2万年周期で訪れる寒冷な時期）にこの付近を覆っていた氷河が岩盤を削ってできた窪地《くぼち》に水が溜まった「氷河湖」です。

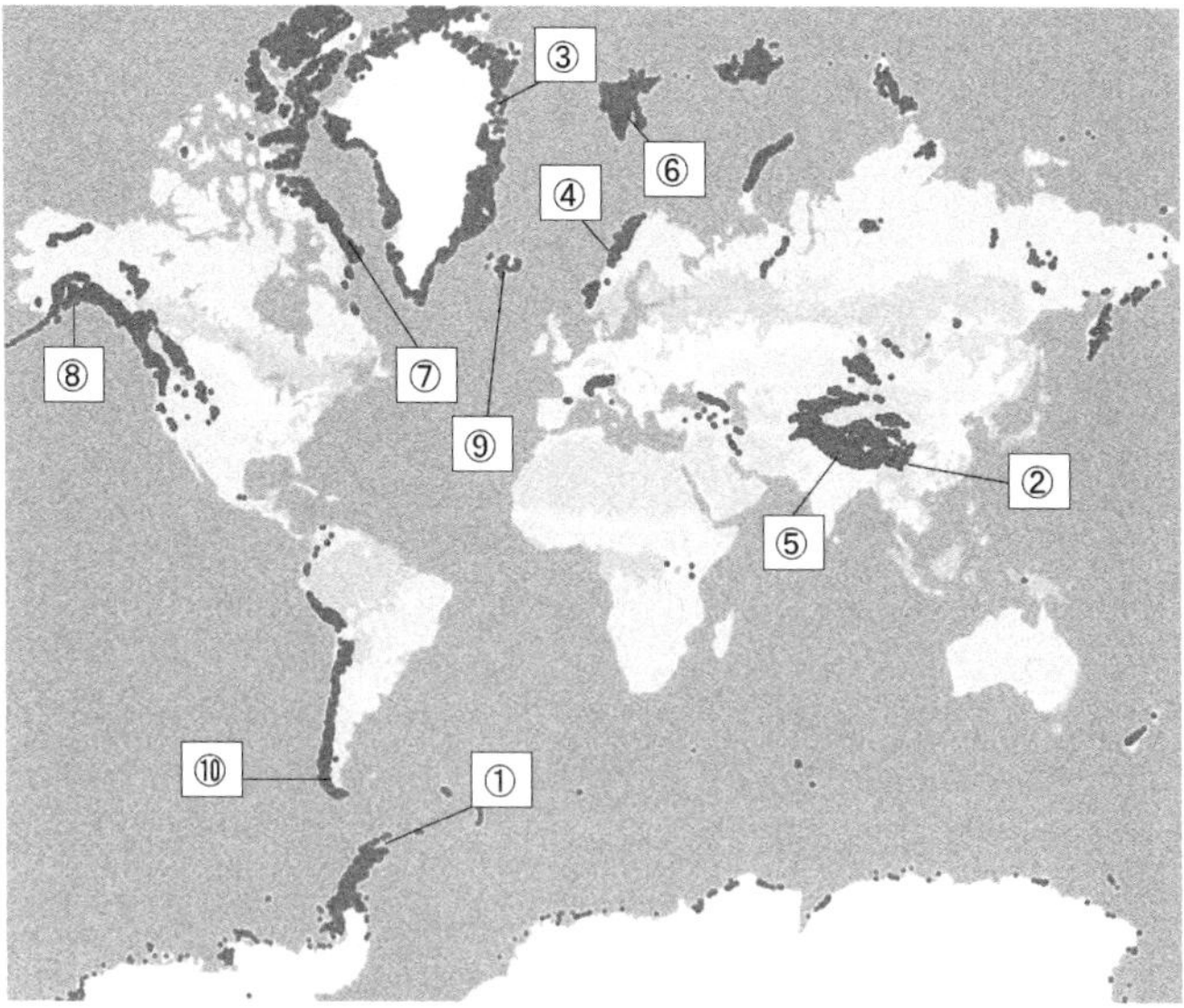


| | 場所 | 面積（万 km$^2$） |
|---|---|---|
| ① | 南極大陸 | 38.8 |
| ② | 中国 | 32.0 |
| ③ | グリーンランド | 5.5 |
| ④ | ノルウェー | 5.2 |
| ⑤ | ヒマラヤ（中国を除く） | 4.73 |
| ⑥ | スバールバル諸島 | 4.71 |
| ⑦ | カナダ | 4.0 |
| ⑧ | アラスカ | 2.2 |
| ⑨ | アイスランド | 1.1 |
| ⑩ | アルゼンチン | 0.7 |

図表 7-1　世界の氷河の分布

米・国立氷雪データセンター（NSIDC）https://nsidc.org/cryosphere/glaciers/questions/located.html より作成

海面に漂う氷を海氷といいます。北極海や南極大陸の沿岸には大量の海氷がありますが、地球温暖化の影響を受けて年々融け続けています。図7-2、3は、アメリカ国立氷雪データセンターが公開している北極海の氷の分布です。Google Earth上で経年変化をたどることができます。日本の気象庁の観測によると、北極海の海氷の面積は、観測を始めた1979年には年平均で1242・6万㎢ありましたが、2020年には1014・4万㎢にまで減りました。特に氷が減っているのは、ロシアのシベリア東部からベーリング海峡にかけての海域です。かつては沿岸まで氷に覆われ、大陸と地続きだった海氷は、北極点の近くに遠ざかっています。気象庁では、海水温が上昇したことに加え、シベリア付近で低気圧が発生しやすくなった結果、南から暖かく湿った空気が入りやすく、グリーンランド付近の高気圧との気圧差が大きくなり、強風が吹いて海が荒れ、海氷が砕けて融けやすくなったのではないかと分析しています。

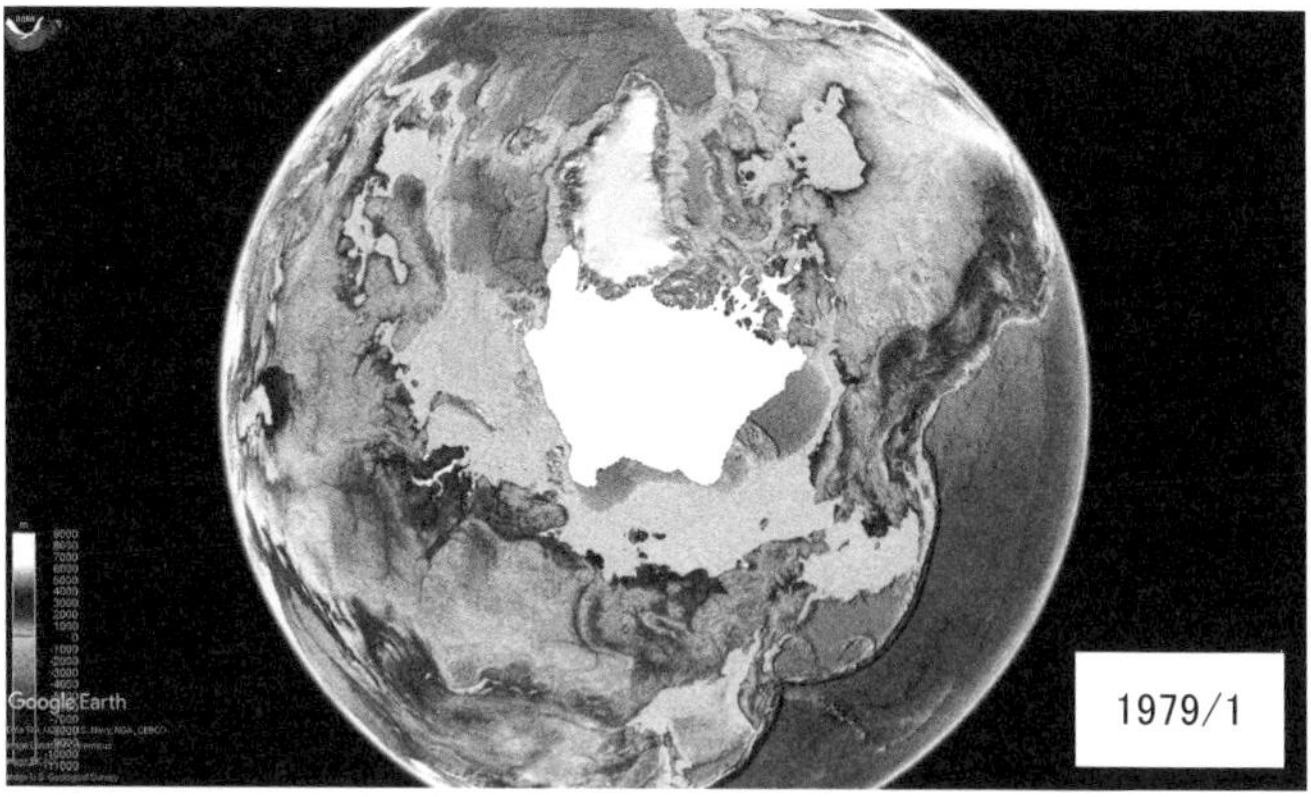


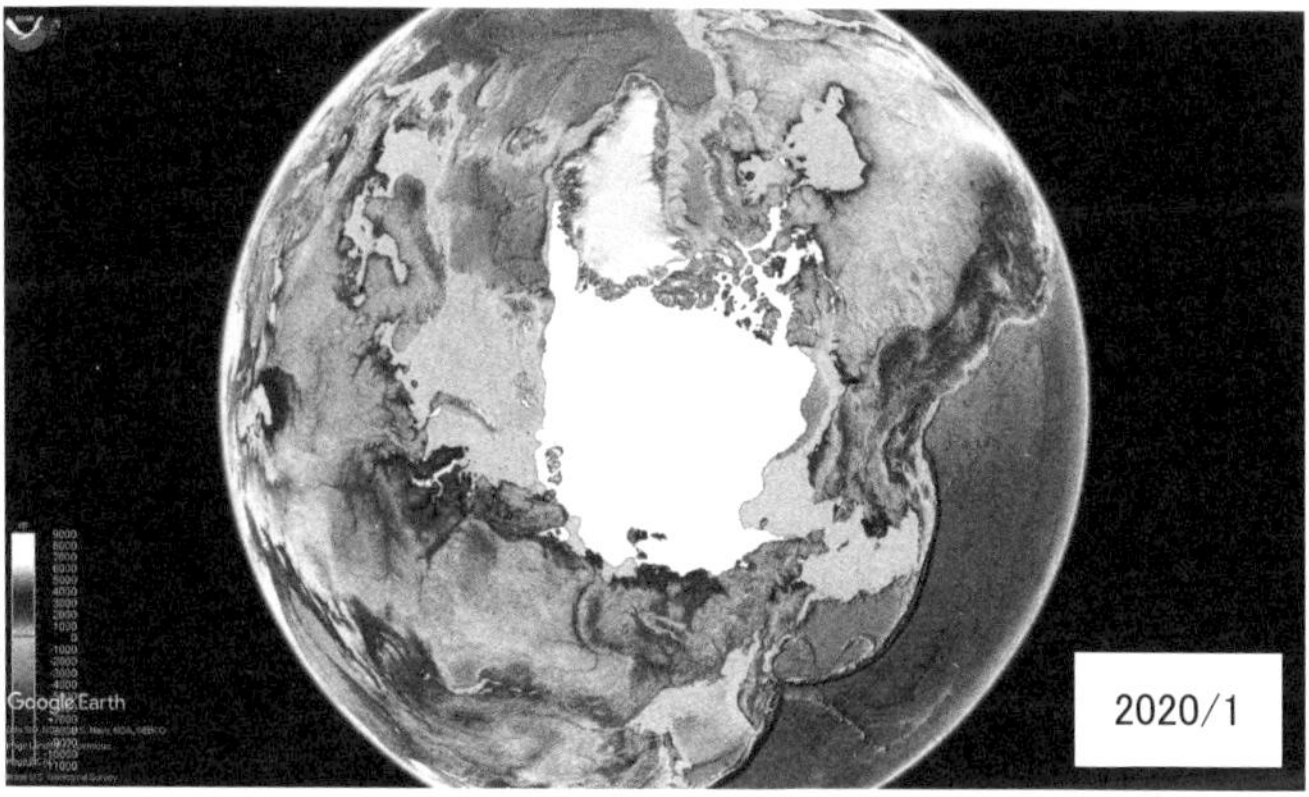


図表 7-2、3　北極海の氷の分布

米・国立氷雪データセンター（NSIDC）https://nsidc.org/data/google_earth より作成

一方、南極大陸の周辺海域では、海氷の面積が広がっています（図表7‐4、5）。1979年の平均値は1187・4万㎢だったのが、2020年は1200・7万㎢でした。南極海は南緯50°から70°付近にかけて陸地がないため、偏西風が海上を吹き抜けて海は常時荒れた状態になっているため、北極海のように暖流が高緯度地方まで届きにくい状態になっています。南極で氷が広がった理由ははっきりわかりませんが、偏西風の変化が何らかの影響を与えていると考えられます。氷の拡大は、南極から流れる寒流のコースや強さに影響を与えます。今後、南半球の国々での気候の変化に影響を与えていくかもしれません。

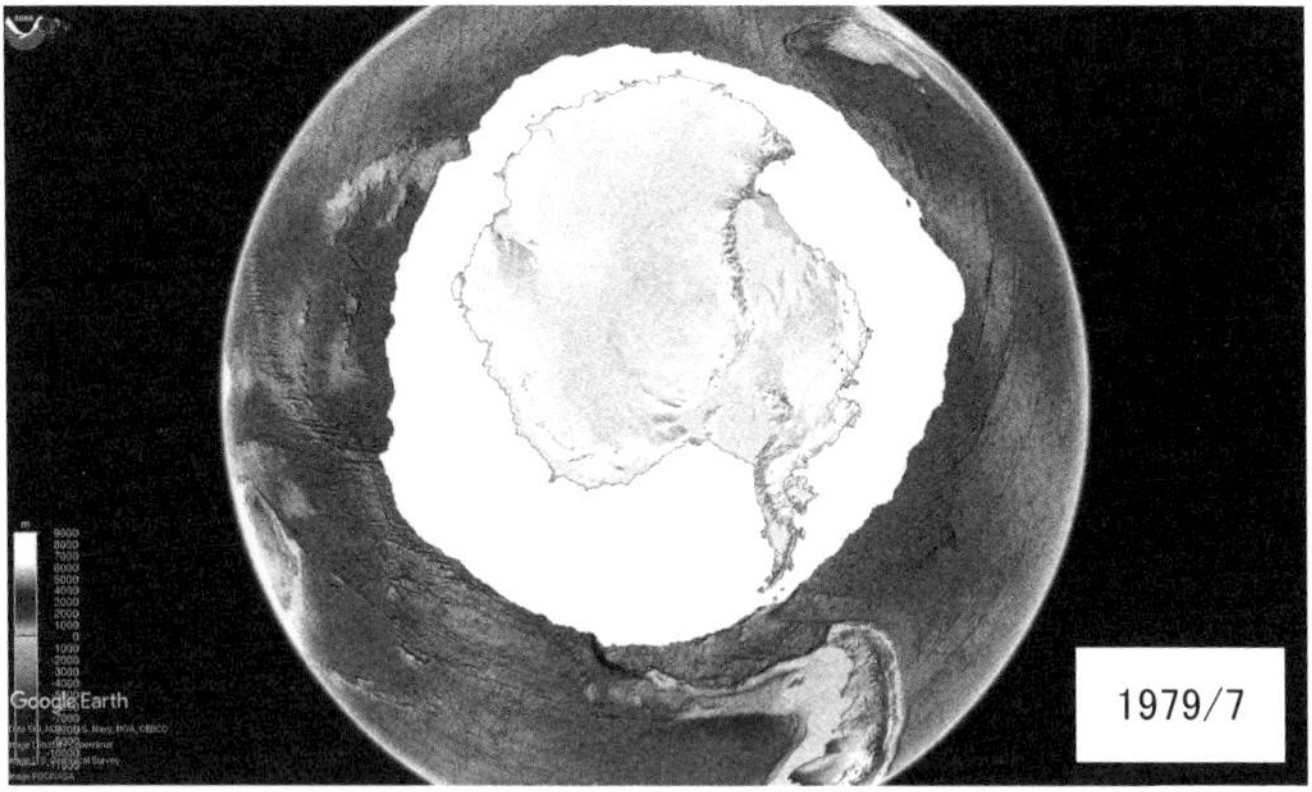


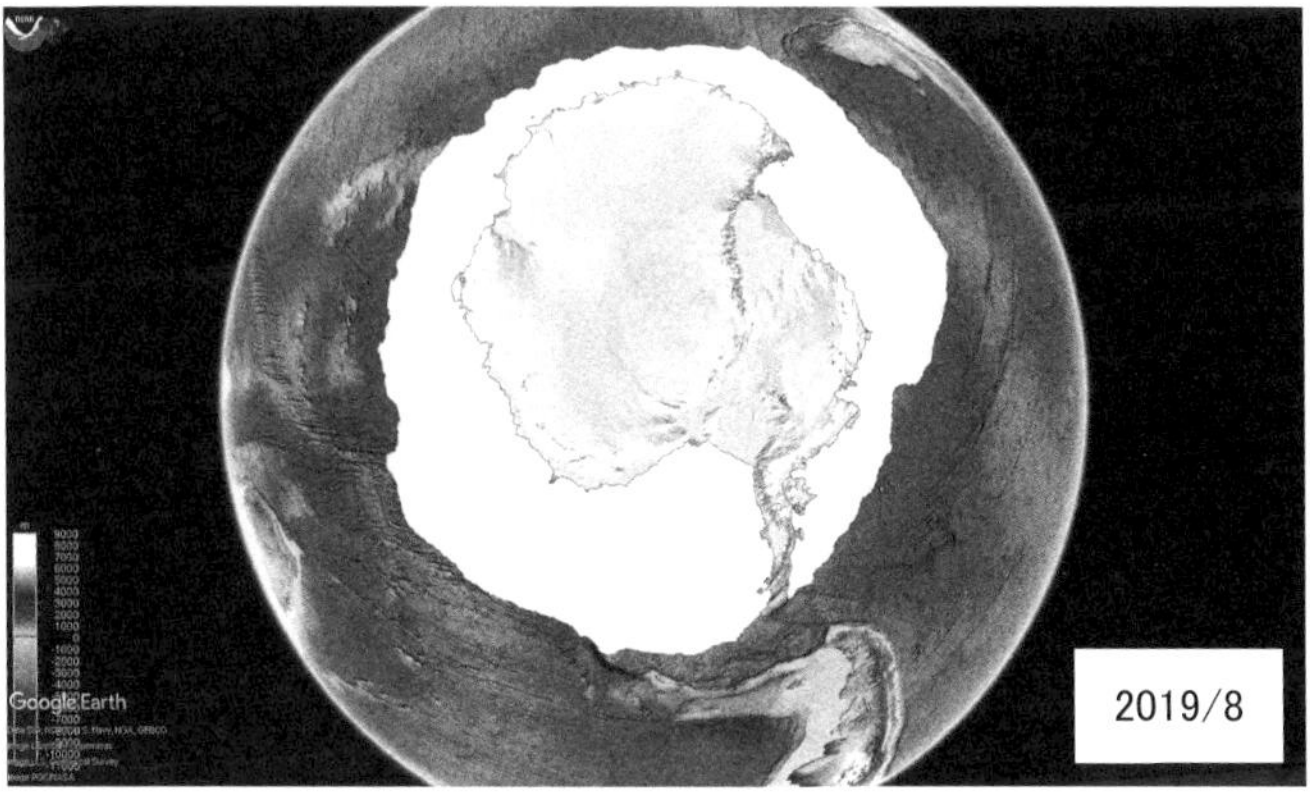


図表 7-4、5　南極大陸と周辺の氷の分布

出典：図表 7-2、3 に同じ

## 8　世界の自然災害――地震・水害・火山災害

過去に起きた巨大災害の犠牲者数を地図に落としてみると、被害の多くは発展途上国に集中していることがわかります。

図表8-1は、１９７０年以後に起きた地震災害（死者2万人以上）の分布です。最も死者が多かった唐山《とうざん》地震は、１９７６年7月28日に、中国の河北省唐山市を震源に発生しました。地震の規模はマグニチュード７・５でしたが、人口密集地で起きた直下型の地震だったこと、地震の発生が真夜中で、耐震補強が不十分な建物が多かったことも災いして、多くの市民が建物の下敷きになりました。

当時の中国は「文化大革命」の最中で、毛沢東の最晩年でもありました。政府は詳しい情報を伝えず、外国からの救助や援助も拒否し、被害が大きかった唐山市では、発災後10年間にわたって外国人の立ち入りが禁止されました。政府の公式発表では、死者24万２０００人とされていますが、実際はより多くの犠牲者が

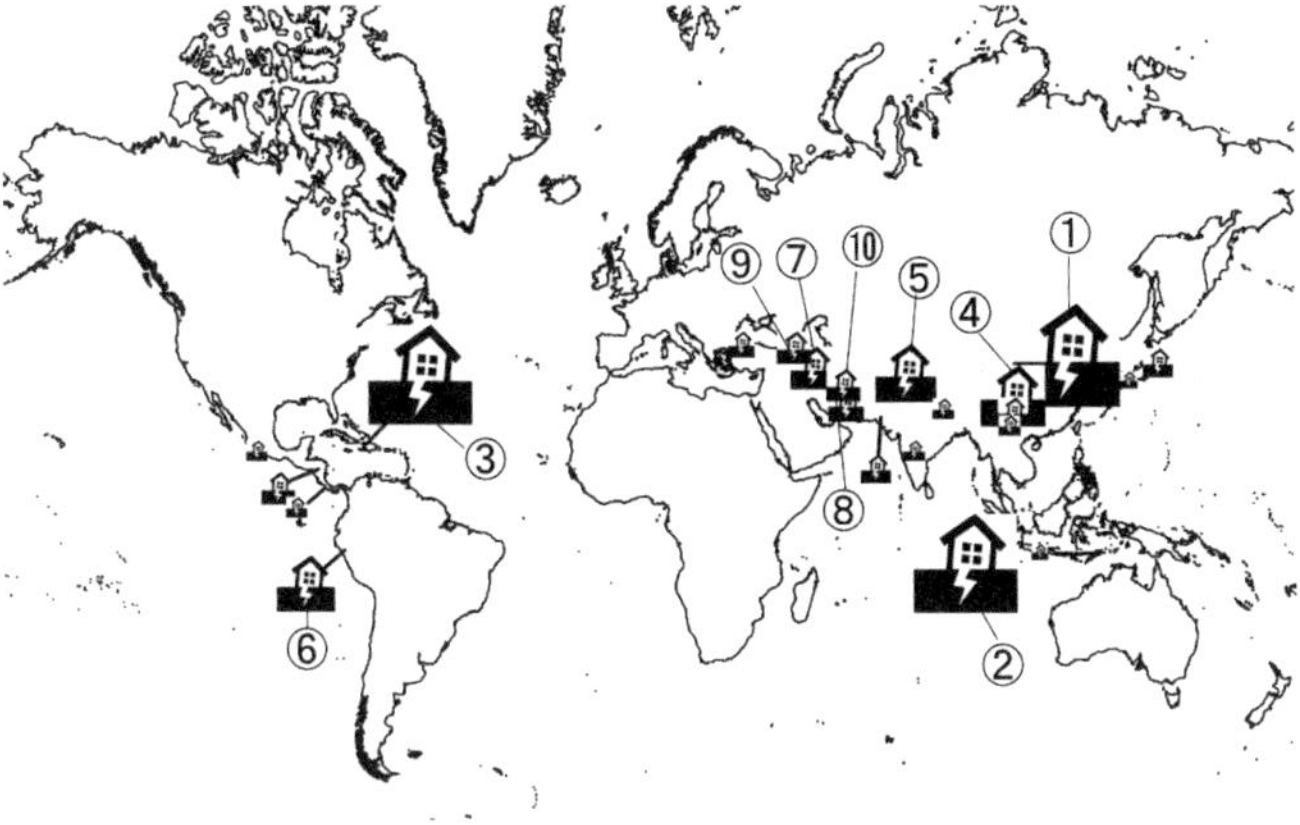


①唐山地震（1976）（中国・天津周辺：約24万2000人）

②スマトラ沖地震（2004）（インドネシア・スリランカなど：約22万6000人）

③ハイチ地震（2010）（ハイチ：約22万2600人）

④四川大地震（2008）（中国・四川省：約8万7500人）

⑤パキスタン地震（2005）（パキスタン・インド北部：約7万5000人）

⑥アンカシュ地震（1970）（ペルー北部：約7万人）

⑦マンジール地震（1990）（イラン北部：約4万1000人）

⑧バム地震（2003）（イラン：約2万6800人）

⑨スピタク地震（1988）（旧ソ連・アルメニア：約2万5000人）

⑩タバス地震（1978）（イラン北部：約2万5000人）

図表8-1　世界の主な地震災害と推定死者数（1970年以後）
内閣府『防災白書』2014年版より作成

出たと見られています。

図表8-2は、1970年以後の水害の犠牲者の分布です。熱帯低気圧が直撃しやすい南アジアと中南米に被害が集中しています。

最も大きな災害は、1970年11月12日のサイクロン「ボーラ」の被害です。被災地の中心であるガンジス川デルタは、当時はパキスタンの飛び地（東パキスタン）で、「ボーラ」は、高潮で多くの犠牲者が出た地方の名前にちなみます。当時の中央政府（首都はイスラマバード）の情報収集や支援は鈍く、政治的な対立のため、隣国のインドからの救援の申し出を拒否したことから、パキスタンの中央政府への不信が高まり、1971年3月、東パキスタンは独立を宣言します。中央政府は鎮圧のための軍を空路で派遣して内戦状態になりました。わずか9カ月の内戦でしたが、政府軍との戦闘や独立に反対するイスラム過激派による住民虐殺によって、少なくとも300万人が亡くなったと言われています。本来ならば救いの手を差し伸べなければならないはずの被災地で、より多くの命が奪われました。

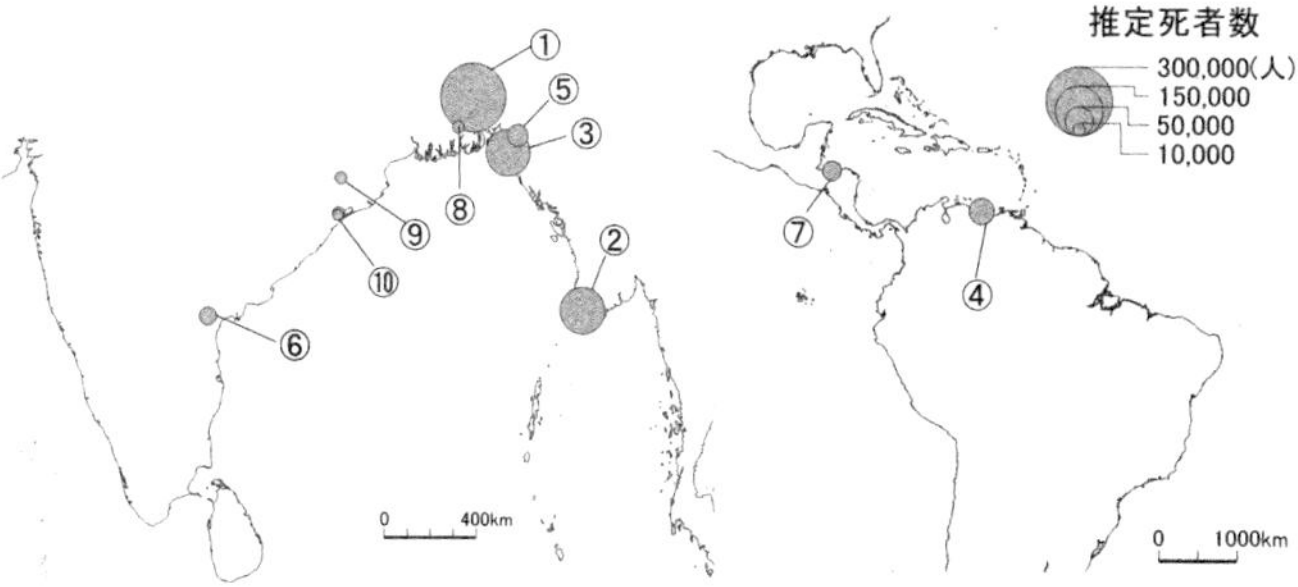


①サイクロン“ボーラ”（1970）バングラデシュ（約30万人）
②サイクロン“ナルギス”（2008）ミャンマー（約13万8400人）
③サイクロン災害（1991）バングラデシュ（約13万7000人）
④洪水災害（1999）ベネズエラ（約3万人）
⑤洪水災害（1974）バングラデシュ（約2万8700人）
⑥サイクロン災害（1977）インド（約2万人）
⑦ハリケーン“ミッチ”（1998）ホンジュラス・ニカラグア（1万3700人）
⑧サイクロン災害（1985）バングラデシュ（1万人）
⑨サイクロン災害（1971）インド（1万人）
⑩サイクロン災害（1999）インド（9500人）

図表8-2　世界の主な水害（洪水・高潮）と推定死者数（1970年以後）
出典：図表8-1に同じ

図表8-3は、20世紀以後の被害の大きかった火山災害の分布です。20世紀最大の噴火災害は、カリブ海にあるフランス領ウィンドワード諸島マルティニーク島にあるプレー山の噴火です。1902年4月27日に噴火活動が始まり、5月5日に起きた火砕流で山麓の住民150人が犠牲になり、多くの避難民が海辺の中心都市サンピエール市に避難しました。周囲を山に囲まれたサンピエール市には火砕流も泥流も全く届いていませんでした。

ところが、5月8日にプレー山は過去最大級の噴火を起こし、大火砕流がサンピエール市を襲いました。火山灰は途中の山に遮られたものの、1000℃の熱風だけが一瞬で街を焼き尽くしたと考えられています。推定2万8000人の市民が亡くなり、生存者は、地下の牢獄《ろうごく》にいた囚人ら3名のみだったと言います。新田次郎は、この災害をモチーフにした短編小説『熱雲』を書きました。

国際連合が2015年に制定した「持続可能な開発目標」（SDGs）において、「災害に対する脆弱性《ぜいじゃくせい》の軽減」（ターゲット1-5）を掲げています。同じ規模の自然災害に見舞われても、先進国と発展途上国では災害に対する強靭性《きょうじんせい》（レジリエンス）に圧倒的な差がありま す。災害が起きてから対処するのではなく、災害に備えるためのインフラの整備や正確な情報の伝達は世界的な課題です。

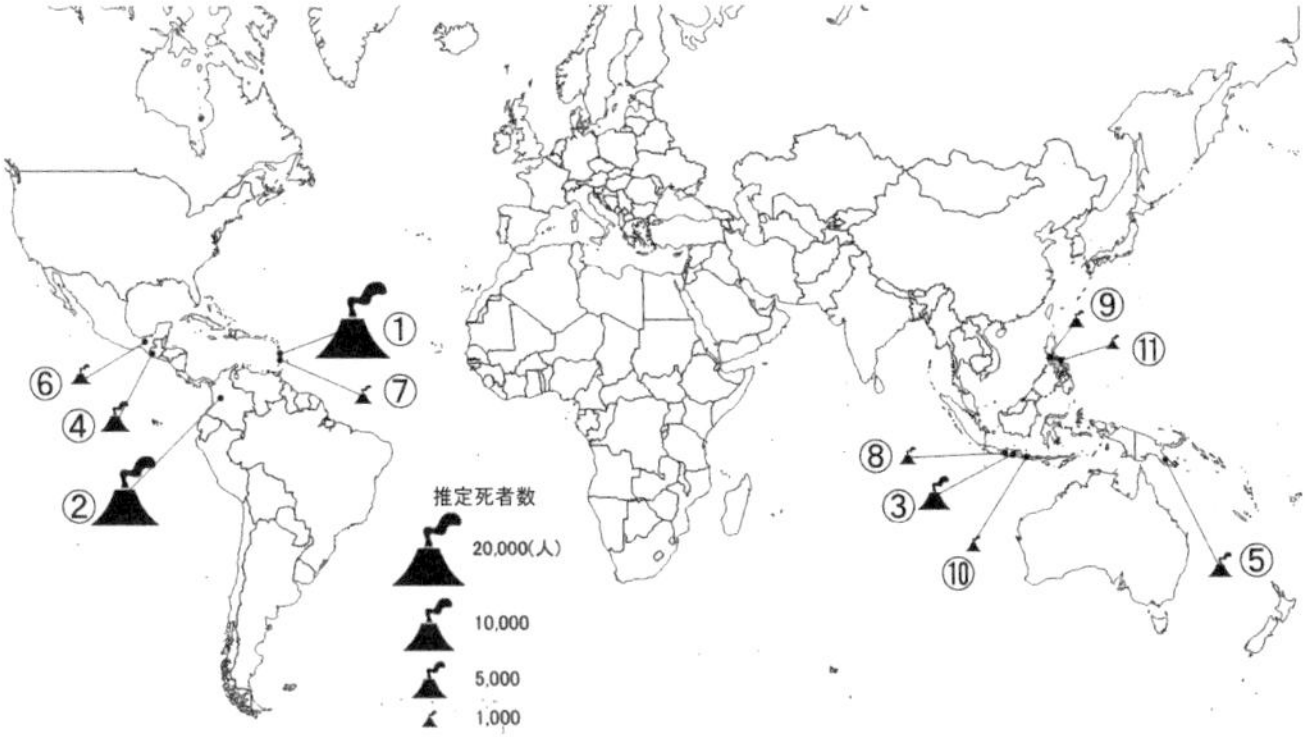


①プレー山（1902）フランス領アンティル（約2万8000人）

②ネバドデルルイス山（1985）コロンビア（約2万3000人）

③ケルート山（1919）インドネシア（5119人）

④サンタマリア山（1902）グアテマラ（約4500人）

⑤ラミントン山（1951）パプアニューギニア（2942人）

⑥エルチチョン山（1982）メキシコ（1879人）

⑦スフリエール山（1902）セントビンセント・グレナディーン（1680人）

⑧ムラピ山（1930）インドネシア（1369人）

⑨タール山（1911）フィリピン（1335人）

⑩アグン山（1963）インドネシア（1118人）

⑪マヨン山（2002）フィリピン（約1000人）

図表8-3　世界の主な火山災害と推定死者数（1900年以後）

出典：図表8-1に同じ

# 第2章　人口と都市

## 1　2秒で一人増える国は？——人口増加する地域

国連の統計（世界人口白書）によると、世界の人口は80億4500万人になりました（2023年）。どの地域で人口が急増し、人口爆発状態にあるのか、国別の統計を地図にするとわかりやすいですが、統計の種類や計算の方法によって見え方は変わります。

図表1-1は、2019年から2020年の人口増加率を国別に表した地図です。アフリカ諸国に増加率が高い国が集中し、上位9カ国の増加率が年3％を超えています。

アフリカの発展途上国では、慢性的に栄養状態や衛生環境が悪く、乳幼児の死亡率が高かったため、出生率も高く維持されてきました。人口ピラミッドは文字通りピラミッドに近い形になり、「多産多死型」と呼ばれています。近年、乳幼児死亡率が低下しつつありますが、出生率は高いままであるため、人口増加率が高まっています。年3％の増加は、24年で人口が倍増するペースです。

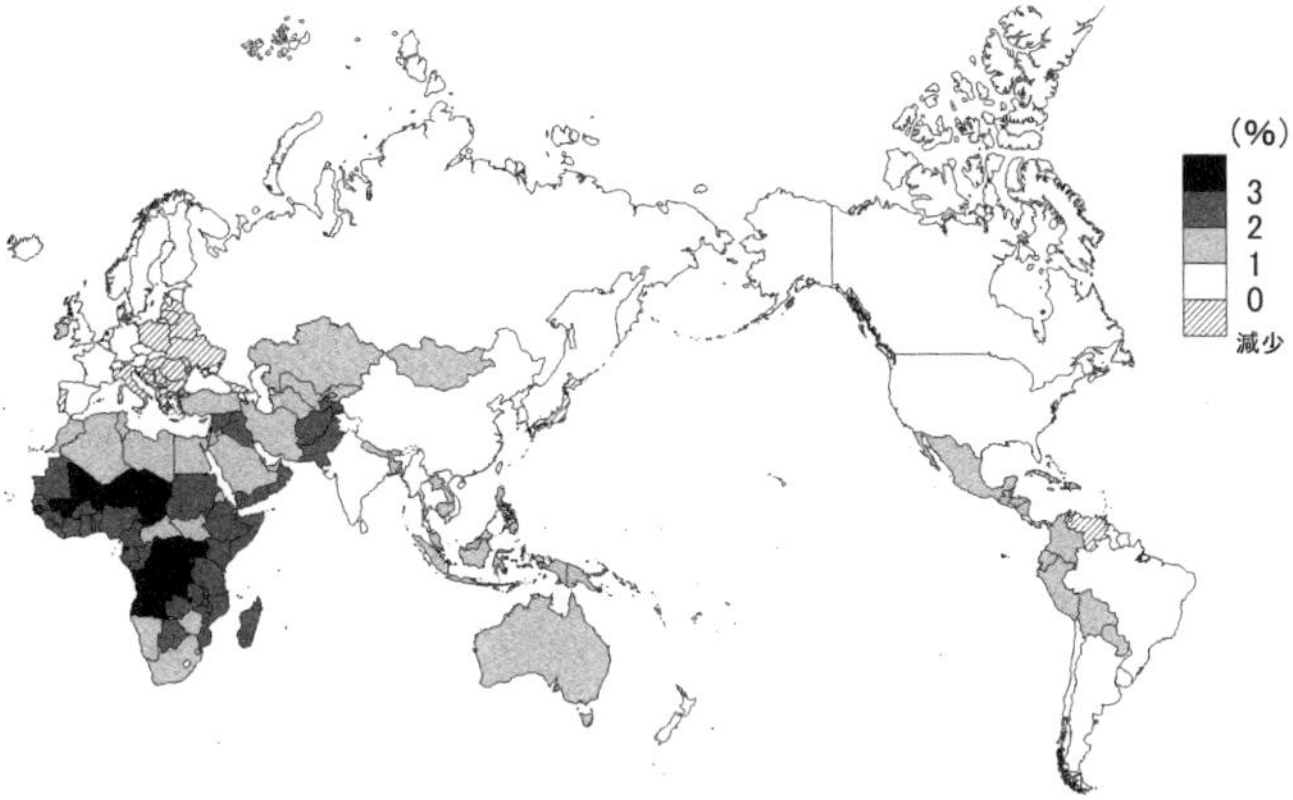


| 順位 | 国 | 人口増加率（%） |
|---|---|---|
| 1 | ニジェール | 3.84 |
| 2 | バーレーン | 3.68 |
| 3 | 赤道ギニア | 3.47 |
| 4 | ウガンダ | 3.32 |
| 5 | アンゴラ | 3.27 |
| 6 | コンゴ民主 | 3.19 |
| 7 | ブルンジ | 3.12 |
| 8 | マリ | 3.02 |
| 9 | チャド | 3.00 |
| 10 | タンザニア | 2.98 |

図表 1-1　世界の人口増加率（2019～20 年）
国際連合経済社会局 "World population prospects" より作成

一方、一年間の人口増加数を見ると、アジアの国々が上位に並びます（図表1-2）。インドや中国は、人口増加率自体はそれほど高くないものの、年間500万人以上人口が増えています。インドでは、年間1358万6千人、1日あたり3万7千人増えています。人口増加率1位のニジェールの年間増加数が89万5千人、1日あたり2455人ですので、インドはニジェールの約15倍、中国は6倍のペースで人口が増えていることになります。

インドでは、1960年代から産児制限の政策をとり、「子どもは2人ないし3人まで」を奨励し、避妊手術の強要などを行って国際的な非難を浴びることもありました。現在は、女性の教育水準の向上や貧困対策を通じて対応しています。増え続ける若者の仕事を確保して、いかに失業率を下げていくかが課題になっています。

中国では1979年に「一人っ子政策」を導入し、2016年まで継続してきました。2016年に2人まで、2021年5月31日に3人まで認める方針になりましたが、産児制限自体は続いています。

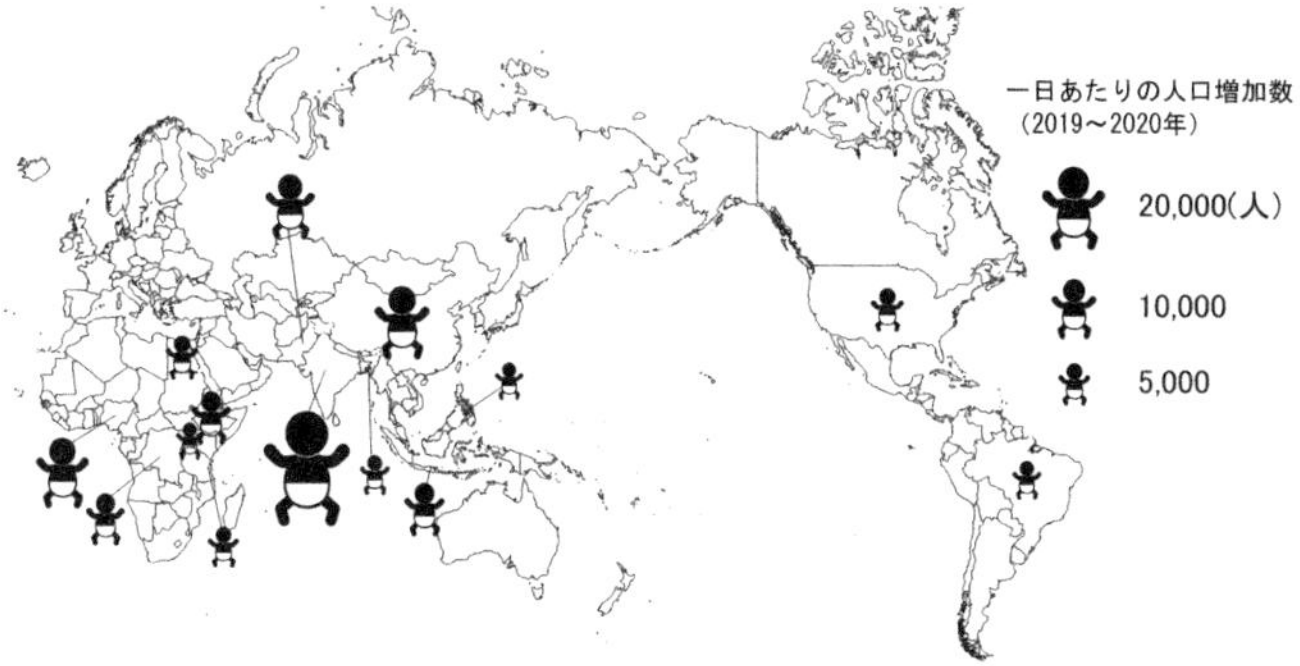


| 順位 | 国 | 年間人口増加数（万人） | 1日あたり増加数（人） |
|---|---|---|---|
| 1 | インド | 1358.8 | 37224 |
| 2 | 中国 | 554.0 | 15278 |
| 3 | ナイジェリア | 517.5 | 14181 |
| 4 | パキスタン | 432.7 | 11855 |
| 5 | インドネシア | 289.8 | 7940 |
| 6 | エチオピア | 288.4 | 7904 |
| 7 | コンゴ民主 | 277.0 | 7591 |
| 8 | エジプト | 194.6 | 5332 |
| 9 | アメリカ | 193.7 | 5309 |
| 10 | タンザニア | 172.8 | 4736 |

図表 1-2　人口増加数（2019～20 年）の多い国
出典：図表 1-1 に同じ

人口増加のペースをよりわかりやすくするために、人口が1人増えるのに要する時間を出してみました（図表1-3）。1日あたりの増加数を24時間、60分、60秒で割り、1秒あたりの増加数を出し、1をその数で割ると、人口が1人増えるのに何秒かかっているかが計算できます。上位10カ国は20秒以内、インドでは約2秒、中国では約6秒に1人人口が増えています。人口増加数は出生数から死亡数を引いた数なので、実際に子どもが生まれるペースはこれよりもさらに早いはずです。

日本の人口は、現在1億2311万人（2021年）です。人口統計が始まった明治6年（1873年）の3340万人から見ると3倍以上の増加ですが、2011年を境に人口は減少に転じています。「人口減少率0・3％」は、「1日あたり1052人の減少」、「82秒に1人のペースで人口が減っている」と言い換えた方がより実感が湧くのではないでしょうか。

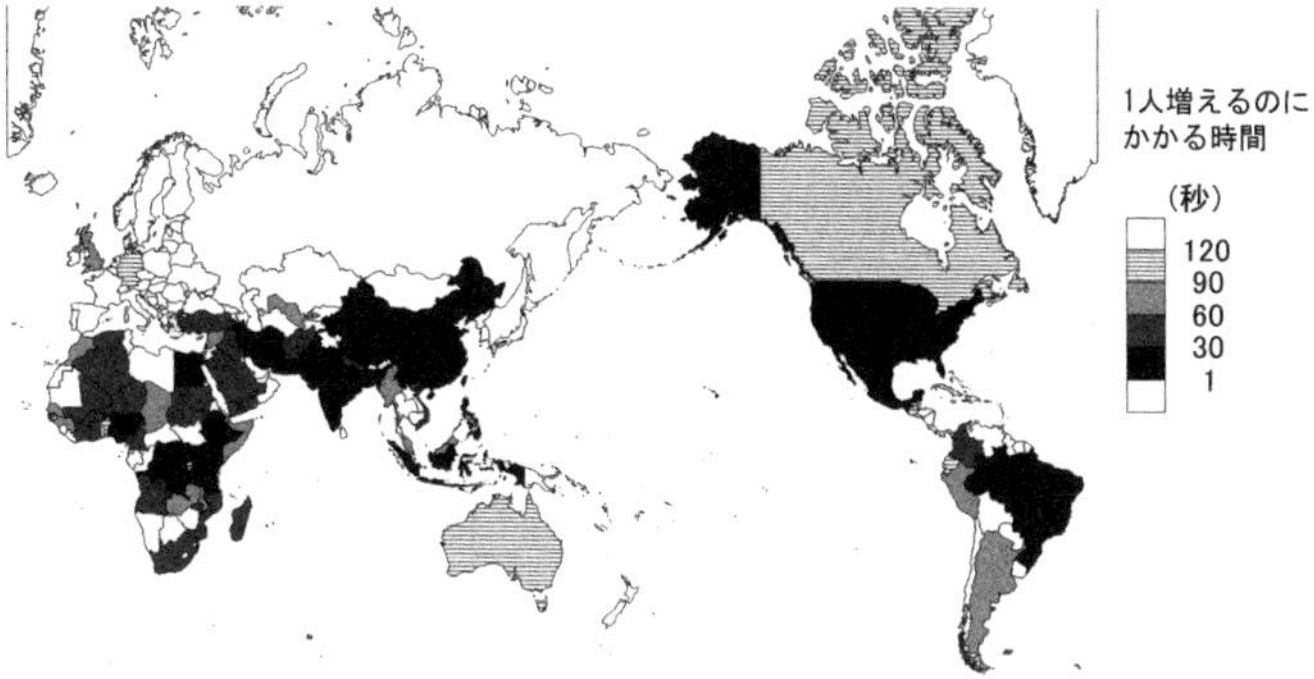


| 順位 | 国 | 1人増えるのにかかる時間（秒） | 人口増加率（%） |
|---|---|---|---|
| 1 | インド | 2.32 | 0.99 |
| 2 | 中国 | 5.69 | 0.39 |
| 3 | ナイジェリア | 6.09 | 2.58 |
| 4 | パキスタン | 7.28 | 2.00 |
| 5 | インドネシア | 10.88 | 1.07 |
| 6 | エチオピア | 10.93 | 2.57 |
| 7 | コンゴ民主 | 11.38 | 3.19 |
| 8 | エジプト | 16.20 | 1.94 |
| 9 | アメリカ | 16.27 | 0.59 |
| 10 | タンザニア | 18.24 | 2.98 |

図表 1-3　人口が 1 人増えるのにかかる時間

出典：図表 1-1 に同じ

## 2　子どもが生まれにくい国々――合計特殊出生率の変化

合計特殊出生率は、15歳から49歳までの女性の年齢別出生率（年齢別の出生数を同世代の女性の数で割った値）の合計です。その国や地域で、一人の女性が生涯に産む子どもの数の平均を表します。その値が2・07を下回ると、その地域の人口は将来的に減少に転じますが、人口が急増している国では高い値を維持しています。

図表2-1は、1980年における各国の合計特殊出生率を表した地図と上位10カ国の値です。アフリカのほぼ全域と、中東諸国で6以上の高い値が出ています。

栄養状態や衛生環境が悪い国では乳幼児死亡率（0歳から5歳未満で亡くなる率）が高く、特に生後1カ月までが死亡のリスクが最も高いといわれています。国連児童基金（ユニセフ）によると、生後1カ月以内に亡くなった子どもは約250万人（2017年）で、そのうち約90万人は生まれたその日に亡くなっています。死因は出産時の合併症、肺炎などの感染症、下痢、マラリアなどです。出産時の合併症は、産前産後に専門家（医師や助産師）が診断することで重篤な事態を防ぐことができますが、後発発展途上国では約40％の女性が診

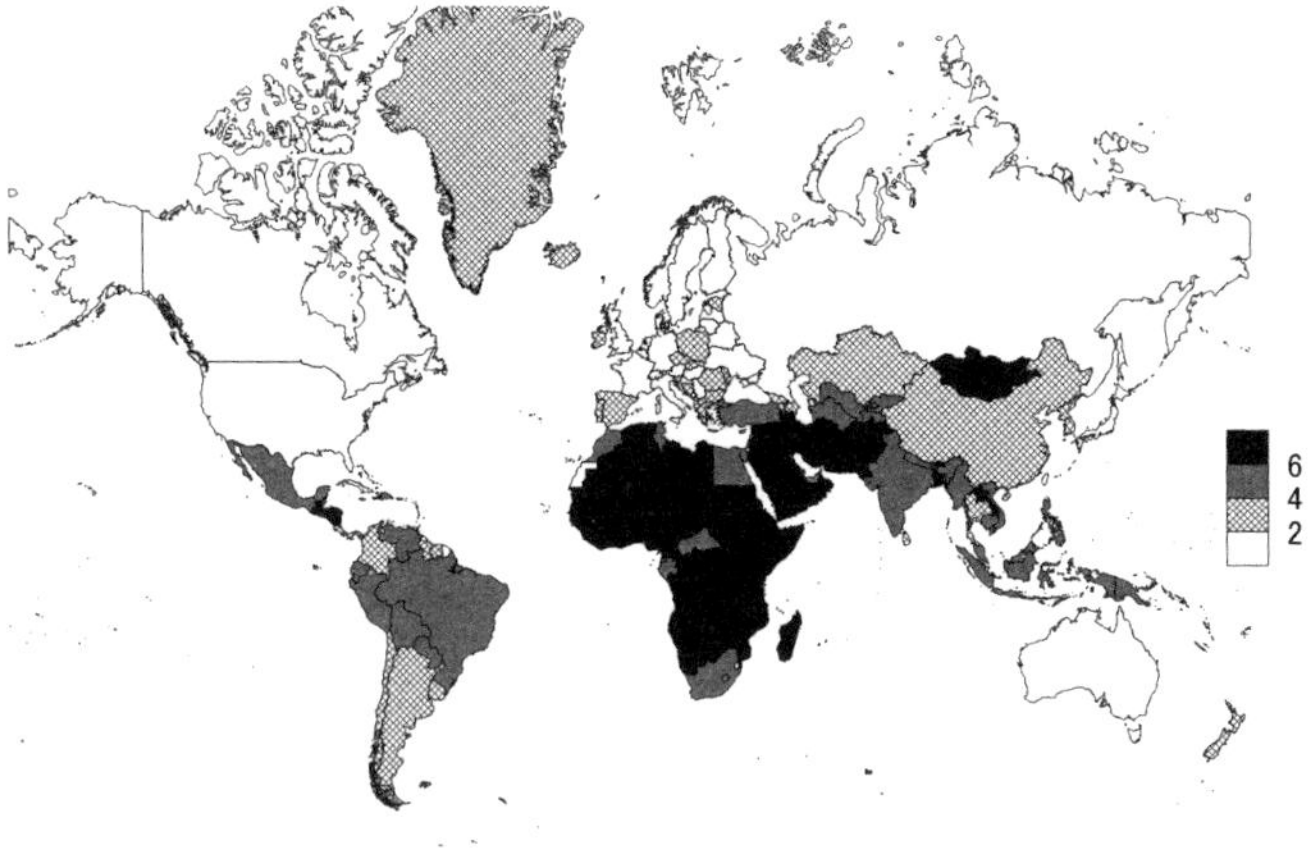


| 順位 | 国 | 合計特殊出生率 | 平均寿命 |
|---|---|---|---|
| 1 | イエメン | 8.71 | 48.5 |
| 2 | ルワンダ | 8.46 | 48.5 |
| 3 | オマーン | 8.30 | 59.8 |
| 4 | ニジェール | 7.84 | 40.0 |
| 5 | マラウイ | 7.64 | 44.3 |
| 6 | コートジボワール | 7.60 | 51.0 |
| 7 | アンゴラ | 7.46 | 44.1 |
| 8 | ケニア | 7.46 | 57.9 |
| 9 | アフガニスタン | 7.45 | 43.2 |
| 10 | ブルンジ | 7.40 | 46.9 |

図表 2-1　各国の合計特殊出生率（1980 年）
世界銀行ホームページ "Fertility rate" より作成

断を受けないまま出産し、50人に1人が出産時に亡くなっています。

図表2-2は、2018年の合計特殊出生率です。1980年に高い値が出ていた中東諸国の数値が下がり、アフリカ諸国が依然高いままになっています。

豊かな産油国のイメージがある中東諸国ですが、1980年の時点では、国民への所得分配は十分ではなく、イスラム教徒特有の男尊女卑的な風潮もあり、合計特殊出生率が高い国が多くありました。病院などの医療インフラが整い、女性の教育水準が向上した現在、これらの国々の合計特殊出生率は大幅に下がっています。1980年に世界一だったイエメンは3・79、3位だったオマーンは2・88です。一方、アフリカ諸国では、数値は下がりはしたものの、依然として高い数値を維持している国が見られます。

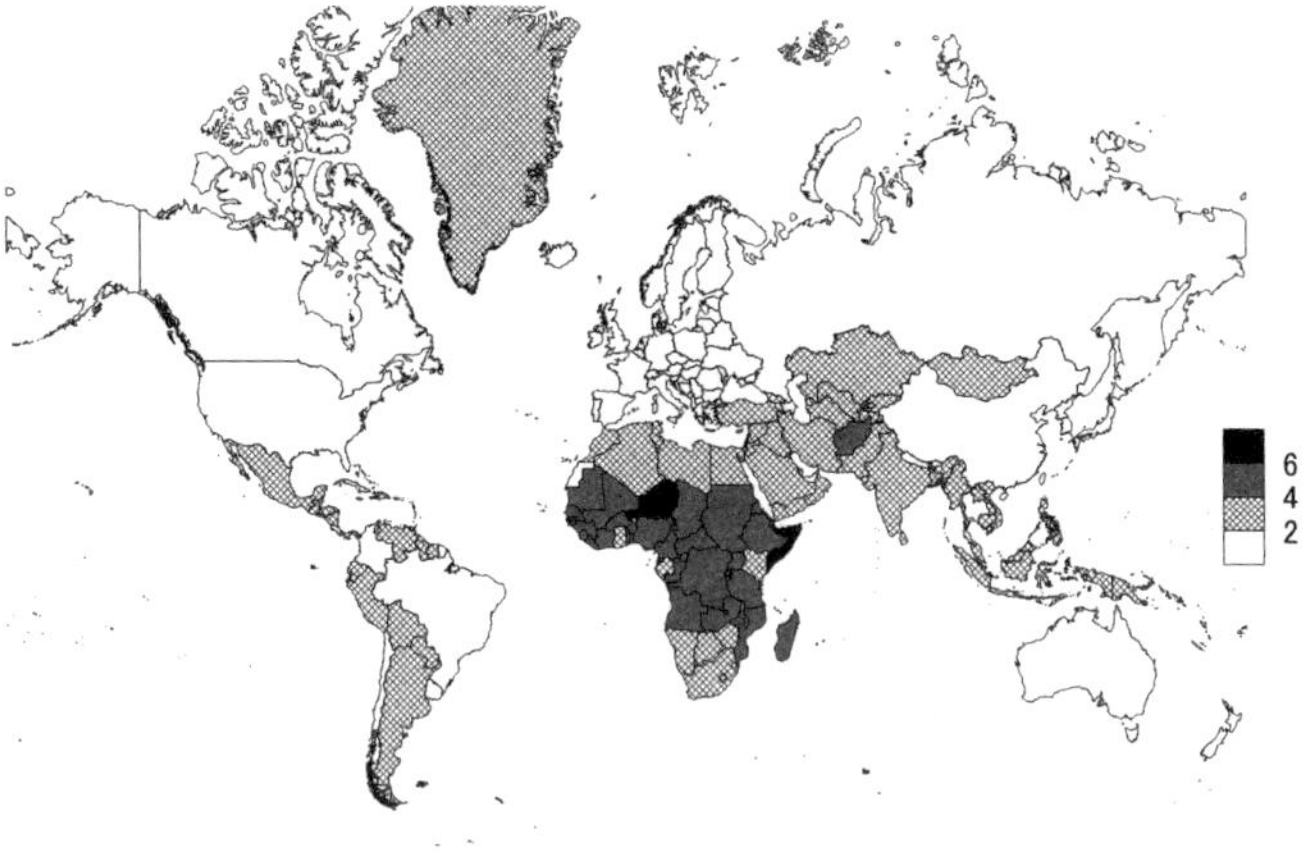


| 順位 | 国 | 合計特殊出生率 |
|---|---|---|
| 1 | ニジェール | 6.91 |
| 2 | ソマリア | 6.07 |
| 3 | コンゴ民主 | 5.92 |
| 4 | マリ | 5.88 |
| 5 | チャド | 5.74 |
| 6 | アンゴラ | 5.52 |
| 7 | ブルンジ | 5.41 |
| 8 | ナイジェリア | 5.39 |
| 9 | ガンビア | 5.22 |
| 10 | ブルキナファソ | 5.19 |

図表 2-2　各国の合計特殊出生率（2018 年）
出典：図表 2-1 に同じ

一方で、合計特殊出生率が下がり、人口減少水準である2を下回る国も増えています。図表2-3は、合計特殊出生率が2を切った国を示した地図と、下位10カ国を示した表です。

合計特殊出生率が2を下回る国の数は、1980年は27カ国あり、最も低い国は西ドイツ(1.44)でした。2018年には79カ国に増え、最も低い韓国では1を切っています。ヨーロッパではほぼ全域で2を下回っていますが、特に東ヨーロッパの旧社会主義国と南ヨーロッパで数値が低くなっています。EU加盟後、多くの人が西ヨーロッパ諸国に出稼ぎに出ていることも影響しているのではないかと思われます。長時間勤務や遠距離通勤など、家庭よりも仕事を優先せざるを得ない状況に置かれているのは、日本や韓国も同様です。

命の危険にさらされながらも多くの子どもを産まざるを得ない国と産みたくても産めない国。どちらも女性にとっては過酷な環境です。数値を下げる(上げる)ことだけを目標とするのではなく、どうすれば安心して子どもを産み育てられる環境を築くことができるのか、考えていきたいところです。

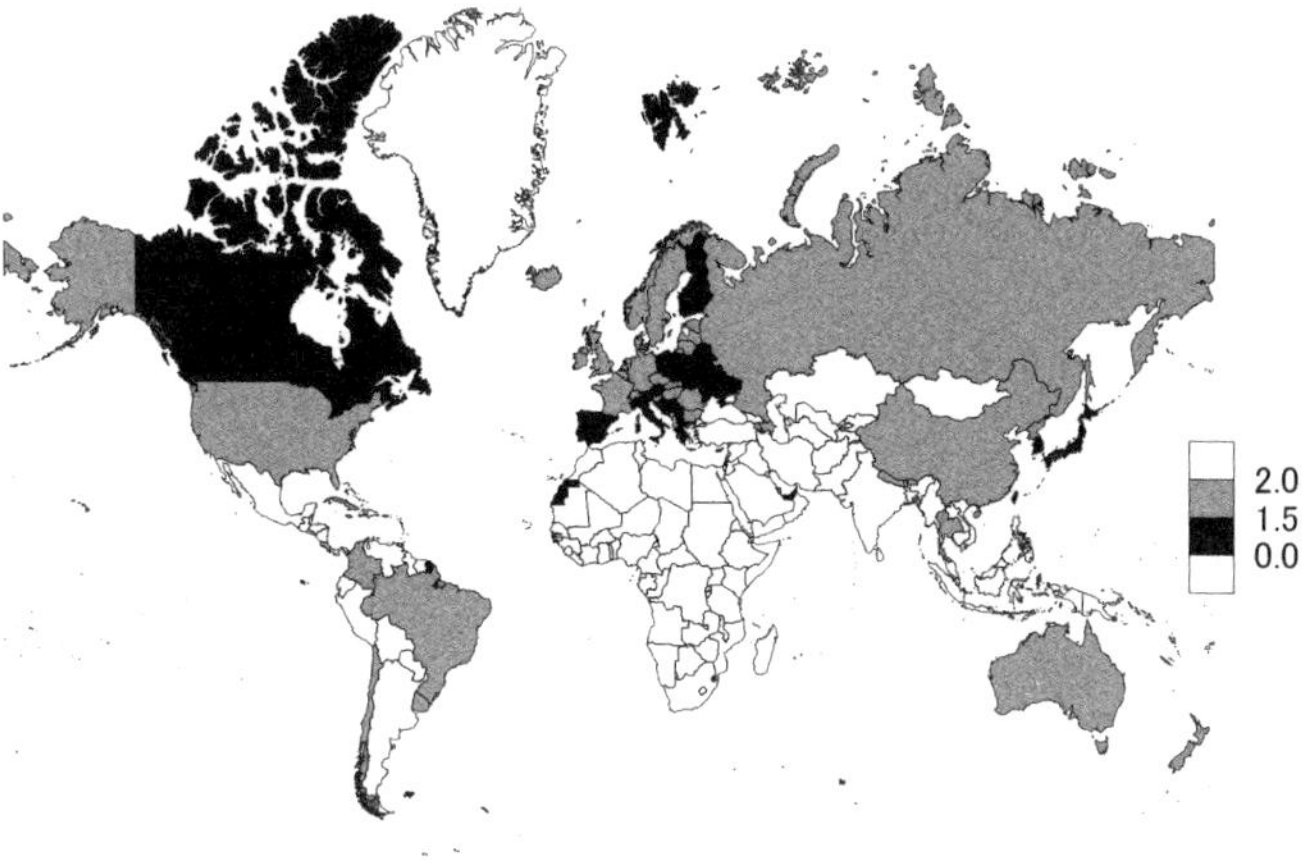


| 順位 | 国・地域 | 2018年 | 1980年 |
|---|---|---|---|
| 1 | 韓国 | 0.98 | 2.82 |
| 2 | プエルトリコ | 1.04 | 2.60 |
| 3 | シンガポール | 1.14 | 1.82 |
| 4 | マカオ | 1.22 | 1.70 |
| 5 | マルタ | 1.23 | 1.99 |
| 6 | スペイン | 1.26 | 2.22 |
| 7 | モルドバ | 1.26 | 2.48 |
| 8 | ボスニアヘルツェゴビナ | 1.27 | 2.12 |
| 9 | イタリア | 1.29 | 1.64 |
| 10 | ウクライナ | 1.30 | 1.95 |

図表 2-3　合計特殊出生率が低い国・地域（2018 年）

出典：図表 2-1 に同じ

## 3　リスクにさらされる子どもの命――乳幼児死亡率の変化

発展途上国の人口爆発の原因としてよく取り上げられる指標が乳幼児死亡率です。いわゆる多産多死の状態にあった国が、医療環境や栄養状態が改善され、乳幼児死亡率が下がっているのに出生数や合計特殊出生率は高止まりしているため、人口が急増しているというものです。確かに世界の乳幼児死亡率の変化を見ると、多くの国で数値が改善されていますが、先進国との差は依然として大きく、子どもの生存をめぐる環境は依然として厳しい状態が続いています。

図表3-1は、1980年の各国の乳幼児死亡率をまとめた地図と上位10カ国を示した表です。上位10カ国中9カ国をアフリカ諸国が占めています。

1980年代のアフリカは、飢饉《ききん》と内戦が席巻《せっけん》しました。1980年から85年にかけてエチオピアを中心に発生した大飢饉をはじめ、多くの国で食料不足が発生しました。一方で、外貨の収入源である商品作物や鉱産品の価格が低迷し、政府の財政が逼迫《ひっぱく》した上、資源の分配や所得の再配分をめぐる争いから内戦が起こり、乳幼児と母親を取り巻く環境は悪化しました。

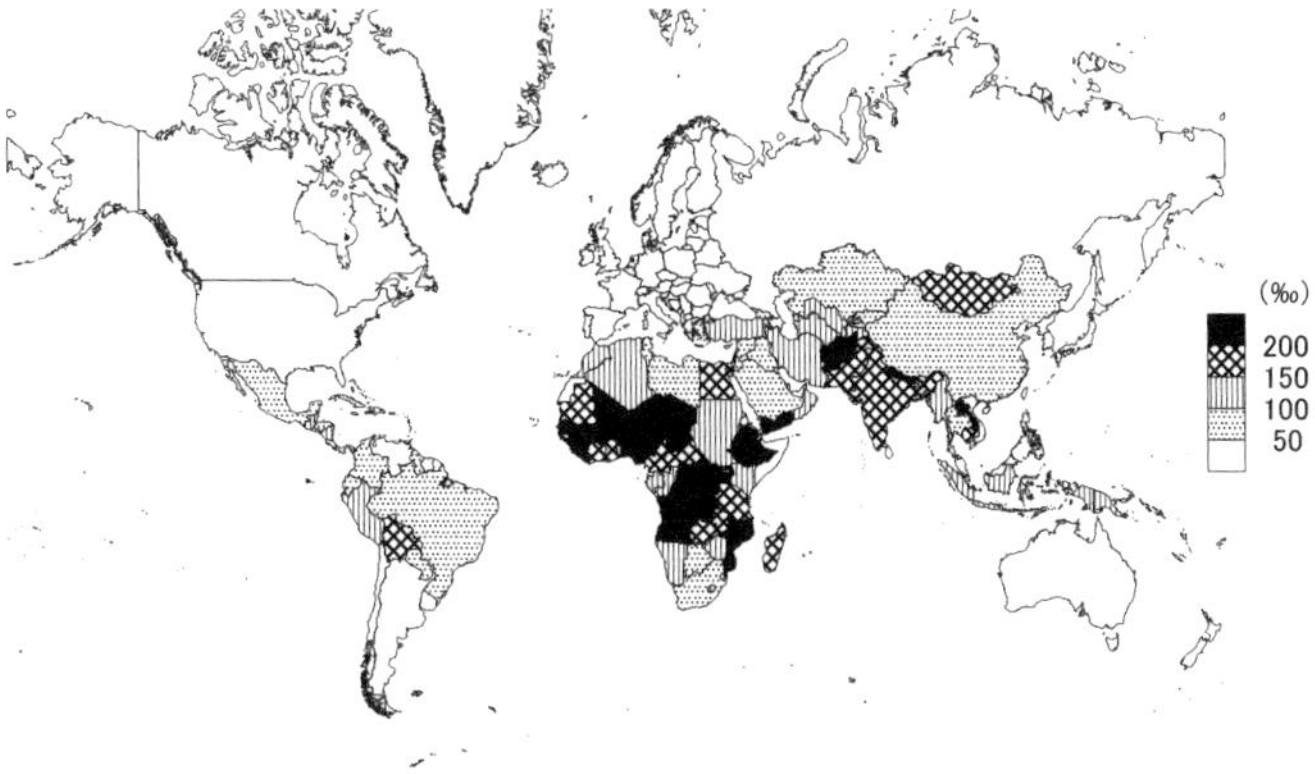


| 順位 | 国 | 乳幼児死亡率（人口1000人あたり死亡数） |
|---|---|---|
| 1 | ニジェール | 319.1 |
| 2 | マリ | 299.8 |
| 3 | シエラレオネ | 286.4 |
| 4 | ギニア | 277.9 |
| 5 | モザンビーク | 266.0 |
| 6 | マラウイ | 255.9 |
| 7 | リベリア | 242.8 |
| 8 | アフガニスタン | 241.5 |
| 9 | チャド | 239.3 |
| 10 | ブルキナファソ | 238.4 |

図表3-1　各国の乳幼児死亡率（1980年）
国連児童基金（UNICEF）"Child Mortality Estimates" より作成

図表3-2は、2019年の各国の乳幼児死亡率を示した地図と上位10カ国です。最も高いナイジェリアでも、1000人あたり117・2まで下がり、国によっては数値が3分の1近くにまで下がっています。

1990年9月、ユニセフは「子どものための世界サミット」を国連本部で開催し、世界71カ国の首脳が集まりました。会議の場で「子どもの生存・保護および発達に関する世界行動計画」が採択され、2000年を目標年として様々な保健衛生プログラムが組まれました。BCGや破傷風など、乳幼児の致死率が高い感染症に対するワクチンの無料接種や妊産婦の医療的な診断の普及、新生児の衛生環境の改善などです。1980年に最も乳幼児死亡率が高かったニジェールでは、80・3にまで下がりました。国際的な支援の下、乳幼児や妊産婦をめぐる環境は改善されつつあることがわかります。乳幼児死亡率が低下すると一時的に人口は急増しますが、長期的に見れば、女性が産む子どもの数が減少し、人口が安定していくと考えられています。急増した子どもたちの生活環境や教育の機会をどのように保証していくかが、これからの課題といえます。

| 順位 | 国 | 乳幼児死亡率（2019 年） | 乳幼児死亡率（1980 年） |
|---|---|---|---|
| 1 | ナイジェリア | 117.2 | 211.8 |
| 2 | ソマリア | 116.9 | — |
| 3 | チャド | 113.8 | 239.3 |
| 4 | 中央アフリカ | 110.1 | 185.2 |
| 5 | シエラレオネ | 109.2 | 286.4 |
| 6 | ギニア | 98.8 | 277.9 |
| 7 | マリ | 94.0 | 299.8 |
| 8 | ベニン | 90.3 | 214.4 |
| 9 | ブルキナファソ | 87.5 | 238.4 |
| 10 | レソト | 86.4 | 123.3 |

図表 3-2　各国の乳幼児死亡率（2019 年）

出典：図表 3-1 に同じ

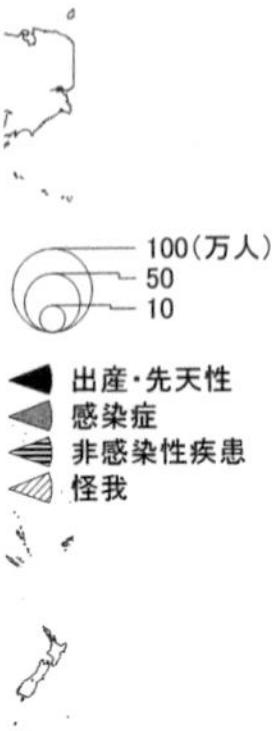


図表3-3は、年間乳幼児死亡者数と死因についてまとめた地図と上位10カ国を示した表です。乳幼児死亡率は年々低下していますが、年間約２５０万人もの子どもが生後１カ月以内に亡くなっています。アジアの国々は、乳幼児死亡率では上位に入りませんが、死亡者数ではアフリカ諸国よりも高い値を出している国があります。

アジアの国々では、出産時異常および先天性障害が占める割合が高く、アフリカ諸国では感染症による死亡の割合が高くなっています。貧富の格差が大きい中国や南アジアの国々では、農村や都市の低所得者層が集まる地域に十分な医療が行き届かず、妊産婦が不衛生な状態で出産せざるを得ず、危険な状態に陥った際に医療ケアが行き届かないと考えられます。アフリカでは、蚊が媒介するマラリアや黄熱病が主な感染症ですが、エイズの親子感染もあります。

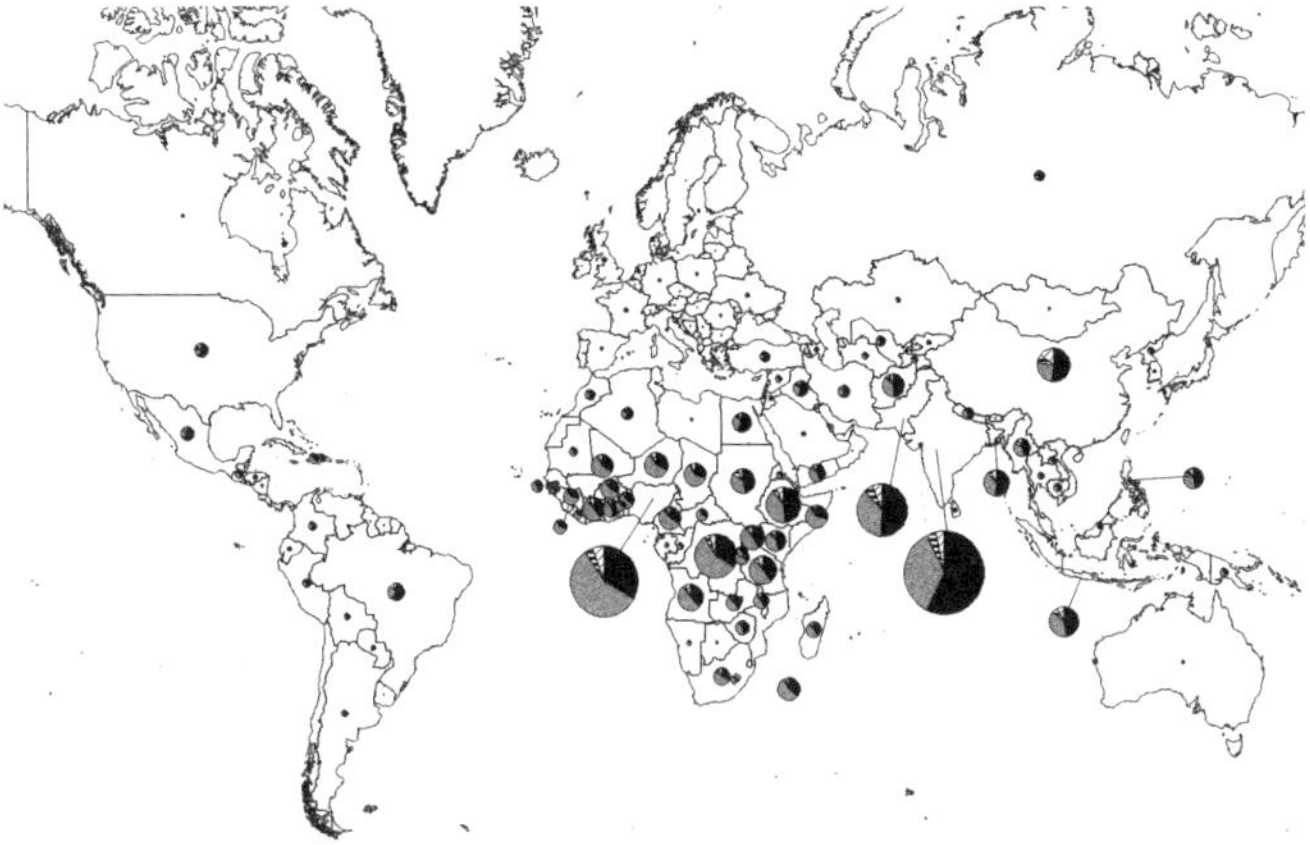

| 順位 | 国 | 乳幼児年間死亡者数（万人） | 乳幼児死亡率（1000人あたり） | 死因別割合（%） | | |
|---|---|---|---|---|---|---|
| | | | | 出産時異常および先天性障害 | 感染症 | その他 |
| 1 | インド | 95.4 | 34.3 | 59.6 | 36.6 | 3.8 |
| 2 | ナイジェリア | 67.8 | 117.2 | 35.4 | 60.2 | 4.4 |
| 3 | パキスタン | 38.0 | 67.2 | 54.9 | 39.0 | 6.1 |
| 4 | コンゴ民主 | 27.2 | 84.8 | 35.7 | 60.0 | 4.3 |
| 5 | エチオピア | 17.1 | 50.7 | 51.8 | 44.0 | 4.2 |
| 6 | 中国 | 13.2 | 7.9 | 61.3 | 28.8 | 9.9 |
| 7 | インドネシア | 11.5 | 23.9 | 51.1 | 42.5 | 6.4 |
| 8 | タンザニア | 10.5 | 50.3 | 44.4 | 51.0 | 4.6 |
| 9 | バングラデシュ | 9.3 | 30.8 | 56.3 | 38.8 | 4.9 |
| 10 | アンゴラ | 9.0 | 74.7 | 40.9 | 54.8 | 4.3 |

図表 3-3　年間乳幼児死亡者数と死因別割合（2019 年）

出典：図表 3-1 に同じ

## 4　飢える人々──栄養不足人口率と栄養不足人口

栄養不足人口とは、健康と体重を維持し、軽度の活動を行うために必要な栄養を十分に摂取できない人々のことを指します。国連食糧農業機関（FAO）では毎年各国別の集計を行っています。2019年には、世界人口の8・9％に当たる約6億9000万人が飢えに苦しむ状態にあり、前の年よりも1000万人、過去5年間で6000万人近く増加しました。

ここ最近の栄養不足人口率の推移を比較してみます。図表4-1は、2000年から2002年にかけての各国の栄養不足人口率を示した地図と上位10カ国を表した表です。1位のアンゴラは、1975年に始まった内戦の末期（2002年に停戦）で、死者は累計360万人に達し、多くの避難民を出していることから、極端に栄養不足人口率が高くなっています。

2位のハイチは、2010年1月に発生した大地震以来、貧困で栄養不足の状態にある人が減りません。国連の世界食糧計画（WFP）によると、約250万人が極度の貧困にあえいでいる状態です。主食である米の7割を輸入に頼っているハイチでは、価格の高騰で買うことができない層が増えているため栄養不足人口の増加に歯止めがかかっていません。

| 順位 | 国 | 栄養不足人口率 (%) |
|---|---|---|
| 1 | アンゴラ | 67.5 |
| 2 | ハイチ | 53.2 |
| 3 | シエラレオネ | 50.7 |
| 4 | アフガニスタン | 47.8 |
| 5 | エチオピア | 47.1 |
| 6 | チャド | 39.0 |
| 7 | ルワンダ | 38.5 |
| 8 | ミャンマー | 37.7 |
| 9 | リベリア | 36.7 |
| 10 | モザンビーク | 36.6 |

図表 4-1　各国の栄養不足人口率（2000～02 年）

国連食糧農業機関（FAO）"FAO STAT" より作成

図表4-2は、2017~19年の栄養不足人口率の地図と上位10カ国を示した表です。ハイチが1位となり、2位に北朝鮮（朝鮮民主主義人民共和国）が入っています。

北朝鮮は、1990年代から深刻な飢餓に見舞われているとみられます。国土の大半が農業に不向きな亜寒帯冬季少雨気候で、山地が75%を占め、不足する食糧をソ連や中国などの社会主義国からの輸入に頼ってきました。1990年代初頭のソ連崩壊により、食糧援助や国際価格よりも安く輸入できた環境が激変し、慢性的な食糧不足に陥りました。農地の開墾のために森林が切り払われ、台風などの豪雨で洪水の被害が深刻化するなどの悪循環が起きている上、近年では密輸の摘発や新型コロナウイルスへの警戒から中国からの輸入が厳しく制限され、食料不足がより深刻化しています。内戦が続くチャド、リベリア、政情不安から多くの避難民が隣国に流出しているベネズエラ（2018年に248万人）やアフガニスタン（2021年現在、推計350万人）でも栄養不足人口率が高まっています。

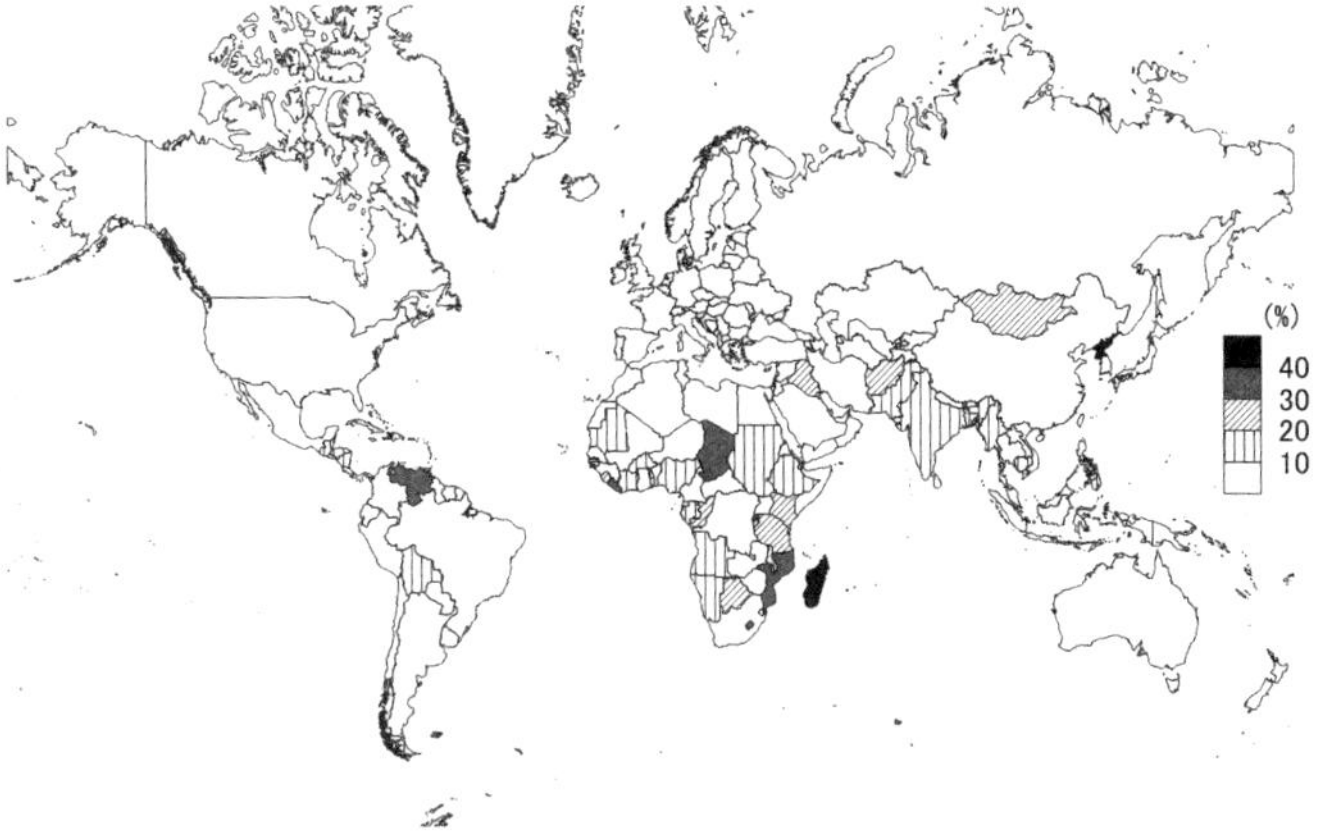


| 順位 | 国 | 栄養不足人口率(%) |
|---|---|---|
| 1 | ハイチ | 48.2 |
| 2 | 北朝鮮 | 47.6 |
| 3 | マダガスカル | 41.7 |
| 4 | チャド | 39.6 |
| 5 | リベリア | 37.5 |
| 6 | ルワンダ | 35.6 |
| 7 | モザンビーク | 32.6 |
| 8 | レソト | 32.6 |
| 9 | ベネズエラ | 31.4 |
| 10 | アフガニスタン | 29.9 |

図表 4-2　各国の栄養不足人口率（2017～19 年）

出典：図表 4-1 に同じ

図表４−３は、各国の栄養不足人口の実数です。インドやパキスタン、インドネシア、フィリピンなど、アジアの国々で数が多くなっています。総人口が多いので、栄養不足人口率はアフリカ諸国よりも低いですが、栄養不足に陥っている人は上回っています。

栄養不足が深刻なアジアの国々は、アフリカのように農地の荒廃や不作に見舞われているわけではありません。インドでは１９７０年代後半から米の輸入国から輸出国に転じ、現在は世界一の米の輸出国（９７３万トン：２０１９年）でもあります。パキスタンも、世界第4位の米の輸出国であり（４５６万トン：２０１９年）、その量はアメリカ（３０５万トン）を上回ります。しかし、農産物の国内での流通や販売網が十分に機能していないため、乾燥の厳しい内陸部では、食料の自給が厳しい上に、穀物購入のコストが高くつくため、栄養不足に陥る人が多いのが実情です。特に慢性的な栄養不足に陥っていると考えられます。逆の見方をすれば、国内に販売するよりも輸出した方が経済的かつ効率的なため、十分に国内に流通していない状態が放置されているといえるのかもしれません。

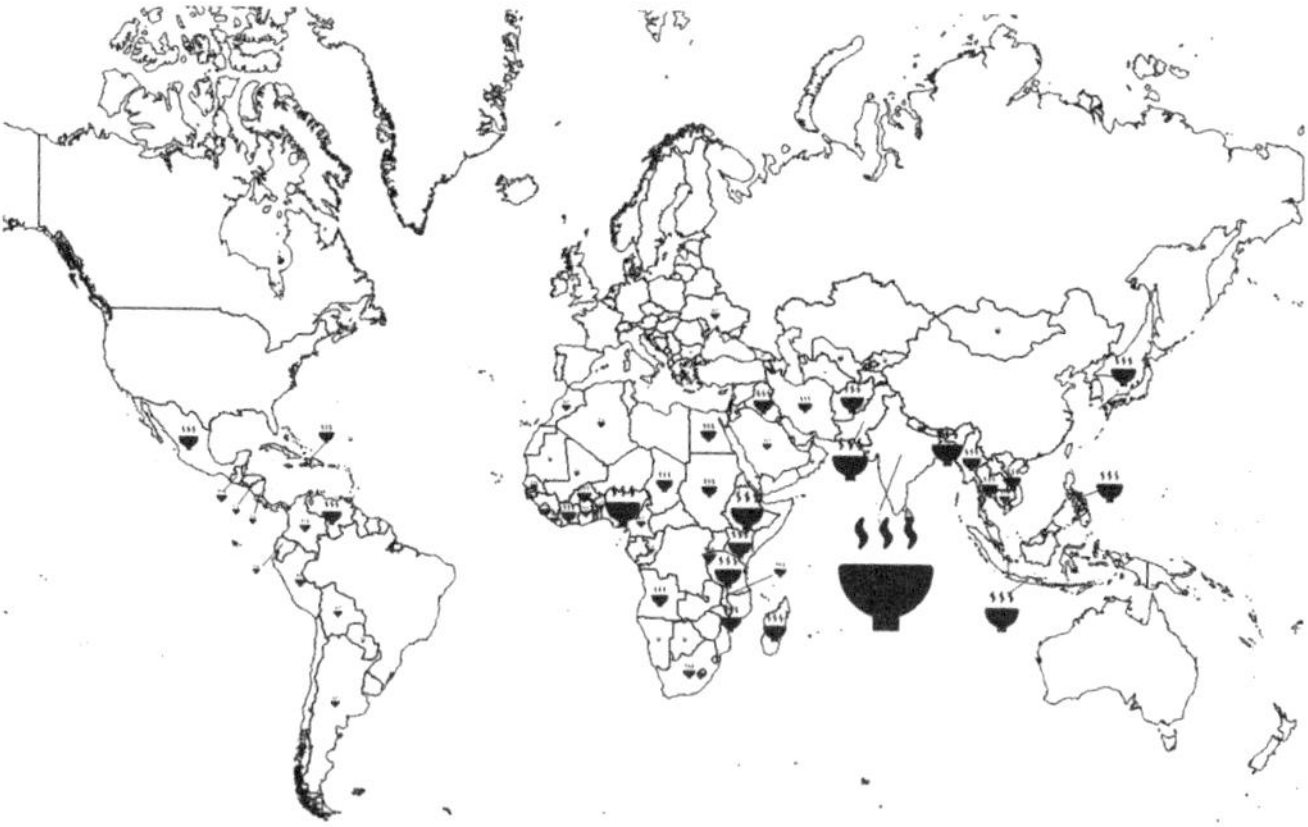

| 順位 | 国 | 栄養不足人口（万人） | 栄養不足人口率（%） | 2000〜2002年からの増減（万人） |
|---|---|---|---|---|
| 1 | インド | 18920 | 14.0 | -1040 |
| 2 | パキスタン | 2610 | 12.3 | -490 |
| 3 | ナイジェリア | 2460 | 12.6 | 1320 |
| 4 | インドネシア | 2410 | 9.0 | -1720 |
| 5 | エチオピア | 2150 | 19.7 | -1060 |
| 6 | バングラデシュ | 2090 | 13.0 | 10 |
| 7 | フィリピン | 1540 | 14.5 | 40 |
| 8 | タンザニア | 1410 | 25.0 | 270 |
| 9 | 北朝鮮 | 1220 | 47.6 | 390 |
| 10 | ケニア | 1180 | 23.0 | 120 |

図表 4-3　各国の栄養不足人口率（2017〜19 年）

出典：図表 4-1 に同じ

## 5　SDGsの目標のひとつ――女性の教育水準と結婚年齢

国連の持続可能な開発目標（SDGs）では、「ジェンダー平等と女性のエンパワーメントを図る」（目標5）を掲げています。エンパワーメントとは、潜在能力を引き出し、その力を発揮できるような労働的・社会的な環境を整えるという意味です。性差別をなくし、女性の地位を向上させることは、貧困や飢餓を脱し、人口爆発を抑制することにもつながるはずですが、依然として厳しい状況に置かれた女性は少なくないようです。

図表5-1は、世界の非識字者（文字が読めない人）の数と男女比を表した資料です。最も非識字者人口が多いインドは約2億6000万人（15歳以上）で、15歳以上の人口にしめる非識字者の割合は約30・7％です。そのうち、女性が占める割合が55・5％と、男性よりも高くなっています。

非識字者の人口の上位19カ国のうち、7カ国で女性の割合が男性を上回っています。

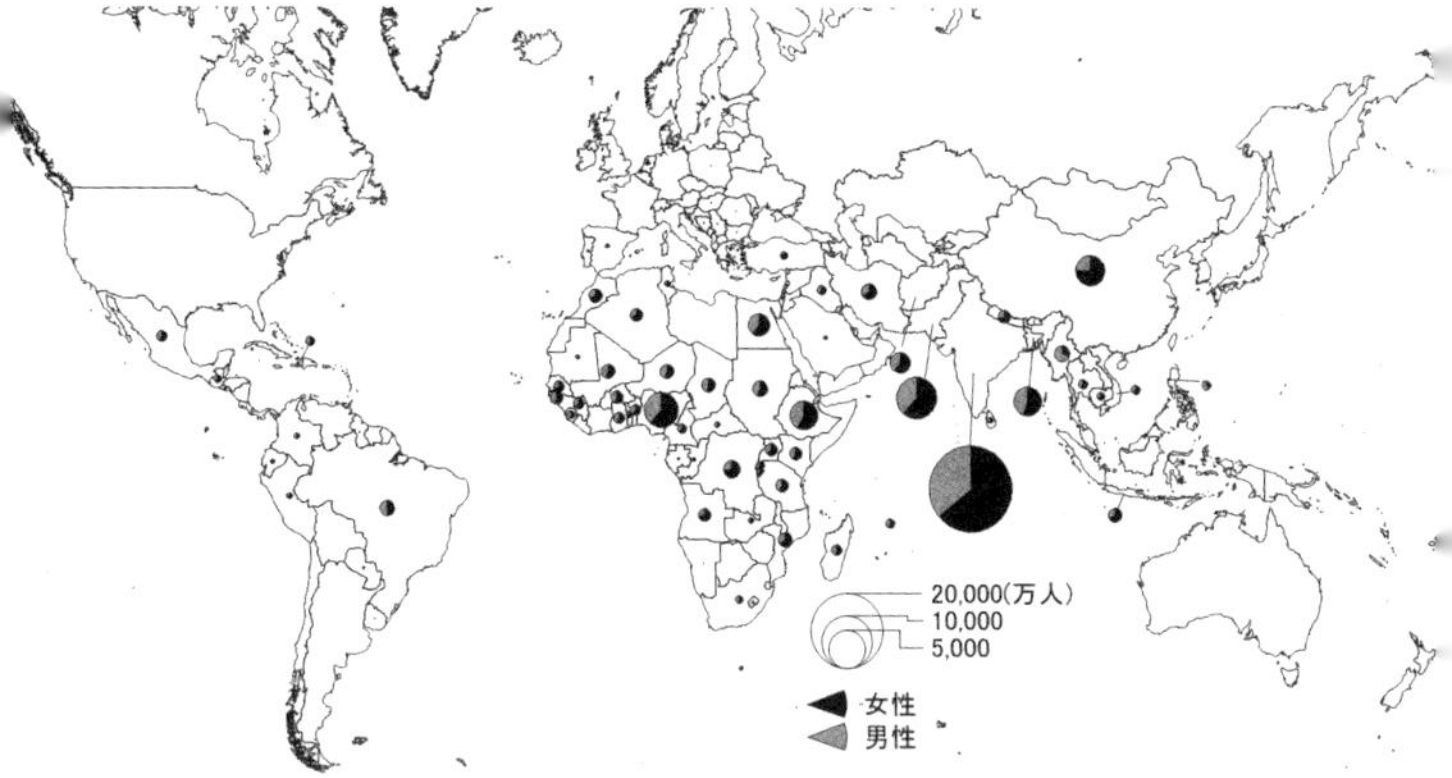


| 順位 | 国 | 統計年 | 非識字者人口（万人） | 女性が占める割合（%） |
|---|---|---|---|---|
| 1 | インド | 2011 | 26618.0 | 64.3 |
| 2 | パキスタン | 2019 | 5883.2 | 62.4 |
| 3 | 中国 | 2020 | 3381.1 | 75.6 |
| 4 | エチオピア | 2017 | 3114.7 | 58.1 |
| 5 | バングラデシュ | 2020 | 3023.9 | 55.4 |
| 6 | エジプト | 2021 | 1856.6 | 60.5 |
| 7 | アフガニスタン | 2021 | 1458.4 | 60.4 |
| 8 | コンゴ民主 | 2016 | 1003.7 | 73.9 |
| 9 | スーダン | 2018 | 977.4 | 56.5 |
| 10 | ブラジル | 2021 | 969.4 | 50.4 |

図表 5-1　非識字者人口および女性が占める割合（2015〜18 年）
国連教育科学文化機関（UNESCO）"UIS. Stat" より作成

図表5-2は、女性の前期中等教育の修了率です。中学校卒業を多くの国が義務教育としています。100%に近い国が多い中、アフリカ諸国を中心に、非常に低い値が出ています。前期中等教育どころか、読み書きの基本となる初等教育すらもまともに受けられない状況にある女性たちが特定の地域に集中しています。

インドの女性の前期中等教育修了率は85・8%と比較的高い値が出ていますが、同国の当該学齢人口（女子）が3172万人（2018年）ですので、単純計算して約450万人の女子が、中学校すら卒業していないことになります。これは、修了率が最低のシエラレオネ（約21万人）の21倍に達します。

修了率が低いベニン（約21万人）、マダガスカル（約37万人）よりも、パキスタン（51・8%／約165万人）、アフガニスタン（50・6%／約37万人）など南アジアの国の方が、未就学の女子の数が多くなっています。

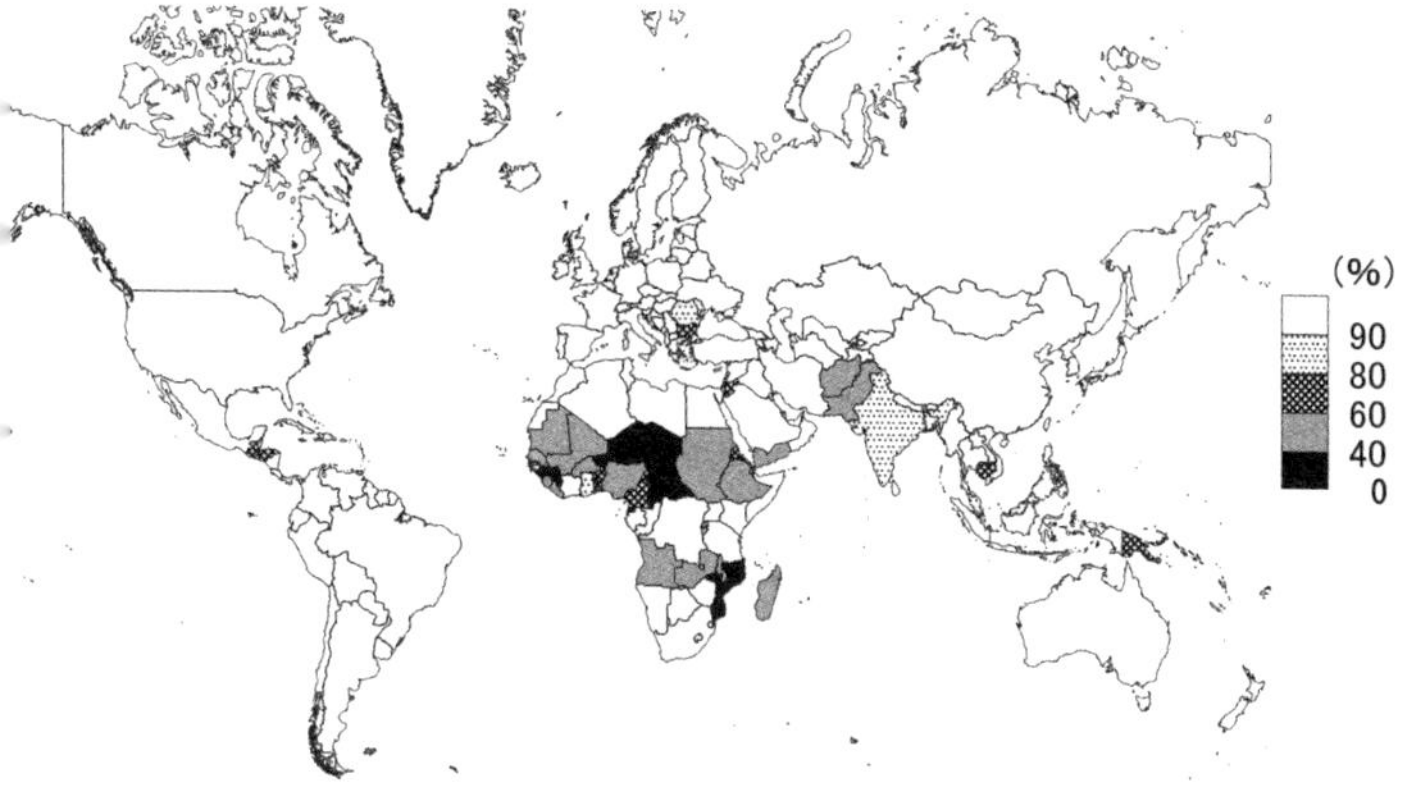


| 順位 | 国 | 女性の前期中等教育修了率（%） |
| --- | --- | --- |
| 1 | シエラレオネ | 24.5 |
| 2 | ベニン | 32.5 |
| 3 | マダガスカル | 33.3 |
| 4 | ウガンダ | 35.7 |
| 5 | モザンビーク | 40.8 |
| 6 | リベリア | 44.4 |
| 7 | ブルンジ | 47.6 |
| 8 | ツバル | 49.2 |
| 9 | セネガル | 60.3 |
| 10 | コンゴ民主 | 60.5 |

図表 5-2　女性の前期中等教育修了率（2016～18 年）
出典：図表 5-1 に同じ

図表5-3は、世界保健機関（ＷＨＯ）がまとめた、途上国の女性の結婚年齢に関する調査の結果です。調査年（２０１０～１７年：国によって違いあり）の20～22歳の女性を対象に、結婚した年齢を尋ね、全体に占める割合を求めました。非識字率の高い国、前期中等教育修了率が低い国と同様に、アフリカ諸国や南アジアの国々の結婚年齢が低いことがわかります。日本の中学生の年代で既に結婚し、農作業や家事労働に日々を費やしている子どもが3割近くいる国がある現状は、「女性のエンパワーメント」と大いにかけ離れていると言わざるを得ません。

貧しさゆえに学校に行けない、子どもを早く結婚させざるを得ないという状況を脱するためには、国際的な支援や人的・経済的な援助が不可欠で、一定の教育水準を備えた労働力が必要です。男性・女性に関係なく、向学心を持った若者に学びの機会を保証し、望む進路を実現できるような社会的な環境を整えていくことは、当該の国だけでなく、世界全体の利益になるはずです。

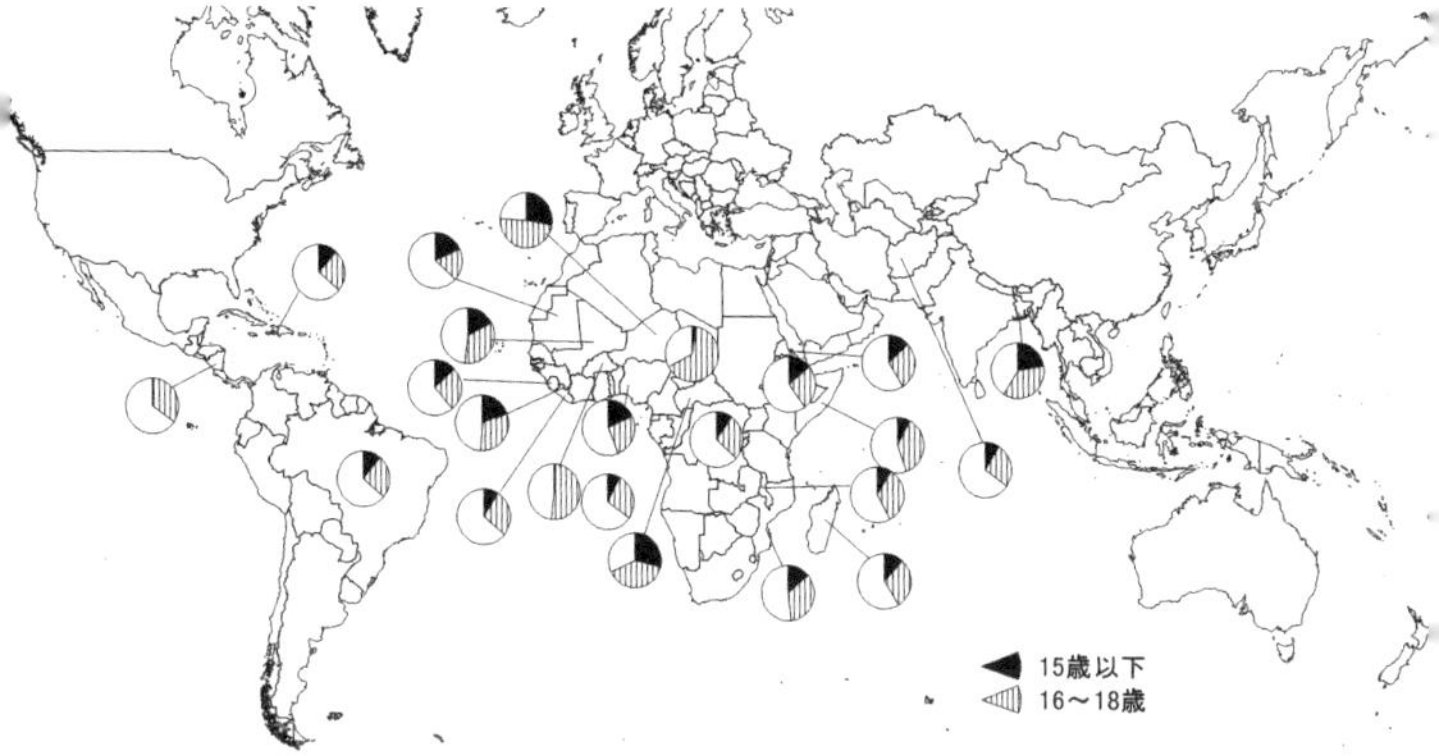


| 順位 | 国 | 既婚者率（%） | |
|---|---|---|---|
| | | （15 歳以下） | （18 歳以下） |
| 1 | ニジェール | 28 | 76 |
| 2 | 中央アフリカ | 29 | 68 |
| 3 | チャド | 30 | 67 |
| 4 | バングラデシュ | 22 | 59 |
| 5 | ブルキナファソ | 10 | 52 |
| 6 | マリ | 17 | 52 |
| 7 | ギニア | 19 | 51 |
| 8 | モザンビーク | 14 | 48 |
| 9 | ソマリア | 8 | 45 |
| 10 | ナイジェリア | 18 | 44 |

図表 5-3　年代別女性の既婚者率（2010〜17 年）
世界保健機関（WHO）“THE GLOBAL HEALTH OBSERVATORY”
より作成

## 6　東京は世界的にみても人が多すぎ——大都市圏の拡大と人口増加

都市の規模を比較する際、中心となる都市の行政区の人口を数えるのではなく、通勤や通学など、緊密な関係にある周辺の市町村と合わせた「都市圏」で比較することがあります。東京を例に取ってみると、東京の23特別区の人口は９６４万人（２０２１年）ですが、東京都の１３９６万人に千葉・神奈川・埼玉県の人口をあわせた大都市圏人口は約３２００万人になります。世界各国の大都市圏人口は、国際連合の経済社会局が毎年統計を公表しています。

図表6-1は、１９９０年の世界の主な大都市圏（人口５００万人以上）と、上位10都市のリストです。人口が５００万人を超える大都市圏は、１９９０年の時点では全部で31ありました。トップは東京（首都圏）で、2位が大阪（近畿大都市圏）、3位がニューヨークでした。東京が唯一３０００万人を超えている以外は、どの大都市圏も人口が１０００万人台です。

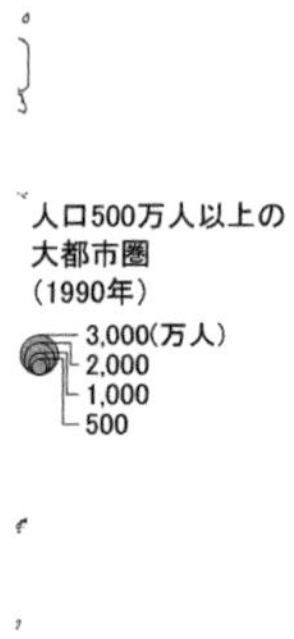

| 順位 | 大都市圏名 | 国 | 人口（万人） |
|---|---|---|---|
| 1 | 東京（首都圏） | 日本 | 3253.0 |
| 2 | 大阪（近畿圏） | 日本 | 1838.9 |
| 3 | ニューヨーク | アメリカ | 1608.6 |
| 4 | メキシコシティ | メキシコ | 1564.2 |
| 5 | サンパウロ | ブラジル | 1477.6 |
| 6 | ムンバイ | インド | 1235.5 |
| 7 | ブエノスアイレス | アルゼンチン | 1114.8 |
| 8 | コルカタ | インド | 1097.4 |
| 9 | ロスアンゼルス | アメリカ | 1088.3 |
| 10 | ソウル | 韓国 | 1051.8 |

図表 6-1　世界の主な大都市圏（人口 500 万人以上）（1990 年）
国際連合経済社会局 "World Urbanization Prospects 2018" より作成

図表6-2は、２０１８年のデータです。トップは東京（首都圏）で変わりませんが、２位以下の都市の多くが発展途上国の首都あるいは経済の中心都市になっています。人口が５００万人を超える大都市圏は、世界全体で81にまで増えました。このうち33都市圏が、人口１０００万人を超えています。

発展途上国における都市や都市圏の急速な拡大の背景には、農村部での人口増加と、都市と農村の生活水準の格差があります。爆発的な人口増加に対して食糧の生産や土地の分配が追いつかない農村部では、多くの人々が出稼ぎや移住先として大都市を目指します。多くの発展途上国では、植民地時代からインフラ整備のための資源を首都や中心都市に集中的に配分する政策をとってきたため、一つの都市が際立って大きい（二番手以降の都市を大きく引き離す）「プライメイトシティー」と呼ばれる現象が起きています。農村部からの出稼ぎ者は、時には最低限の住環境も整っていないスラム（不良住宅街）に住まざるを得ません。

人口500万人以上の大都市圏（2018年）

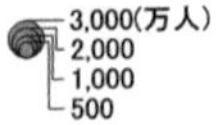

| 順位 | 大都市圏名 | 国 | 人口（万人） |
|---|---|---|---|
| 1 | 東京（首都圏） | 日本 | 3746.8 |
| 2 | デリー | インド | 2851.4 |
| 3 | 上海 | 中国 | 2558.2 |
| 4 | サンパウロ | ブラジル | 2165.0 |
| 5 | メキシコシティ | メキシコ | 2158.1 |
| 6 | カイロ | エジプト | 2007.6 |
| 7 | ムンバイ | インド | 1998.0 |
| 8 | 北京 | 中国 | 1962.0 |
| 9 | ダッカ | バングラデシュ | 1958.0 |
| 10 | 大阪（近畿圏） | 日本 | 1928.1 |

図表 6-2　世界の主な大都市圏（人口 500 万人以上）（2018 年）

出典：図表 6-1 に同じ

ごく限られた巨大都市への一極集中を避け、大都市を分散させる政策をとる国も見られます。図表6-3は、世界各国の人口100万人以上の都市圏の数を1990年と2018年で比較した資料です。

1979年に「改革開放政策」を始め、沿岸部に外資を誘致するための経済特区や経済開発区と呼ばれる都市を次々に誕生させた中国は、内陸部との格差の是正を目指して2001年から15年計画で「西部大開発」プロジェクトを手がけてきました。油田や天然ガス田、水力発電所の開発や、鉄道網の整備などを通じて多くの地方都市で人口が増加しました。中国以外のBRICsといわれる国々でも都市圏の拡大が著しくなっています。一方で、ヨーロッパや日本は、これらの地域に比べると巨大都市圏の増加は緩やかです（フランス1→4、ドイツ1→4、イギリス1→5、イタリア2→4、日本4→8）。

都市の巨大化と分散拡大化に伴って様々な問題が発生することが予想されます。都市問題はもとより、環境問題や食糧安全保障など、当該の国だけでは対処しきれない問題は隣国に波及します。人口問題とあわせて、各国の動向に注意を払っていきたい課題です。

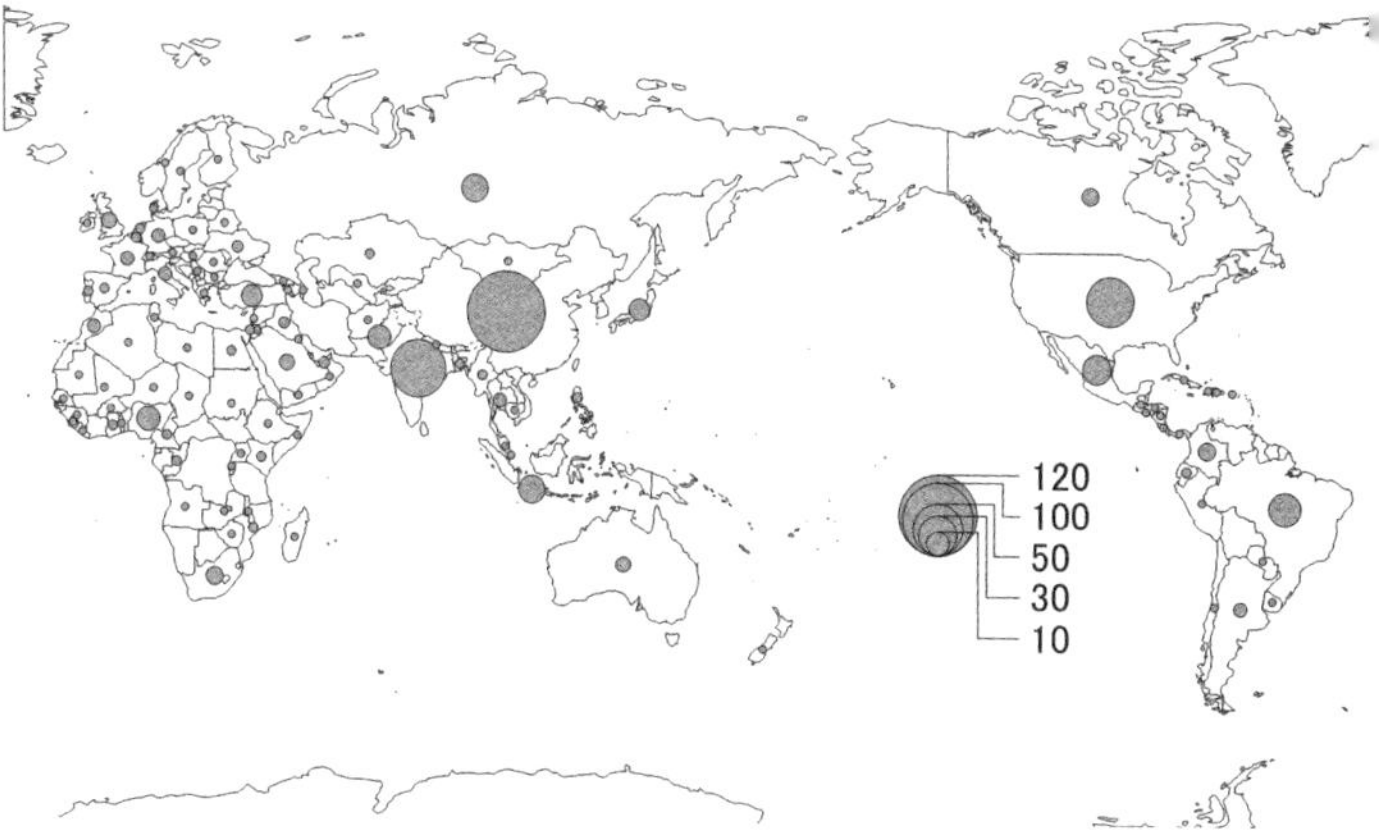


| 順位 | 国 | 人口 100 万人以上の都市圏の数 | |
|---|---|---|---|
| | | 1990 年 | 2018 年 |
| 1 | 中国 | 7 | 124 |
| 2 | インド | 7 | 61 |
| 3 | アメリカ | 10 | 45 |
| 4 | ブラジル | 4 | 22 |
| 5 | メキシコ | 2 | 16 |
| 6 | ロシア | 2 | 15 |
| 7 | インドネシア | 1 | 14 |
| 8 | パキスタン | 2 | 10 |
| 9 | ナイジェリア | 1 | 10 |
| 10 | 日本 | 4 | 8 |

図表 6-3　人口 100 万人以上の大都市圏数（1990／2018 年）
出典：図表 6-1 に同じ

## 7　移民が「ふつう」の社会へ――人口の国際移動

経済的な理由や政治的な迫害（難民）により、他国に住んでいる人の数は、国連の集計によると世界で約2億7000万人にのぼります（2019年）。移民の受け入れに関する各国の政策の違いや、送り出し国との歴史的・文化的な関係は、定住外国人の数や民族集団の違いに現れます。

図表7-1は、世界各国の定住外国人の数と上位10カ国です。最も多いのはアメリカで、5000万人を超えています。そのうち最も多いのがメキシコ人（約1148万人）で、中国人（約290万人）、インド人（約260万人）が続きます。2位のドイツでは、ポーランド人（約178万人）が最も多く、長らく1位だったトルコ人（約153万人）を抜きました。

3位のサウジアラビアでは、インド人（約266万人）が最も多く、次いでインドネシア人（約167万人）、パキスタン人（約145万人）が多くなっています。

日本の定住外国人人口は、世界26位の約249万9000人で、内訳は中国人（約81万人）、韓国人（約45万人）、フィリピン人（約28万人）となっています。

次に、どの国にどれだけの数のエスニシティ（民族集団）があるのか、過去と現在を比較

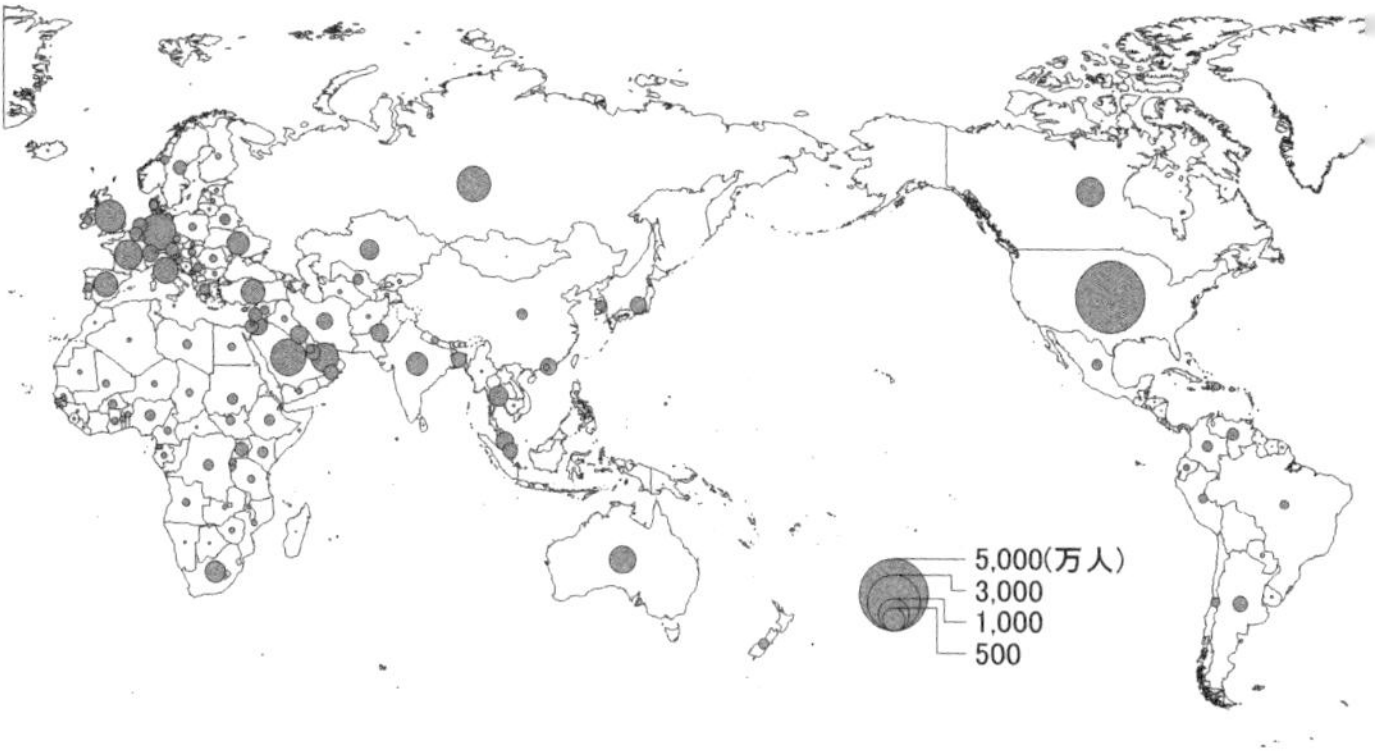


| 順位 | 国 | 外国籍人口（万人） | 外国籍人口比率(%) |
|---|---|---|---|
| 1 | アメリカ | 5066.1 | 15.4 |
| 2 | ドイツ | 1313.2 | 15.7 |
| 3 | サウジアラビア | 1312.2 | 38.3 |
| 4 | ロシア | 1164.1 | 8.0 |
| 5 | イギリス | 955.2 | 14.1 |
| 6 | アラブ首長国連邦 | 858.7 | 87.9 |
| 7 | フランス | 833.5 | 12.8 |
| 8 | カナダ | 796.1 | 21.3 |
| 9 | オーストラリア | 754.9 | 30.0 |
| 10 | イタリア | 627.4 | 10.4 |

図表 7-1　外国籍住民の数と総人口に占める外国籍人口の割合（2019 年）
国際連合経済社会局 "International migrant stock 2019" より作成

してみます。図表7-2は、1990年の各国における外国籍の居住者を出身国別に示した地図と上位10カ国の表です。

最も多くを占めるのがウクライナにおけるロシア人です。ウクライナ国籍のロシア人を合わせると、人口4205万人の国の約3割、1197万人がロシア系の住民です。ロシア人は国の東部と南部に多く、旧ソ連時代はロシア語とウクライナ語が公用語でしたが、ソ連崩壊後、ウクライナ政府はウクライナ語のみを公用語としたため、東部では中央政府（首都キーフ）に対する反発心が強く、後述する独立宣言とロシアへの編入強行につながりました。同じような緊張関係は、旧ソ連のカザフスタンでも見られます。

インドとバングラデシュ、インドとパキスタンの間では同じ言語・民族の人々が国をまたいで暮らしているため、相互の国内の外国人人口が多くなっています。アフガニスタンでは、1978年から1989年まで続いたソ連の軍事介入の後、再び内戦が激化し、多くの避難民を出しました。避難民の総数は約682万3000人で、1990年の時点で総人口の約35％にあたります。

図表7-3は、2019年の人口の国際移動についてまとめた地図と上位10カ国です。最も多いのが、アメリカにおけるメキシコ人で、1990年から720万人増加しています。

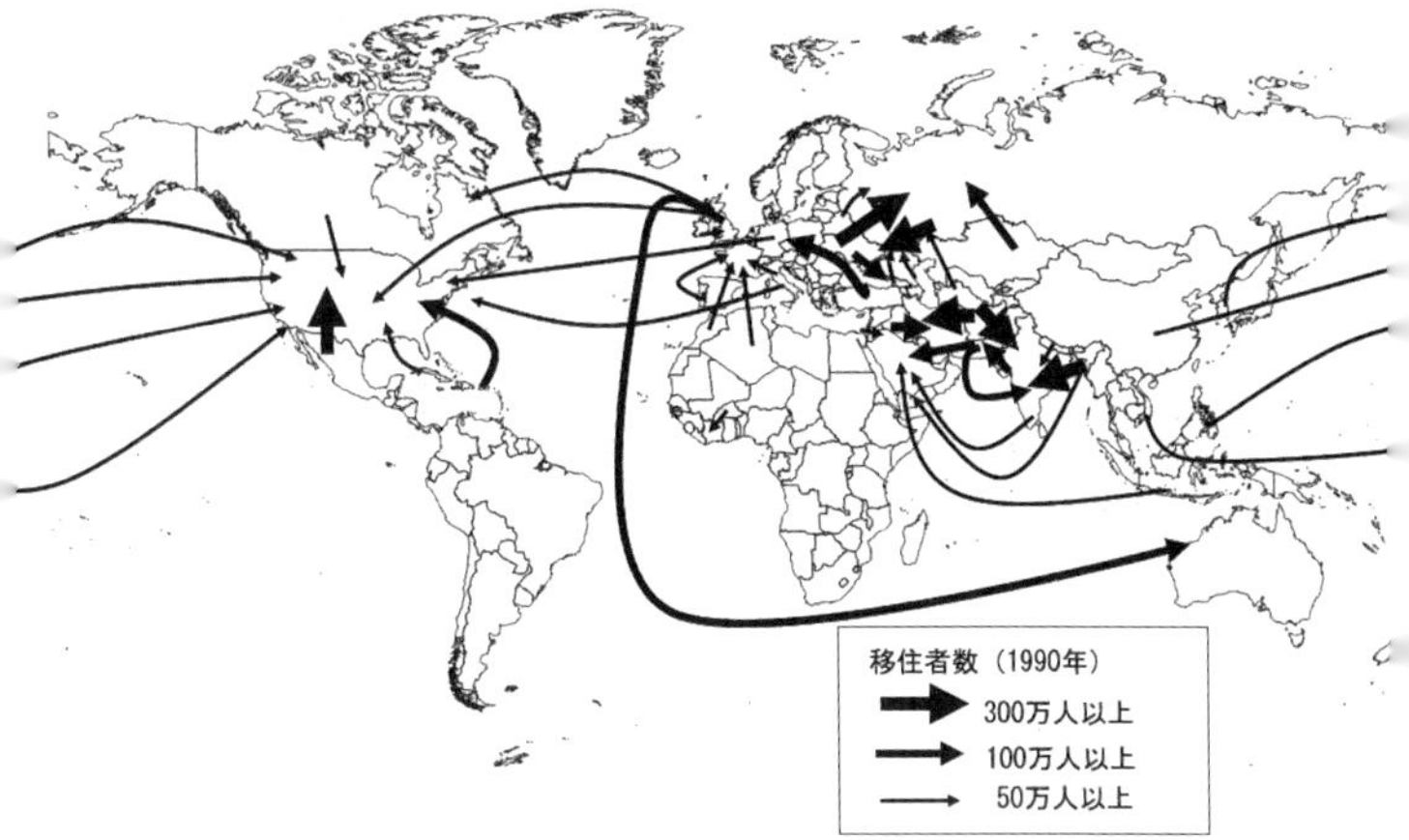


| 順位 | 居住国（国籍） | 人口（万人） |
|---|---|---|
| 1 | ウクライナ（ロシア人） | 501.8 |
| 2 | インド（バングラデシュ人） | 437.5 |
| 3 | アメリカ（メキシコ人） | 429.8 |
| 4 | パキスタン（アフガニスタン人） | 337.5 |
| 5 | ロシア（ウクライナ人） | 330.2 |
| 6 | イラン（アフガニスタン人） | 312.4 |
| 7 | パキスタン（インド人） | 281.8 |
| 8 | ロシア（カザフスタン人） | 235.0 |
| 9 | インド（パキスタン人） | 192.1 |
| 10 | ドイツ（トルコ人） | 158.6 |

図表 7-2　外国への移住者の移動先と居住者数（1990 年）

出典：図表 7-1 に同じ

移住者の約半数にあたる650万人が不法就労者と言われています。共和党のトランプ前大統領は、不法移民の強制送還と入国を厳しく制限して物議を醸しました。メキシコ人以外では、中国やインドなど、アジアからの移住者が増加しています。フィリピン人（204万人）、プエルトリコ人（184万人）、エルサルバドル人（142万人）、ベトナム人（135万人）、韓国人（117万人）などが居住人口100万人を超える民族集団です。

2011年に起きた「アラブの春」運動をきっかけに内戦が勃発したシリアでは、トルコを筆頭に、レバノン（295万人）、ヨルダン（67万人）、総数で約660万人が避難民・難民として国外へ脱出しました。

ウクライナにおけるロシア人の数が1990年から約170万人減少していますが、これは2014年3月に強行されたクリミア自治共和国の独立と、ロシアへの編入によりロシア国籍になった人が多いためです。西アジアでは、インド人の進出が盛んです。オイルマネーで潤った資金をインフラ建設に積極的に回しているためです。アラブ首長国連邦（約342万人）を筆頭に、サウジアラビア（約244万人）、クウェート（約112万人）と、インド人の建設労働者や技術者が西アジアに滞在しています。

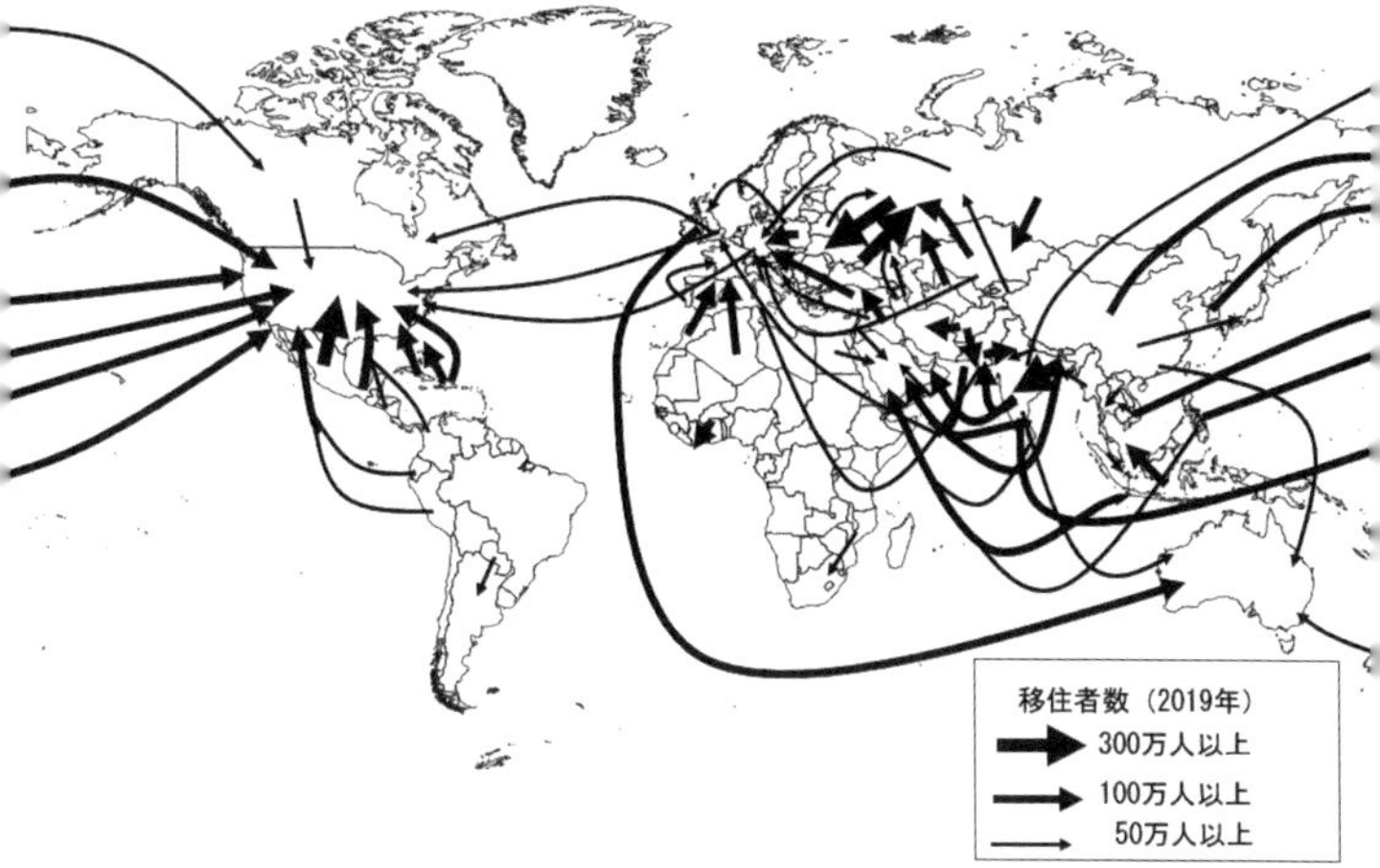


| 順位 | 居住国（国籍） | 人口（万人） |
|---|---|---|
| 1 | アメリカ（メキシコ人） | 1149.0 |
| 2 | トルコ（シリア人） | 374.3 |
| 3 | アラブ首長国連邦（インド人） | 342.0 |
| 4 | ウクライナ（ロシア人） | 330.9 |
| 5 | ロシア（ウクライナ人） | 327.0 |
| 6 | インド（バングラデシュ人） | 310.4 |
| 7 | アメリカ（中国人） | 289.9 |
| 8 | アメリカ（インド人） | 266.1 |
| 9 | ロシア（カザフスタン人） | 256.0 |
| 10 | カザフスタン（ロシア人） | 246.0 |

図表 7-3　外国への移住者の移動先と居住者数（2019 年）

出典：図表 7-1 に同じ

# 第3章　産地は変化する

## 1　日本は米の生産量10位以内にいるのか——米の生産国とその変化

日本人の主食である米は、年間約7億5000万トン（2020年）が生産される世界的な穀物です。年間1トン以上の収穫がある国は114カ国にのぼりますが、そのうち約9割の生産はアジアに偏っています。自国内での消費が中心で、小麦やとうもろこしに比べると、国際的な流通の規模は大きくありませんでしたが、近年、生産量が飛躍的に伸びるとともに、貿易も活発になっています。

図表1-1は、1990年における米の生産国の分布と上位10カ国を示した図表です。中国とインドで世界生産の半分を占め、上位をアジアの国が独占しています。

中国では、米の産地は温暖で降水量の多い長江流域からそれ以南の地域に集中しています。華南の大河川の流域では、年に2回ないし3回米を収穫しています。社会主義国家の集団農業政策の象徴だった「人民公社」が1983年に解体されて以来、生産量が増大しました。その米の生産が、人口が急増した沿岸部の経済特区をはじめとした大都市に住む人々を支えましたが、外国への輸出はほとんどありませんでした。当時、世界一の米の輸出国は、タイで世界輸出量の33・8％を占めていました。

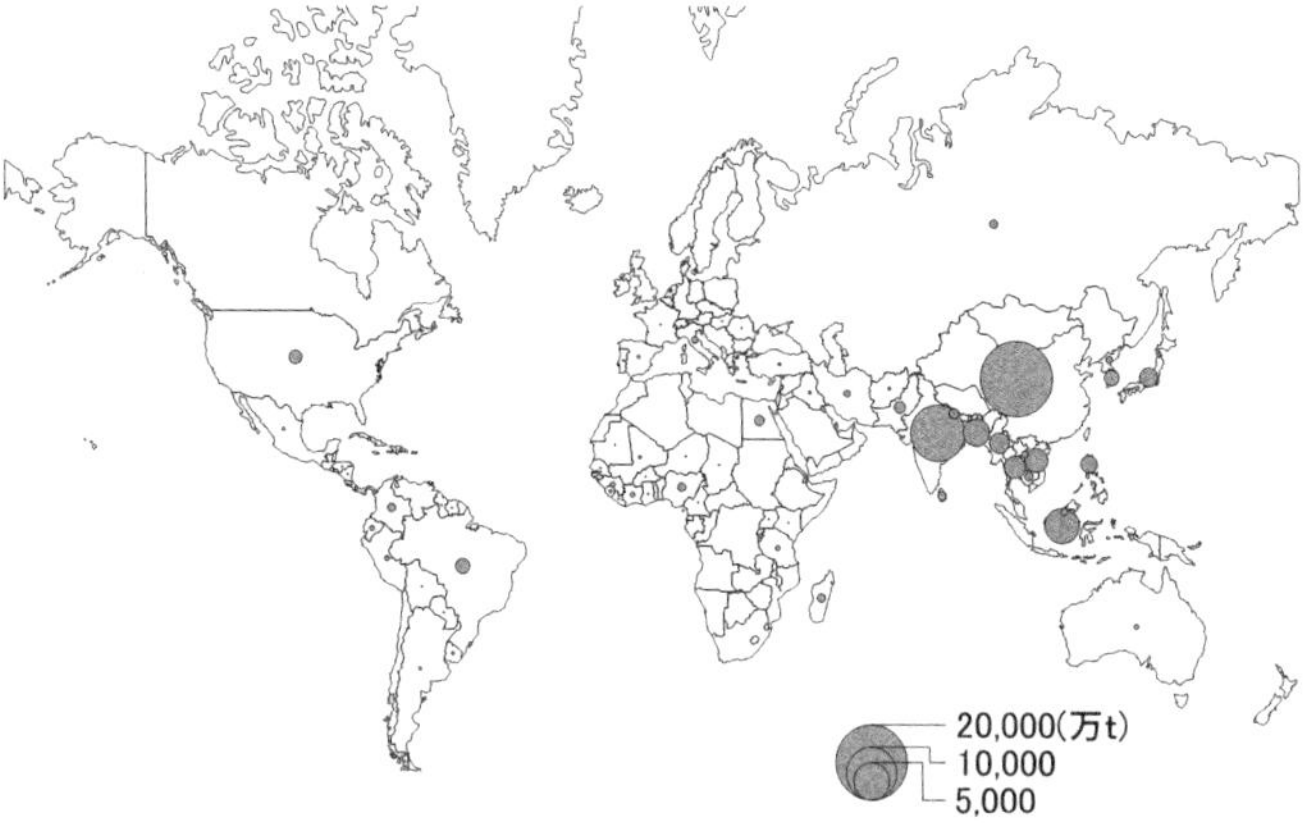


| 順位 | 国 | 米の生産高（万トン） | 世界シェア（%） |
|---|---|---|---|
| 1 | 中国 | 1億9161.4 | 11.4 |
| 2 | インド | 1億1151.7 | 6.6 |
| 3 | インドネシア | 4517.9 | 2.7 |
| 4 | バングラデシュ | 2677.8 | 1.6 |
| 5 | ベトナム | 1922.5 | 1.1 |
| 6 | タイ | 1719.3 | 1.0 |
| 7 | ミャンマー | 1397.2 | 0.8 |
| 8 | 日本 | 1312.4 | 0.8 |
| 9 | フィリピン | 988.5 | 0.6 |
| 10 | 韓国 | 772.2 | 0.5 |

図表1-1　米の生産高（1990年）
国連食糧農業機関（FAO）“FAO STAT”より作成

図表1-2は、2019年における世界の米の生産国の分布と上位10カ国です。上位の順位に大きな変動はありませんが、各国とも1990年よりも大きく生産量を伸ばしていることがわかります。とりわけインドでは、1990年の約1・5倍生産量を増やし、世界シェアで中国に迫っています。

インドでは、1960年代の大規模な食料不足を教訓に、1967年から大規模な農業の改革が行われました。当時、東南アジアではアメリカ主導で開発され、「奇跡の米」と呼ばれて実績を挙げていた〝IR8〟種を導入して、インド版「緑の革命」に着手しました。当初は、イギリス時代に整備された灌漑《かんがい》設備があった首都近郊とインダス川流域のパンジャブ州が中心でしたが、各地に普及していくことで生産量が飛躍的に伸びました。インドは、近隣の国や東アフリカ方面を中心に、米の輸出を行ってきましたが、その取扱量は年々増加しています。1980年に約43万3000トンだった輸出量は、2000年には152万7000トン、2019年には925万トンとなり、2位のタイ（684・7万トン）を大きく引き離しています。

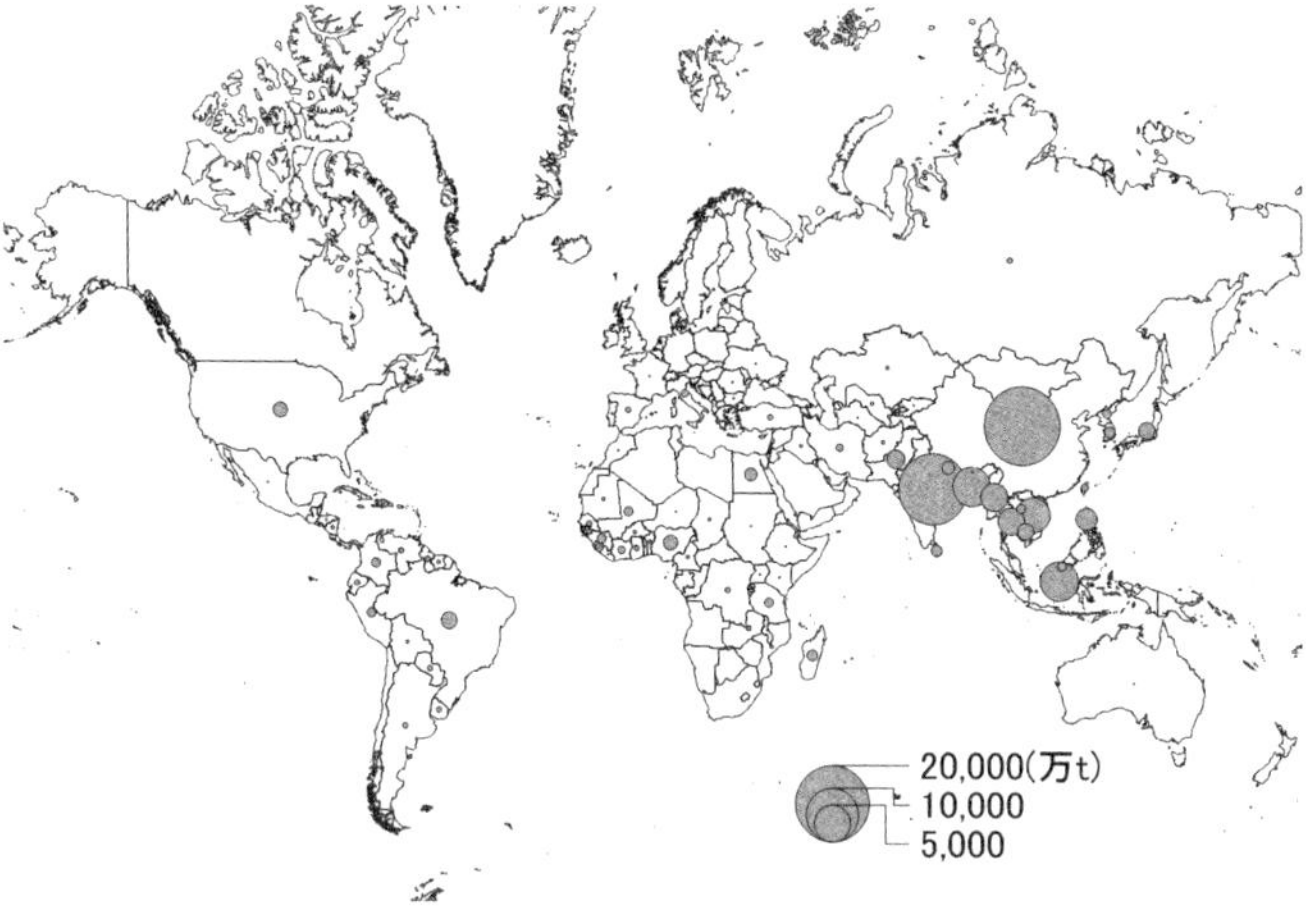


| 順位 | 国 | 米の生産高（万トン） | 世界シェア（%） |
|---|---|---|---|
| 1 | 中国 | 2億1140.5 | 21.7 |
| 2 | インド | 1億7764.5 | 18.4 |
| 3 | インドネシア | 5460.4 | 5.6 |
| 4 | バングラデシュ | 5458.6 | 5.6 |
| 5 | ベトナム | 4344.9 | 5.0 |
| 6 | タイ | 2835.7 | 2.9 |
| 7 | ミャンマー | 2627.0 | 2.7 |
| 8 | フィリピン | 1881.5 | 1.9 |
| 9 | パキスタン | 1111.5 | 1.1 |
| 10 | カンボジア | 1088.6 | 1.1 |
| 11 | 日本 | 1052.7 | 1.1 |

図表1-2　米の生産高（2019年）
出典：図表1-1に同じ

図表1-3は、米の収穫量の増減を1990年と2019年で比較したものです。生産が増えた国5カ国、生産が減った国3カ国を順に並べました。

生産が増加した国の多くが、「緑の革命」を進めた南アジアの国々です。もともと、灌漑設備が整っておらず、天水や河川の増水に合わせて米作りを行ってきた場所で用水路を建設し、機械化を進めることで、単位面積あたりの収穫量を飛躍的に伸ばせたことが要因として考えられます。また、大規模で効率的な生産体制をとり、もともと人件費が安いことから、東南アジア産と同等、あるいはそれよりも安い米を輸出商品として供給できる強みもあります。インド産の米は、慢性的な食糧不足に陥っているアフリカ諸国や、国内に南アジアからの出稼ぎ者が多く住んでいる中東の産油国が主な買い手です。

アジアの各地で米の増産が続いている中、日本のみが大きく生産量を下げています。安い外国産の米が国内に流入することを防ぐために米の貿易に制限をかけ、国内の米の需要の低下に合わせて減反を進めた結果です。今後、日本産の米の需要が伸び、輸出機会が増えたとしても、農地の荒廃や後継者難で生産量が増加に転ずる可能性は低いと思われます。

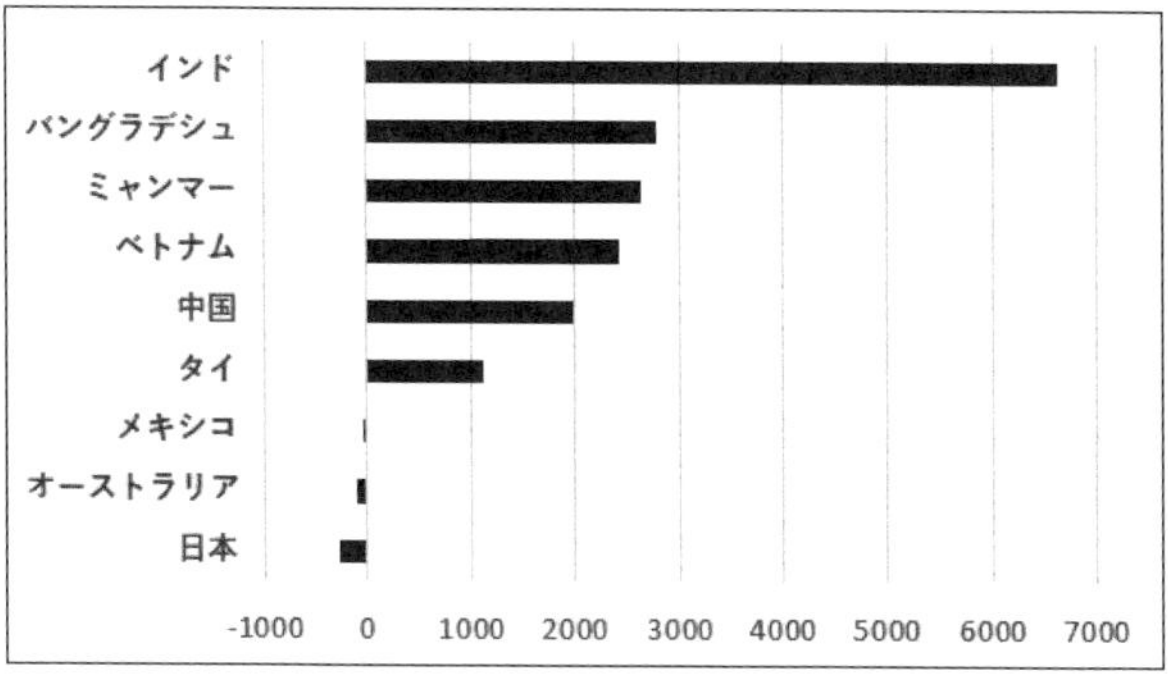


| 増加 | 国 | 増加量（万トン） | 増加率（%） |
|---|---|---|---|
| 1 | インド | 6612.8 | 59.3 |
| 2 | バングラデシュ | 2780.8 | 103.8 |
| 3 | ミャンマー | 2627.0 | 88.0 |
| 4 | ベトナム | 2422.3 | 126.0 |
| 5 | 中国 | 1979.0 | 10.3 |
| 6 | タイ | 1116.4 | 3.7 |
| 減少 | 国 | 減少量（万トン） | 減少率（%） |
| 1 | 日本 | −259.7 | −19.8 |
| 2 | オーストラリア | −85.7 | −92.8 |
| 3 | メキシコ | −14.9 | −37.8 |

図表 1-3　米の生産量の増減と増減率（1990〜2019 年）
出典：図表 1-1 に同じ

## 2　小麦の最大の輸出国は？――小麦の生産と貿易の変化

小麦は、米よりも栽培される範囲が広く、収穫が多い穀物です。また、生産量の約23・4%が輸出に回され、米（5・4%）以上に貿易が盛んです。

図表2-1は、2019年の小麦の生産上位国と、1990年からの生産の増減を見たものです。米と同じく中国とインドが1位2位ですが、3位以降、ヨーロッパ諸国や新大陸の国々が入っています。

生産量の増減を見ると、アジアの国々が生産量を伸ばしている一方で、アメリカ、ロシア、トルコ、メキシコ、サウジアラビア、モンゴル、南アフリカなどで生産高が減少しています。小麦の原産地は、西アジアの乾燥帯といわれ、米やとうもろこしよりも乾燥に強い作物です。生産が減っている国々は、砂漠気候・ステップ気候の土地を抱え、用水路や地下水のくみ上げによって小麦の栽培を拡大してきた点で共通します。

地球温暖化に伴う気温の上昇や、干ばつの襲来の影響を受けやすいことが、生産量の減少につながっているのかもしれません。

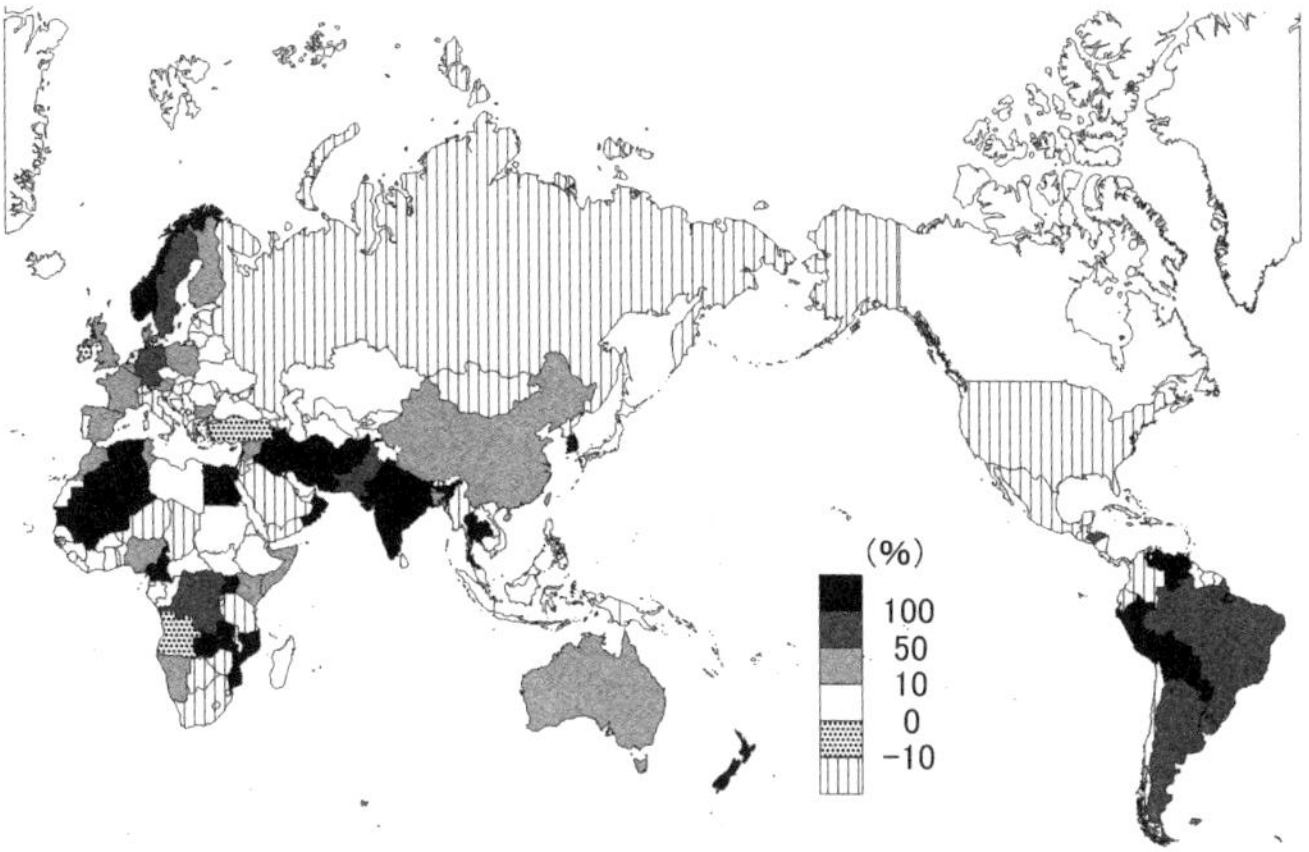


| 順位 | 国 | 小麦の生産量（万トン） | 1990年からの増減率（%） |
|---|---|---|---|
| 1 | 中国 | 1億3360.0 | 36.0 |
| 2 | インド | 1億0359.6 | 107.8 |
| 3 | ロシア | 7445.3 | −26.2 |
| 4 | アメリカ | 5225.8 | −29.1 |
| 5 | フランス | 4060.5 | 22.0 |
| 6 | カナダ | 3234.8 | 0.8 |
| 7 | ウクライナ | 2837.0 | 0.3 |
| 8 | パキスタン | 2435.0 | 70.1 |
| 9 | ドイツ | 2306.3 | 51.3 |
| 10 | アルゼンチン | 1946.0 | 93.5 |

図表 2-1　小麦の生産量（2019年）と1990年からの増減率
国連食糧農業機関（FAO）"FAO STAT" より作成

次に、小麦の貿易の変化について見てみます。図表2-2は、1990年における小麦の輸出入の動き（主な輸出国と輸入国および貿易量）を示したものです。

最も取り引きが多かったのは、カナダから中国への輸出で、次いでカナダからソ連への輸出でした。アメリカからの輸出も中国とソ連が上位を占めています。この年のソ連の総輸入量は約1502万トンで1位、中国の輸入量が約1351万トンで2位になっています。ちなみに、1990年の小麦生産量は、ソ連が1位（1億188万トン）で、中国が2位（9823万トン）でした。ロシアとウクライナにまたがる小麦の大産地を抱え、世界一の小麦生産国だったソ連や、それに次ぐ生産量の中国が、輸入量の1位、2位になっているのは不思議な状況ですが、産地から消費地への物流がうまく機能していなかったこと（特にソ連の末期はトラックの燃料が極度に不足）や、安く大量に供給されるアメリカ・カナダ産の小麦に依存する状態になっていたことが想像されます。小麦の大量輸出は、アメリカにとっては冷戦下における重要な外交カードであり、社会主義陣営にとっては、アキレス腱《けん》でもありました。

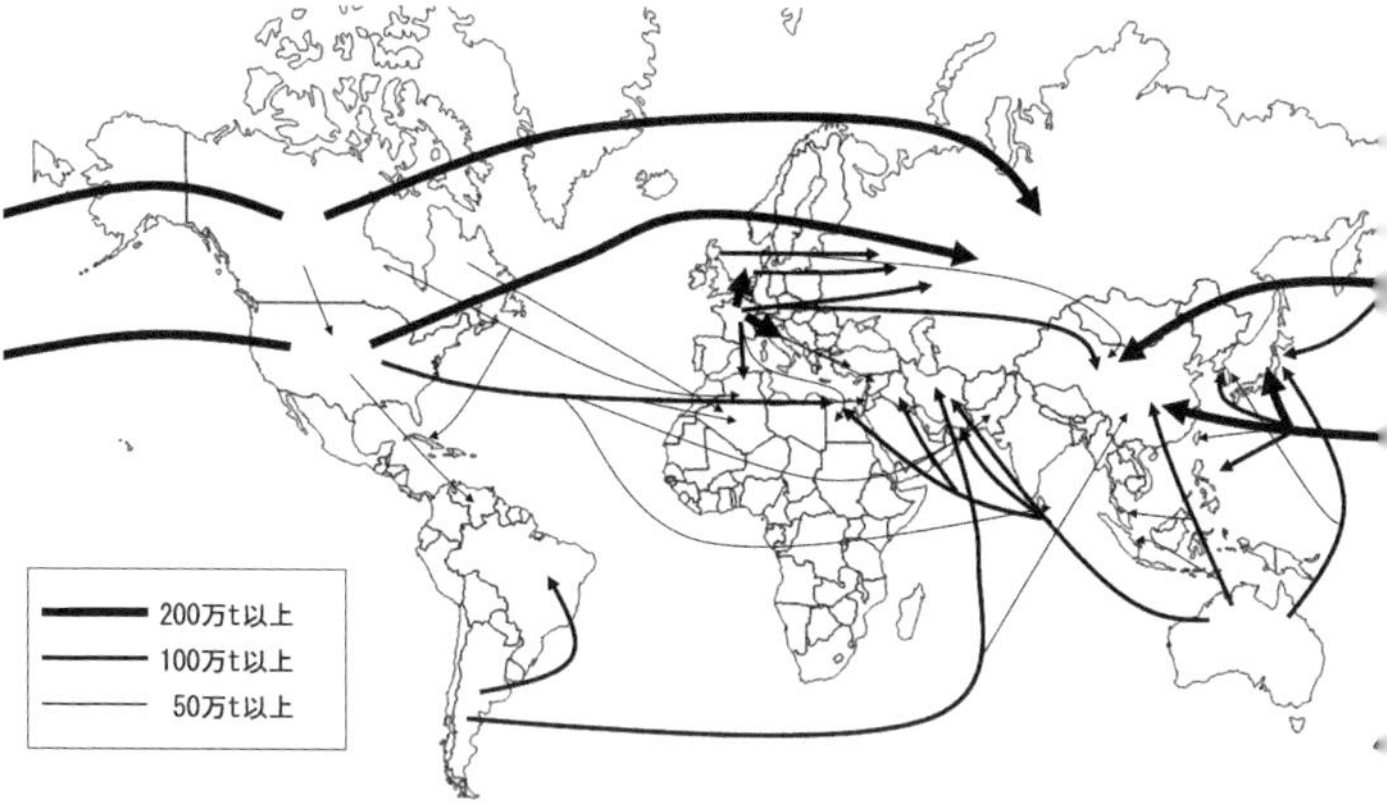


| 順位 | 輸出国 | 輸入国 | 貿易量（万トン） |
|---|---|---|---|
| 1 | カナダ | 中国 | 423.3 |
| 2 | カナダ | ソ連 | 403.0 |
| 3 | アメリカ | 中国 | 369.2 |
| 4 | アメリカ | ソ連 | 369.0 |
| 5 | アメリカ | 日本 | 283.7 |
| 6 | フランス | イタリア | 264.9 |
| 7 | フランス | オランダ | 223.9 |
| 8 | オーストラリア | イラン | 191.5 |
| 9 | アルゼンチン | ブラジル | 180.7 |
| 10 | オーストラリア | エジプト | 177.9 |

図表 2-2　小麦の貿易（1990 年）
出典：図表 2-1 に同じ

図表2-3は、2019年の世界の小麦貿易を示した地図と上位10カ国のランキングです。ソ連の主要な小麦生産国だったロシアとウクライナが、2019年には輸出国として名を連ねています。

ロシアは、現時点で世界一の小麦輸出国です。総輸出量は約3187万トンで、2位のアメリカ（約2707万トン）、3位のカナダ（約2280万トン）を大きく引き離しています。ソ連の崩壊後、ロシアでは、物流の麻痺《まひ》から食料不足がおこったこともありましたが、物流インフラが整った今は、小麦はロシアの戦略的な輸出品の一つになりました。ロシアの小麦生産量自体は、1990年から26%も減っているにもかかわらず、輸出量は伸び続けています。輸出先は、表に出ている国に加えて、アゼルバイジャン、スーダン、ナイジェリア、イエメンなどの国が挙がり、ロシアの外交戦略とも密接な関わりがあるようです。

小麦の総輸入量は、インドネシアが1位（1070万トン）で、1990年（約172万トン）よりも約898万トン増えています。人口増加に加えて所得水準が上がり、外食の機会が増えていることも要因として考えられます。

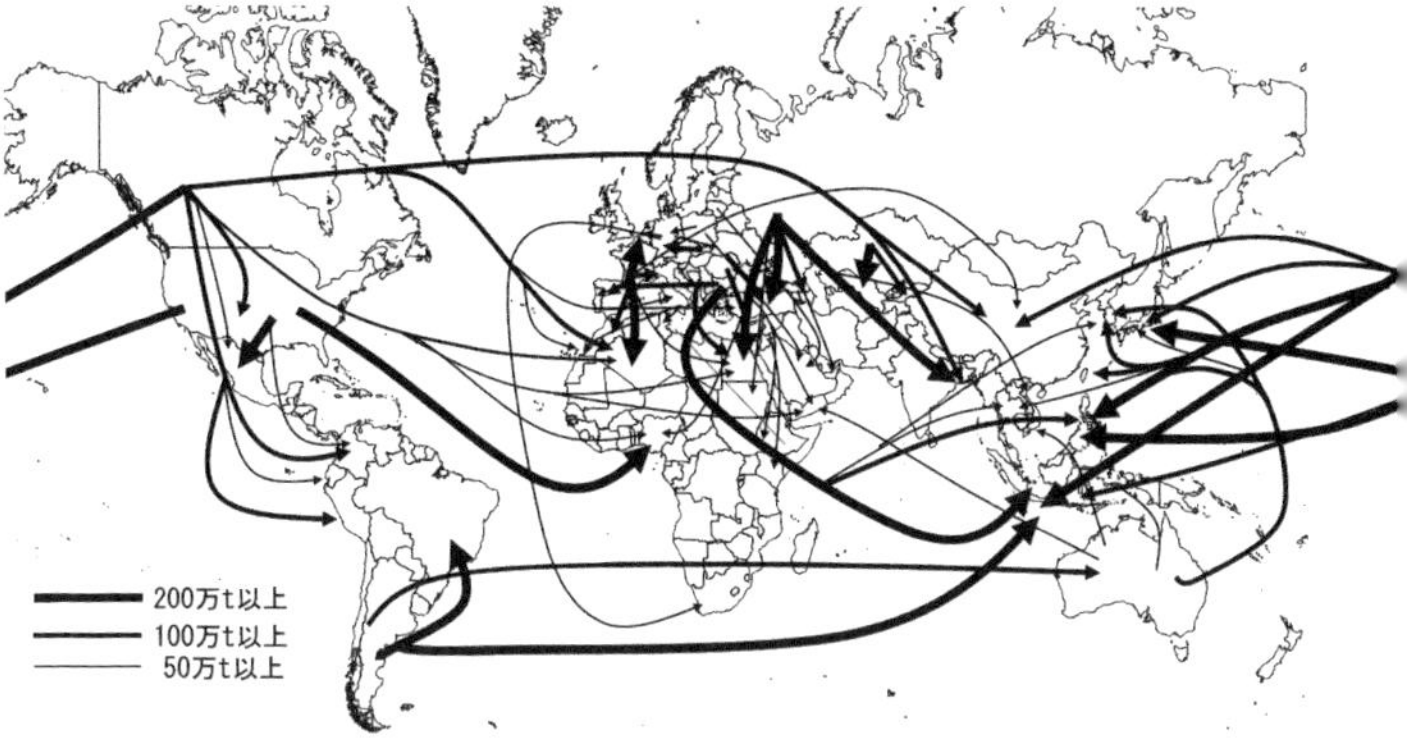


| 順位 | 輸出国 | 輸入国 | 貿易量（万トン） |
|---|---|---|---|
| 1 | ロシア | トルコ | 703.5 |
| 2 | ロシア | エジプト | 613.0 |
| 3 | アルゼンチン | ブラジル | 529.5 |
| 4 | フランス | アルジェリア | 437.5 |
| 5 | アメリカ | メキシコ | 356.3 |
| 6 | アメリカ | フィリピン | 292.6 |
| 7 | ウクライナ | インドネシア | 273.7 |
| 7 | ロシア | バングラデシュ | 258.2 |
| 9 | アメリカ | 日本 | 258.1 |
| 10 | フランス | ベルギー | 238.2 |

図表 2-3　小麦の貿易（2019 年）
出典：図表 2-1 に同じ

## 3　需要が増える中国への対応──大豆の生産と貿易の変化

豆腐や納豆、味噌《みそ》、醬油《しょうゆ》など、日本では、大豆を使った加工食品が多いですが、直接食用として用いられるのは、日本でも全体の1割にも満たないそうです。大部分はサラダオイルに代表される油脂用や家畜の餌として用いられます。

図表3-1は、大豆の生産量を1990年と2019年で比較した図表です。1990年のアメリカの大豆生産量は世界の43・8％を占めていましたが、2019年には1位の座をブラジルにゆずり、シェアも27・3％にまで下がっています（1位のブラジルは32・3％）。

アメリカで大豆の栽培が始まったのは19世紀の末のことで、ペリー提督が日本から種を持ち帰ったといわれています。日本は長らくアメリカ産の輸入大豆に依存していましたが、1973年にアメリカ政府が行った輸出規制の影響で大豆製品の価格が高騰したことをきっかけに、ブラジルでの産地開拓に乗り出しました。1979年に政府間の協定が結ばれ、アマゾンの南に広がる広大な草原「カンポセラード」の開墾が行われました。日本の面積の約5倍の広さの原野で約700戸の入植者によって大豆が栽培され、世界一の産地になりました。

| 順位 | 国 | 生産量（1990年）（万トン） | 生産量（2019年）（万トン） |
|---|---|---|---|
| 1 | ブラジル | 1989.8 | 1億1431.7 |
| 2 | アメリカ | 5241.6 | 9666.7 |
| 3 | アルゼンチン | 1070.0 | 5526.4 |
| 4 | 中国 | 1100.8 | 1810.5 |
| 5 | インド | 260.2 | 1326.8 |
| 6 | パラグアイ | 179.5 | 852.0 |
| 7 | カナダ | 126.2 | 614.5 |
| 8 | ロシア | 87.5※ | 436.0 |
| 9 | ウクライナ | | 369.6 |
| 10 | ボリビア | 23.3 | 299.1 |

図表3-1　大豆の生産高（1990／2019年）

国連食糧農業機関（FAO）“FAO STAT”より作成　※ロシア・ウクライナの1990年はソ連の値

大豆の輸出入の流れも大きく変わりました。図表3-2は1990年の、図表3-3は2019年の大豆の貿易の流れと取り引きの多かった輸出入国を上位から並べたものです。

1990年の日本の大豆の総輸入量は約468万トンで、世界の総輸入量の16・5%を占める最大の輸入国でした。2位はオランダで約413万トン、3位はドイツ（約271万トン）でした。

オランダで大豆の輸入量が多い理由は、同国で食品加工産業が盛んでヨーロッパ市場向けに大豆製品の輸出が盛んなためです。日本の農林中央金庫のレポートによると、オランダの大豆輸入額（2007年）は12億8200万ドルでしたが、大豆の加工製品である、大豆《だいず》粕《かす》（油脂をしぼった後の加工品で、飼料や加工食品、調味料の原料になる）の輸出額は17億6800万ドルでした。大豆を輸入して大豆製品に加工して再輸出する「加工貿易」が成り立っています。

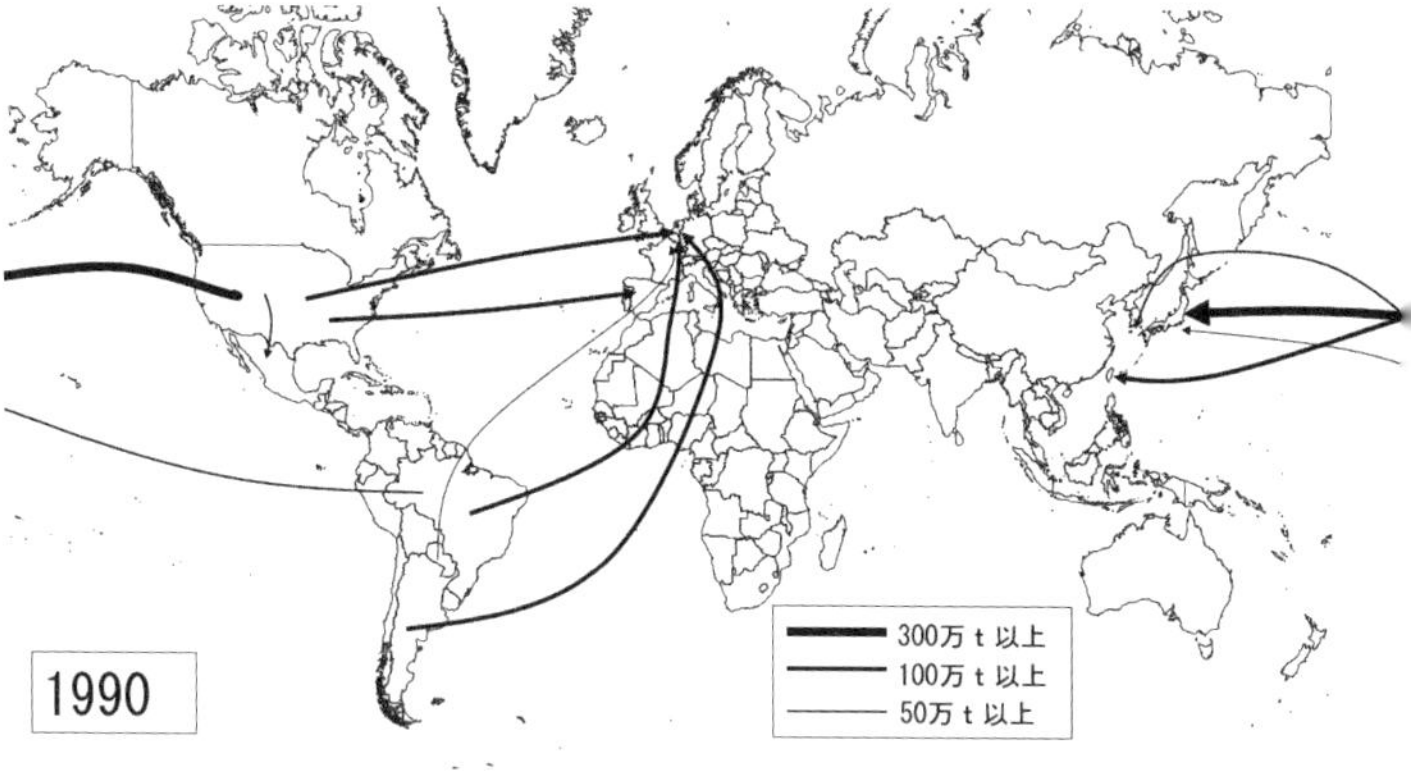


| 順位 | 輸出国 | 輸入国 | 貿易量（万トン） |
|---|---|---|---|
| 1 | アメリカ | 日本 | 346.2 |
| 2 | アメリカ | オランダ | 232.2 |
| 3 | アメリカ | 台湾 | 171.6 |
| 4 | ブラジル | オランダ | 150.1 |
| 5 | アメリカ | スペイン | 129.8 |
| 6 | アルゼンチン | オランダ | 123.6 |
| 7 | アメリカ | メキシコ | 87.9 |
| 8 | アメリカ | 韓国 | 82.6 |
| 9 | パラグアイ | オランダ | 78.5 |
| 10 | ブラジル | 日本 | 72.4 |

図表 3-2　大豆の貿易（1990 年）
出典：図表 3-1 に同じ

図表3-3は、2019年における大豆の貿易の流れを示した図表です。大豆の総生産量は1990年から2019年にかけて約3倍（1990年：1億803万トン→2019年：3億3357万トン）に増加し、輸出量は約6倍になりました（1990年：約2683万トン→2019年：約1億5011万トン）。輸入量では他を圧倒する形で中国が世界一になっています。

中国の輸入量は1990年時点では202万トンでしたが、その後、中国の所得水準の上昇に伴い、肉や油脂の需要が高まる中で、中国の大豆輸入量が増え続けてきました。2019年の中国の総輸入量は8858万トンで、オランダ（411・3万トン）、日本（約339万トン）との差は開くばかりです。

中国の輸入先のトップはブラジルで、次いでアメリカ、アルゼンチンが続きます。ブラジルから輸出される大豆の約78・3％が中国向けで、2位のスペイン向け（2・9％）、3位のオランダ向け（2・3％）を引き離しています。

中国の旺盛な需要に支えられて南米諸国では今も大豆の栽培面積と生産量は増え続けています。熱帯草原の開墾や、遺伝子組み換え技術で農薬や除草剤の耐性を強めた品種の導入による農薬汚染などの問題も深刻化しています。

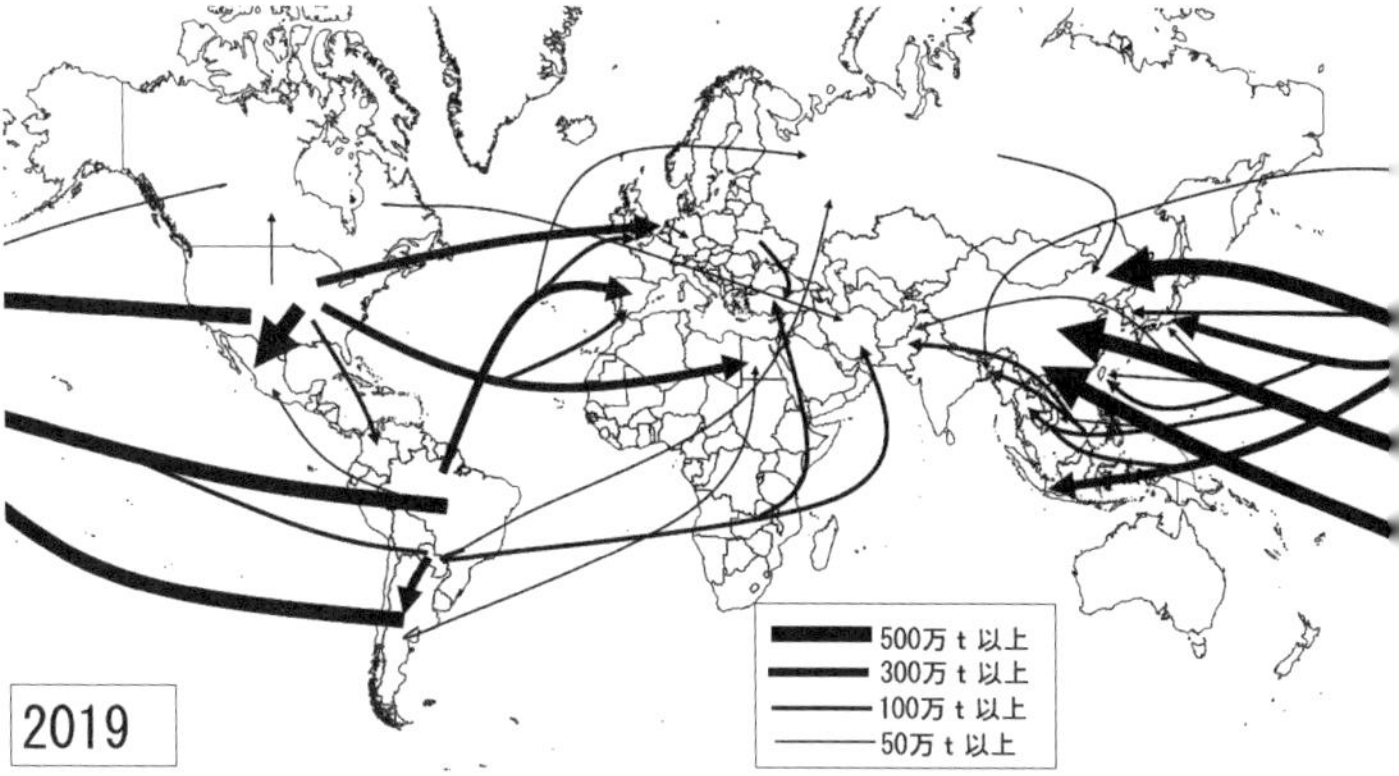


| 順位 | 輸出国 | 輸入国 | 貿易量（万トン） |
|---|---|---|---|
| 1 | ブラジル | 中国 | 5796.3 |
| 2 | アメリカ | 中国 | 2257.6 |
| 3 | アルゼンチン | 中国 | 896.2 |
| 4 | アメリカ | メキシコ | 517.5 |
| 5 | パラグアイ | アルゼンチン | 334.8 |
| 6 | アメリカ | エジプト | 279.0 |
| 7 | アメリカ | 日本 | 245.2 |
| 8 | アメリカ | インドネシア | 242.2 |
| 9 | アメリカ | オランダ | 238.2 |
| 10 | ブラジル | スペイン | 218.2 |

図表 3-3　大豆の貿易（2019 年）

出典：図表 3-1 に同じ

## 4　綿花の貿易はアパレルを映し出す——綿花の生産と貿易の変化

肌着や寝具など、綿花は私たちの日常生活の中で最も馴染《なじ》みの深い繊維の一つです。ファストファッションに代表される、安くて品質のよい衣類を安定的に供給するために、あるいは半乾燥地域の農業開発をリードする換金作物として、綿花の栽培が広がってきました。1990年に約2302万トンだった綿花生産量は、2018年には約3179万トンにまで伸びています。一方、総輸出量は1990年に約45万トンから2019年には約43万トンに下がっています。

綿花の生産量は増えているのに輸出量が減っているのはなぜでしょうか。生産国と主な貿易国を地図にしてみました。

図表4-1は、2018年の綿花の生産国の上位国と1990年の生産量からの増減を示した資料です。最も生産が多いのは中国で、世界一の座を守り続けています。2位のインド、4位のブラジルは、中国やアメリカに比べて生産の伸びが大きいのが特徴です。世界的な綿製品の需要増加に合わせて栽培地の拡大や、農法の改良が積極的に行われた結果と思われます。中国やアメリカに比べて未開拓で開墾可能な土地があったと見ることもできます。

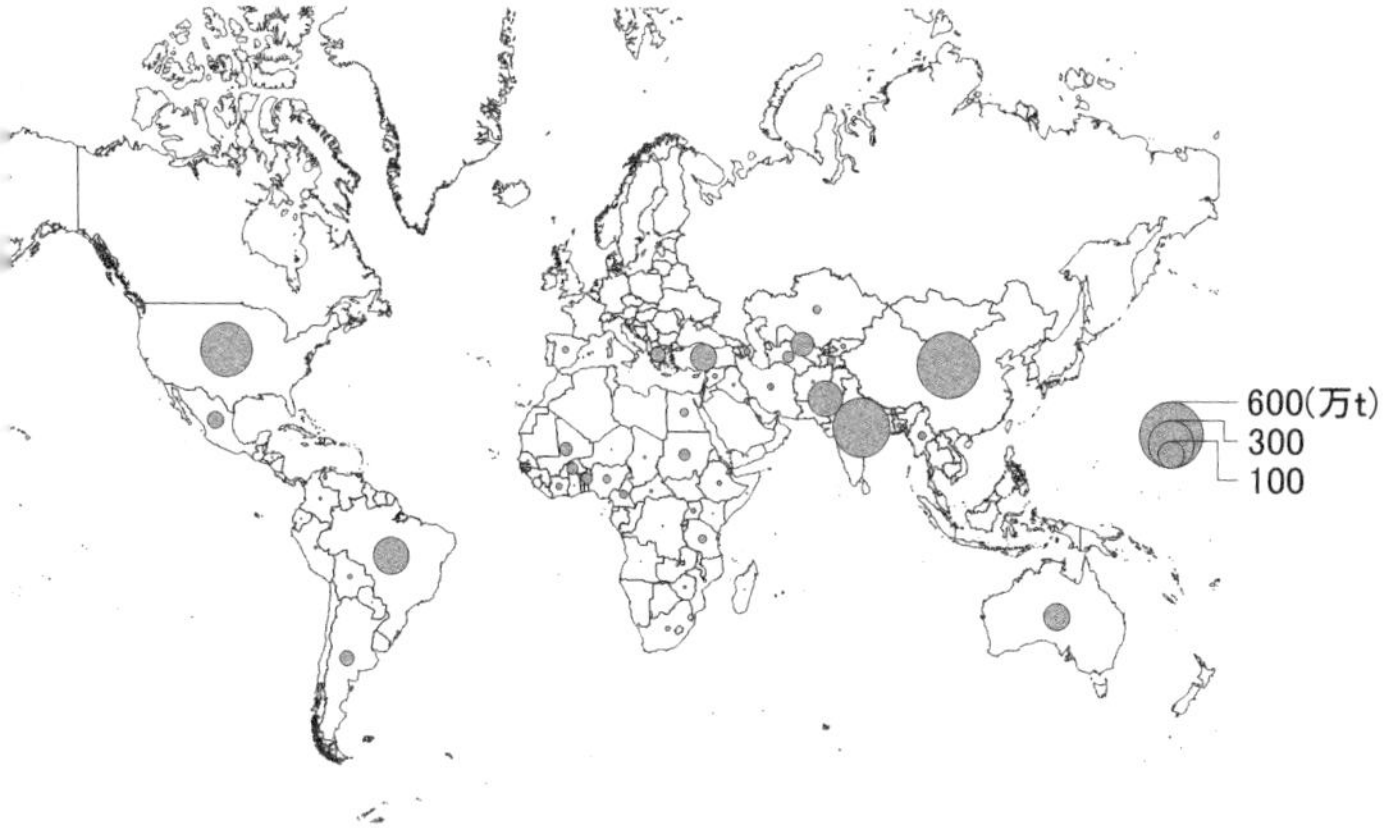


| 順位 | 国 | 生産量（2018年）（万トン） | 1990年からの増減率（%） |
|---|---|---|---|
| 1 | 中国 | 610.3 | 35.4 |
| 2 | インド | 557.7 | 233.3 |
| 3 | アメリカ | 400.4 | 18.6 |
| 4 | ブラジル | 193.3 | 204.9 |
| 5 | パキスタン | 167.7 | 2.4 |
| 6 | トルコ | 97.7 | 49.2 |
| 7 | オーストラリア | 95.0 | 211.3 |
| 8 | ウズベキスタン | 76.9 | — |
| 9 | メキシコ | 41.4 | 105.5 |
| 10 | ギリシア | 31.4 | 40.7 |

図表 4-1　綿花の生産高（2018年）
国連食糧農業機関（FAO）"FAO STAT" より作成

図表4-2は、1990年の綿花の輸出入の流れを示した資料です。

当時、世界一の輸出国であるアメリカの輸出量は約4・5万トンで、生産量（約337万トン）のうち輸出にまわっているのは1・3%にすぎません。2位のパキスタンは、生産量が163万トンに対して輸出量が4・3万トン（2・6%）、輸出量3位の中国は、生産量（451万トン）に対して輸出量は約4万トン（0・9%）しか輸出に回されていません。その多くが香港《ほんこん》や台湾など、周辺地域に限られています。逆に香港から中国に逆輸出されているものもあります。原材料である綿花そのものを輸出せずに、自国内で布や服に加工した上で流通させる形が徹底しているように見受けられます。

綿花の輸入第1位はイタリアで、インドやギリシア、トルコなどから計約21・1万トンを輸入しました。服やバッグなど、高級な綿製品を作るための需要が高かったものと思われます。

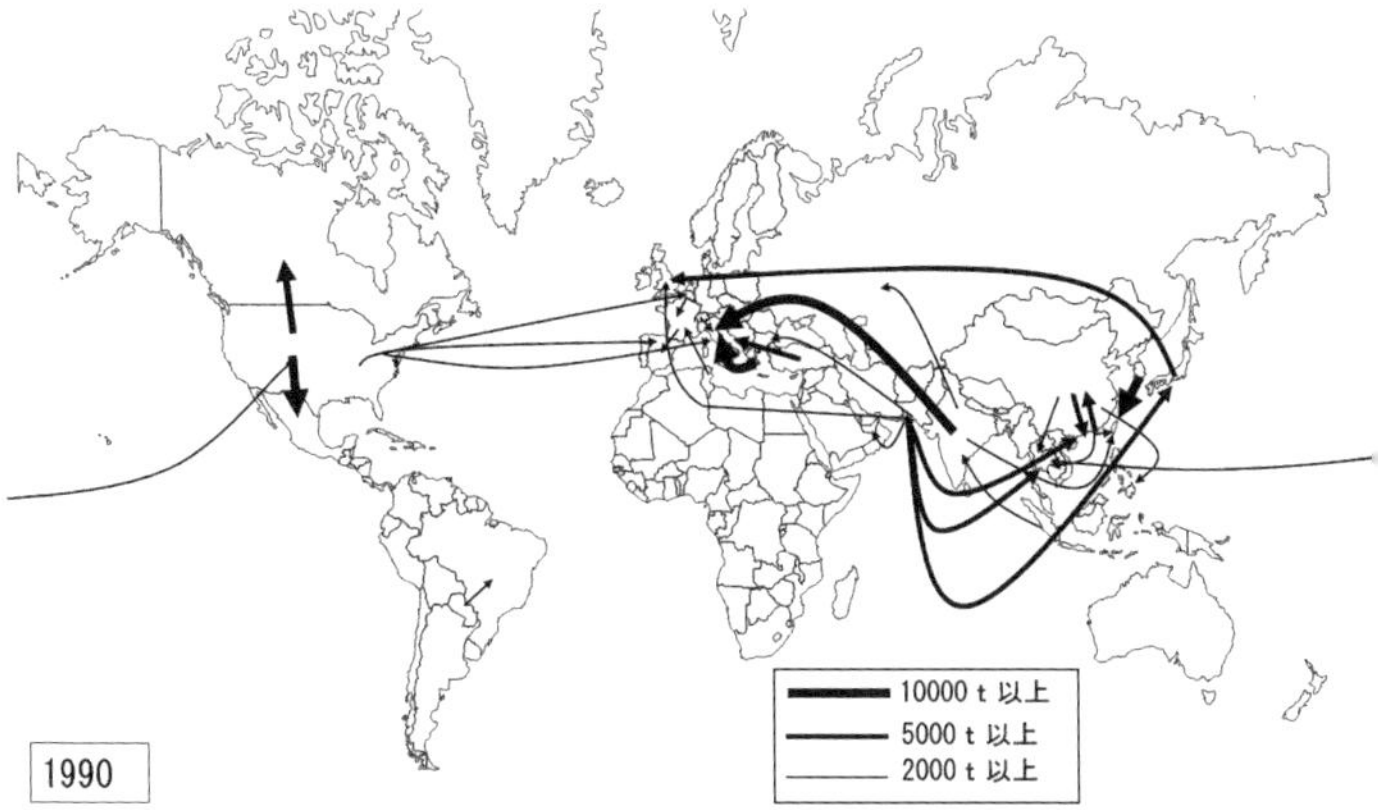


| 順位 | 輸出国・地域 | 輸入国・地域 | 貿易量（トン） |
|---|---|---|---|
| 1 | インド | イタリア | 24791 |
| 2 | アメリカ | メキシコ | 15962 |
| 3 | 韓国 | 台湾 | 12286 |
| 4 | ギリシア | イタリア | 10574 |
| 5 | アメリカ | カナダ | 9557 |
| 6 | パキスタン | タイ | 9130 |
| 7 | パキスタン | 日本 | 8991 |
| 8 | 中国 | 香港 | 8606 |
| 9 | 香港 | 中国 | 7009 |
| 10 | トルコ | イタリア | 6348 |

図表 4-2　綿花の貿易（1990 年）
出典：図表 4-1 に同じ

図表4-3は、2019年における綿花の貿易の流れを示した資料です。最大の輸出国はトルコ（約6・3万トン）で、主にドイツに向けて輸出されています。次いでバングラデシュ（約5・1万トン）で、主にインドに向けて輸出されています。

輸入量が最も多かったのがインド（約4・9万トン）で、ほとんどがバングラデシュからの輸入です。2位ドイツ（約4・6万トン）、3位中国（約2・6万トン）、4位台湾（約2・6万トン）が続きます。ヨーロッパではイタリアに代わってドイツやポーランドの輸入が伸びていますが、これらの国々では、東ヨーロッパや中東からの移民が産業の担い手になっていることが考えられます。

綿花の貿易の流れは、時代ごとのアパレル産業の中心を映し出しているといえます。

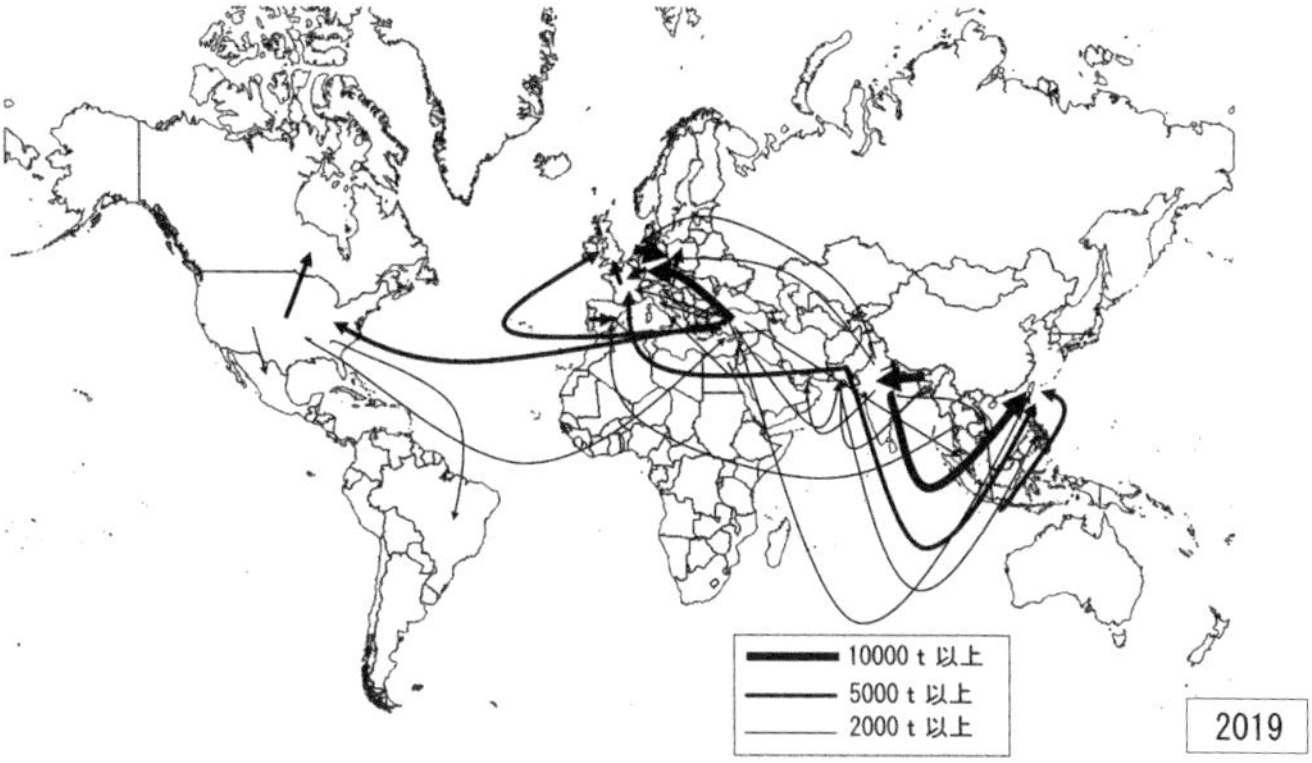


| 順位 | 輸出国 | 輸入国 | 貿易量（トン） |
|---|---|---|---|
| 1 | バングラデシュ | インド | 46375 |
| 2 | トルコ | ドイツ | 19689 |
| 3 | ベルギー | ドイツ | 12684 |
| 4 | インド | 台湾 | 12331 |
| 5 | ポルトガル | スペイン | 9034 |
| 6 | チェコ | ポーランド | 8700 |
| 7 | パキスタン | 台湾 | 7382 |
| 8 | アメリカ | カナダ | 7174 |
| 9 | トルコ | アメリカ | 7104 |
| 10 | インドネシア | 台湾 | 6603 |

図表 4-3　綿花の貿易（2019 年）
出典：図表 4-1 に同じ

## 5　飼育頭数ランキング3位　羊――羊の飼育頭数と羊毛の貿易の変化

羊は、羊毛が衣類やじゅうたんに、肉は食用としてイスラム圏などで多く食されています。世界の羊の飼育頭数と羊毛の貿易について地図を描いてみました。

図表5-1は、世界の羊の飼育頭数のランキングと分布の地図です。現在、世界で約13億1600万頭が飼育されています（2019年）。牛（約41億4000万頭）、豚（41億2000万頭）に比べるとはるかに少ないですが、世界で3番目に飼育頭数の多い家畜で、主に乾燥気候の草原で放牧されています。

国別の飼育頭数が最も多いのが中国で、世界の飼育頭数の約12％を占めています。中国は、羊毛の生産量も世界一（34・1万トン：2019年）です。

中国やインド、「サヘル」と呼ばれるサハラ砂漠の南縁の半乾燥地域を抱えるチャドやスーダン、ナイジェリアなどで羊の飼育頭数が大幅に増えている一方で、オーストラリアやイギリスなどの先進国やイラン、トルコなどの西アジアの諸国で飼育頭数が大きく減っています。特に、オーストラリアの飼育頭数の減少が顕著です。

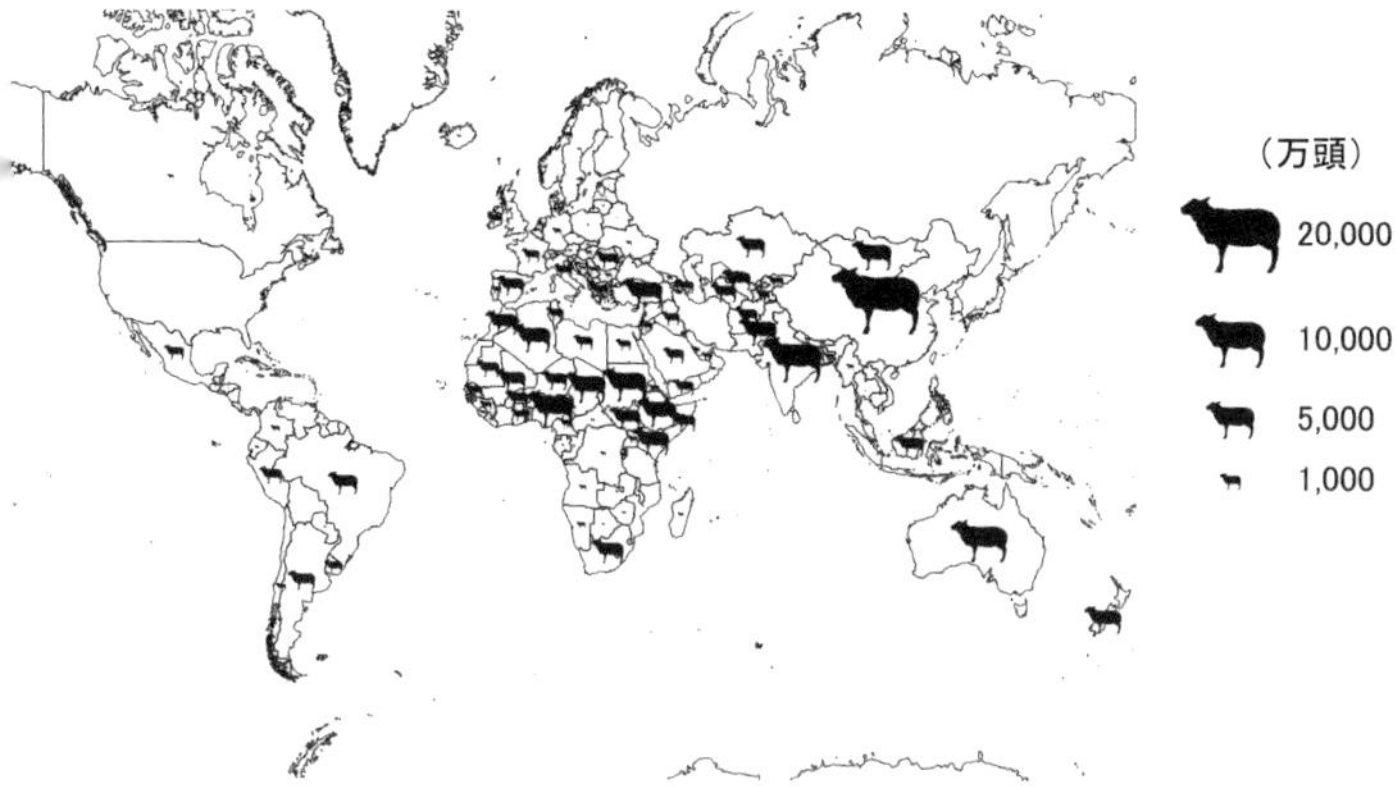


| 順位 | 国 | 羊の飼育頭数（万頭） | 1990年からの増減率（%） |
|---|---|---|---|
| 1 | 中国 | 1億6349.0 | 47.0 |
| 2 | インド | 7426.1 | 52.5 |
| 3 | オーストラリア | 6575.5 | −61.4 |
| 4 | ナイジェリア | 4682.9 | 275.8 |
| 5 | イラン | 4130.4 | −7.4 |
| 6 | スーダン | 4089.6 | 97.6 |
| 7 | エチオピア | 3989.4 | 73.6 |
| 8 | トルコ | 3727.6 | −14.6 |
| 9 | チャド | 3586.3 | 1762.4 |
| 10 | イギリス | 3358.0 | −23.4 |

図表 5-1　羊の飼育頭数（2019年）
国連食糧農業機関（FAO）"FAO STAT" より作成

図表5-2は、羊の飼育頭数上位3カ国（中国・オーストラリア・インド）の1960年代からの飼育頭数の推移の統計です。

オーストラリアは、1990年代前半まで世界一の「羊の国」として、他の国を大きく引き離してきましたが、その後、年々飼育頭数を減らし、現在は最盛期の半分以下になっています。一方、中国は1980年代から飼育頭数を増やし、2000年代以後は、多い年で前年よりも1000万頭近く飼育頭数を増やしています。

中国で羊の飼育が盛んなのは西部の標高が高く乾燥した高原地帯で、内モンゴル自治区（4352万頭：26・6％）、新疆《しんきょう》ウイグル自治区（3627万頭：22・2％）、甘粛《かんしゅく》省（約1557万頭：9・5％）などが主な飼育地です（2019年：「中国統計年鑑」より）。社会主義の集団農業政策に準ずる形で、1970年代後半まで牧草地は国が管理し、羊の飼育頭数にも制限がかけられていましたが、1983年から生産者が国に管理費を払って牧草地の利用権を取得して、飼育頭数を自由に決められる制度が導入されて以後、飼育頭数が伸びていきました。とりわけ毛織物産業に対する国の統制が緩和され、日本をはじめとした外国からの技術移入によって毛織物の生産が活発化すると、飼育頭数も格段に伸びていきました。

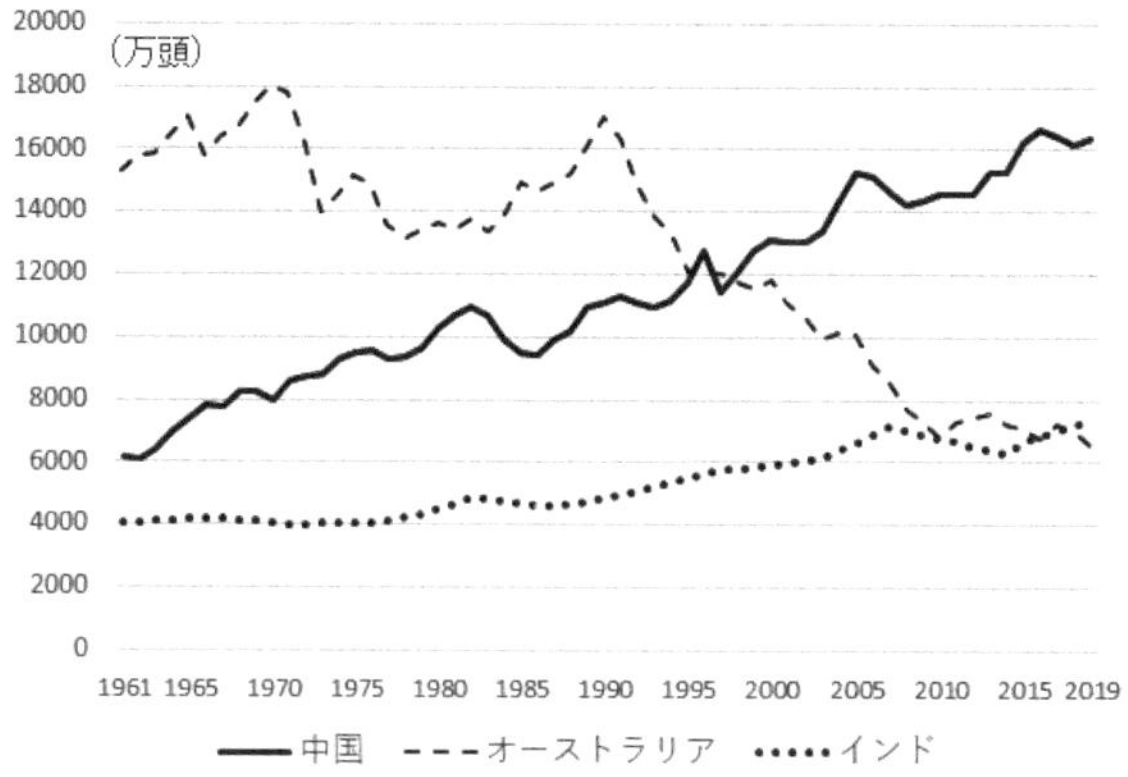


(単位：万頭)

| 年 | 中国 | オーストラリア | インド |
|---|---|---|---|
| 1961 | 6164.0 | 1億5268.0 | 4022.3 |
| 1970 | 7971.0 | 1億8008.0 | 4065.6 |
| 1980 | 1億0256.8 | 1億3598.5 | 4497.0 |
| 1990 | 1億1123.8 | 1億7029.7 | 4870.0 |
| 2000 | 1億3109.5 | 1億1855.2 | 5944.7 |
| 2010 | 1億4535.2 | 6808.5 | 6774.4 |
| 2019 | 1億6349.0 | 6575.5 | 7426.1 |

図表 5-2　羊の飼育頭数の推移（上位 3 カ国）
出典：図表 5-1 に同じ

中国における毛織物産業の成長は、原材料の羊毛の貿易の流れを大きく変えました。図表5-3および図表5-4は、世界の羊毛の輸出入の流れを地図に表したものです。

1990年の羊毛輸出国の第1位はオーストラリアでした。総輸出量は約8万4000トンで、世界の羊毛輸出量の約53%を占めていました。主な輸出先はスーツなどの高級品を作るフランス、日本、イタリアなどの先進国や、トルコ、ユーゴスラビア、スペインなどカジュアル衣料の製造が盛んな東欧・南欧諸国が中心でした。ヨーロッパでもイギリスやアイルランド、スペインなど、伝統的に牧羊が行われきた国が輸出国の上位に名を連ねています。

2019年の統計を見てみると、輸出量世界一はオーストラリアで変化はありませんが、輸出先として中国が大きなウエイトを占めていることがわかります。2019年の中国の羊毛の輸入量は約24万2000トンで、世界の輸入総量の71%を占めています。中国は世界一の羊毛生産国であり、世界一の羊毛輸入国でもあるのです。

中国の毛織物産業の中心は、南部の沿岸部である浙江《せっこう》省や広東《かんとん》省です。1990年代前半の日本のバブル崩壊と円高不況の中、日本の毛織物産業の中心だった東海地方や北陸地方の製造業者や問屋が相次いで進出し、染色や縫製などの技術を伝えていきました。当初は加工技術も未熟で、品質もあまりよくない廉価な製品を作っていましたが、加工技術の習得が進

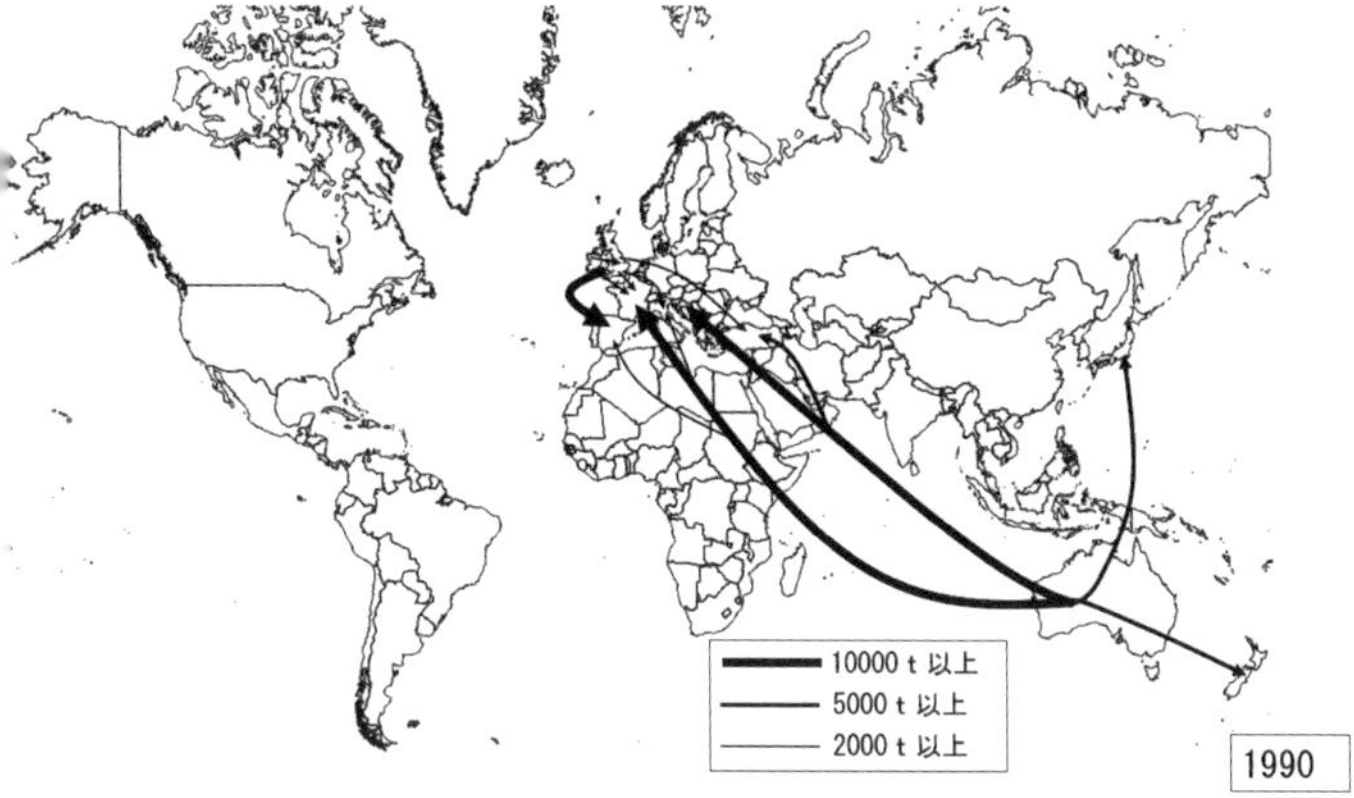


| 順位 | 輸出国 | 輸入国 | 貿易量（トン） |
|---|---|---|---|
| 1 | オーストラリア | フランス | 41943 |
| 2 | イギリス | スペイン | 22139 |
| 3 | オーストラリア | ユーゴスラビア | 10247 |
| 4 | オーストラリア | トルコ | 6842 |
| 5 | オーストラリア | 日本 | 5710 |
| 6 | オーストラリア | ニュージーランド | 5639 |
| 7 | アイルランド | イギリス | 4918 |
| 8 | オーストラリア | スペイン | 4025 |
| 9 | オーストラリア | イタリア | 2606 |
| 10 | アイルランド | フランス | 2131 |

図表 5-3　羊毛の貿易（1990 年）
出典：図表 5-1 に同じ

み、地元の政府の後押しで機械などの設備投資が進むと、次第に付加価値の高い製品が作られるようになっていきました。バブル崩壊後の長引く不況とデフレムードが続いた日本では、デパートや専門店で売られていた紳士服やカーペットなどを全国チェーンの量販店で買い求める流れが定着していきました。そうした需要に応える形で、中国産の毛織物産業は大きく成長していったのです。一方で、安くてそこそこの品質の羊毛への需要が高まる中で、生産や輸送コストがかさむオーストラリア（特に内陸部）の産地は、飼育頭数を減らしたものと思われます。

羊の飼育頭数の急増は、裏を返せば環境への負荷の高まりを意味します。過放牧による牧草地の荒廃や砂漠化のリスクも常にはらんでいることを踏まえると、安い毛織物の普及と羊の飼育頭数の増加は素直に喜べない面もあります。

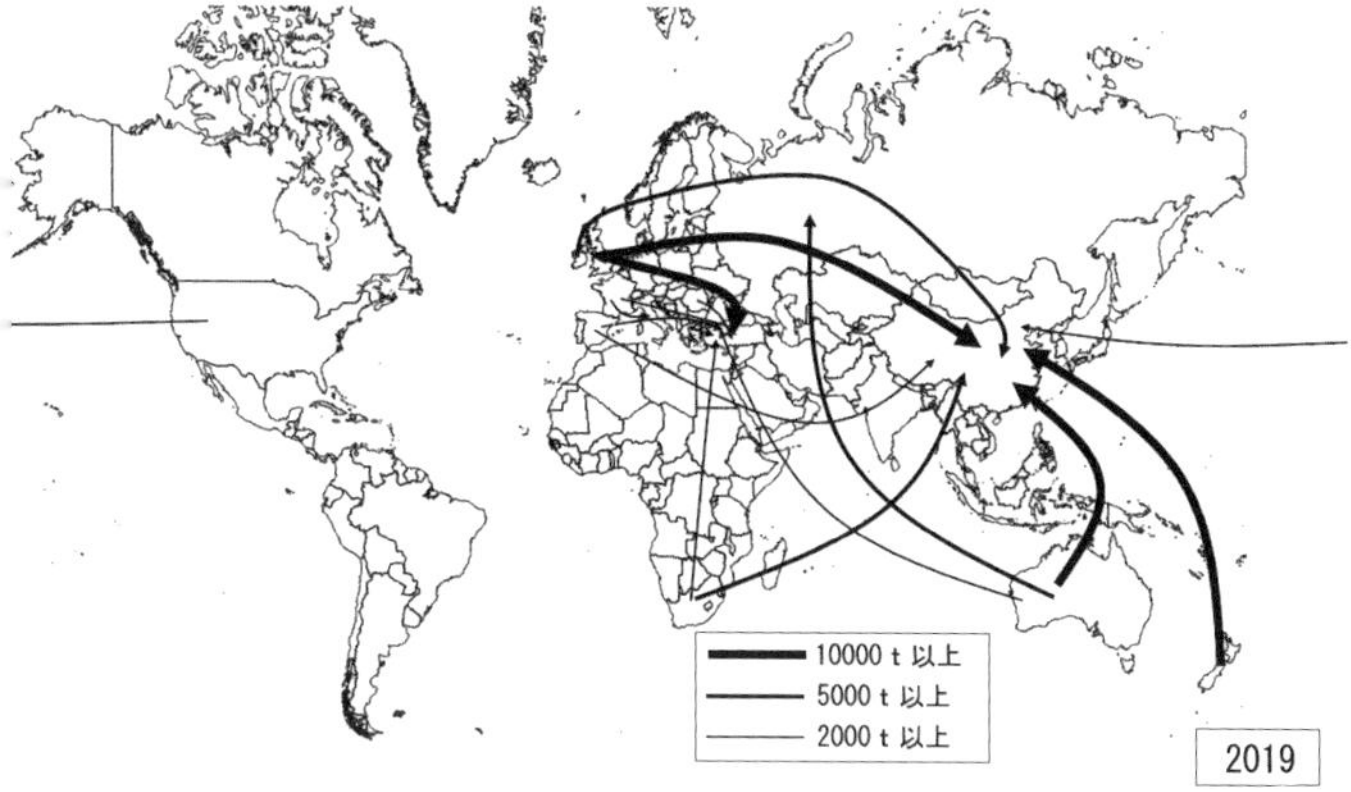


| 順位 | 輸出国 | 輸入国 | 貿易量（トン） |
|---|---|---|---|
| 1 | オーストラリア | 中国 | 154218 |
| 2 | イギリス | 中国 | 39112 |
| 3 | ニュージーランド | 中国 | 20387 |
| 4 | イギリス | トルコ | 16240 |
| 5 | アイルランド | 中国 | 9460 |
| 6 | 南アフリカ | 中国 | 6357 |
| 7 | オーストラリア | ロシア | 5398 |
| 8 | オーストラリア | トルコ | 4420 |
| 9 | スペイン | 中国 | 4267 |
| 10 | ギリシア | トルコ | 4159 |

図表 5-4　羊毛の貿易（2019 年）
出典：図表 5-1 に同じ

## 6　チーズ・バターのゆくえ――牛乳および乳製品の生産と貿易

日々の食生活に欠かせない乳製品は、酪農によって支えられています。主な生産国と輸出入の動向を見てみましょう。

図表6-1は、世界の牛乳の生産量を表した地図と表です。アメリカを筆頭に、インドや西ヨーロッパに生産が集中していることがわかります。

アメリカの酪農の中心は、五大湖の沿岸から西側にかけての地域です。気候は冷涼で、氷河地形のため土地の栄養分は少ないものの、五大湖の水運や鉄道の輸送網が発達して大都市に向けて出荷が容易だったこと、南に隣接する地域で飼料用のとうもろこしの栽培が盛んだったことなどが酪農が集中する背景です。

インドは牛乳生産量が世界2位ですが、この統計には、インドで消費が盛んな水牛（バッファロー）のミルクはカウントされていません。インドの水牛の飼育頭数は約1億985万頭（2019年）で、牛類全体の飼育頭数は約3億300万頭に達します。同年のアメリカの牛飼育頭数は、肉牛を含めて約9480万頭ですので、実質的な1位はインドである可能性が高いです。ヒンドゥー教徒は牛肉は食べませんが牛乳やバター・ヨーグルトは料理に多

| 順位 | 国 | 牛乳の生産量（万トン） | 世界シェア（%） |
|---|---|---|---|
| 1 | アメリカ | 9868.7 | 13.5 |
| 2 | インド | 8983.4 | 12.3 |
| 3 | ブラジル | 3492.5 | 4.8 |
| 4 | ドイツ | 3308.7 | 4.5 |
| 5 | 中国 | 3074.6 | 4.2 |
| 6 | ロシア | 3034.5 | 4.1 |
| 7 | フランス | 2505.5 | 3.4 |
| 8 | ニュージーランド | 2139.2 | 2.9 |
| 9 | トルコ | 2003.6 | 2.7 |
| 10 | パキスタン | 1985.8 | 2.7 |

図表 6-1　牛乳の生産量（2018 年）
国連食糧農業機関（FAO）"FAO STAT" より作成

く使用されます。

図表6-2は、チーズの生産量と貿易量を示した地図です。

チーズの生産量でも、アメリカが第1位ですが、国内消費が中心のようで、輸出量ではフランスやドイツに大きく水を開けられています。

西ヨーロッパでは、乳製品が陸路で日常的に国境を越えて取り引きされている現状が統計に反映されています。特に、山岳地域で酪農が盛んなフランスやドイツ、ポルダーと呼ばれる干拓地で放牧を行うオランダが飼育の中心地です。

西ヨーロッパで作られるチーズは、ほとんどがEU域内で流通しているようです。EUの域外で、チーズの輸入が多いのはサウジアラビアと日本です。遊牧民だったサウジアラビアの料理には牛乳やチーズを必要とするものが多く、周辺国も同じ傾向が見られます。出稼ぎ者の流入による人口増加がもたらす乳製品の供給不足を輸入で補っているようです。サウジアラビアは、ホールチーズ（牛乳をそのまま固めたチーズ）の輸入量は11万5000トン（2018年：14位）でしたが、プロセスチーズ（異なるチーズを固めた加工チーズ）の輸入量は第1位（約5万7000トン）で、2位のイギリス（約4万8000トン）を大きく引き離しています。

図表6-3は、バターの生産量と貿易に関する地図です。国連食糧農業機関（FAO）で

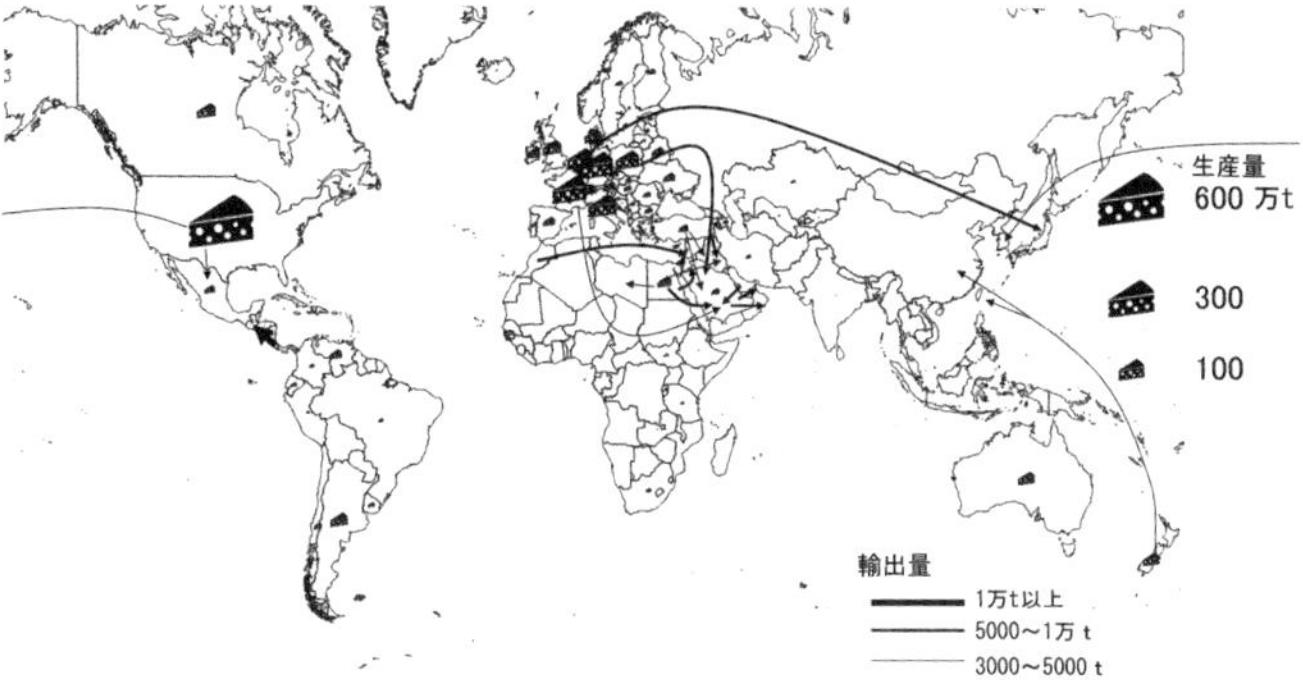


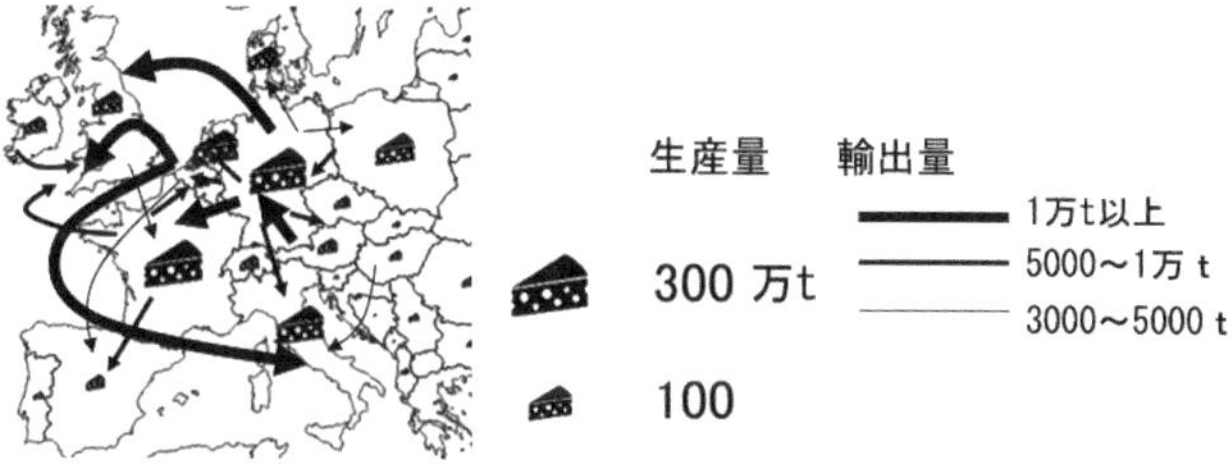


| 順位 | 生産国 | 生産量（万トン） | 輸出量（万トン） |
|---|---|---|---|
| 1 | アメリカ | 591.4 | 32.3 |
| 2 | フランス | 159.9 | 61.1 |
| 3 | ドイツ | 158.4 | 113.1 |
| 4 | イタリア | 110.1 | 42.1 |
| 5 | オランダ | 95.3 | 85.9 |
| 6 | ポーランド | 74.3 | 21.3 |
| 7 | カナダ | 55.4 | 0.7 |
| 8 | ロシア | 50.6 | 1.5 |
| 9 | イギリス | 47.0 | 17.6 |
| 10 | デンマーク | 45.7 | 38.1 |

図表 6-2　チーズ（生乳原料）の生産量と輸出量（2018 年）
出典：図表 6-1 に同じ

は、牛乳から作られるバターと、水牛の乳などから作られる「ギー」(乳性脂肪)とを分けてカウントしていますが、ここでは共に「バター」としてカウントしました。
「ギー」は、インド北部からパキスタン北部にかけてのパンジャブ地方で多く用いられ、カレーの他、小麦粉を使ったお菓子にも用いられます。ただ、国内需要がほとんどで、大口の輸出品にはなっていません。

ニュージーランドは、バターの輸出量が世界一の国です。他に全粉乳(ドライミルク:脂肪分を含んだ牛乳を乾燥・粉末にしたもの。水で還元して調整乳や菓子の原材料に用いられる)の輸出量も世界一で、主に中国に輸出されています。

中国では、2010年頃を境にして乳製品の輸入量が急増しています。バターは2000年に2万7048トンだったものが2010年に3万6187トンとなり、2018年に11万5338トンになりました。チーズの輸入量も2010年に3万6187トンから2018年には12万4474トンに伸びました。中国では、2008年に国内メーカーが製造した乳児用の粉ミルクや牛乳にメラミン樹脂が意図的に混入されていることが発覚し、腎臓障害による死者も出ました。乳製品の安全性に対する不信感の強さが輸入乳製品の需要を高め、ニュージーランドがそれにうまく乗る形でシェアを伸ばしているようです。

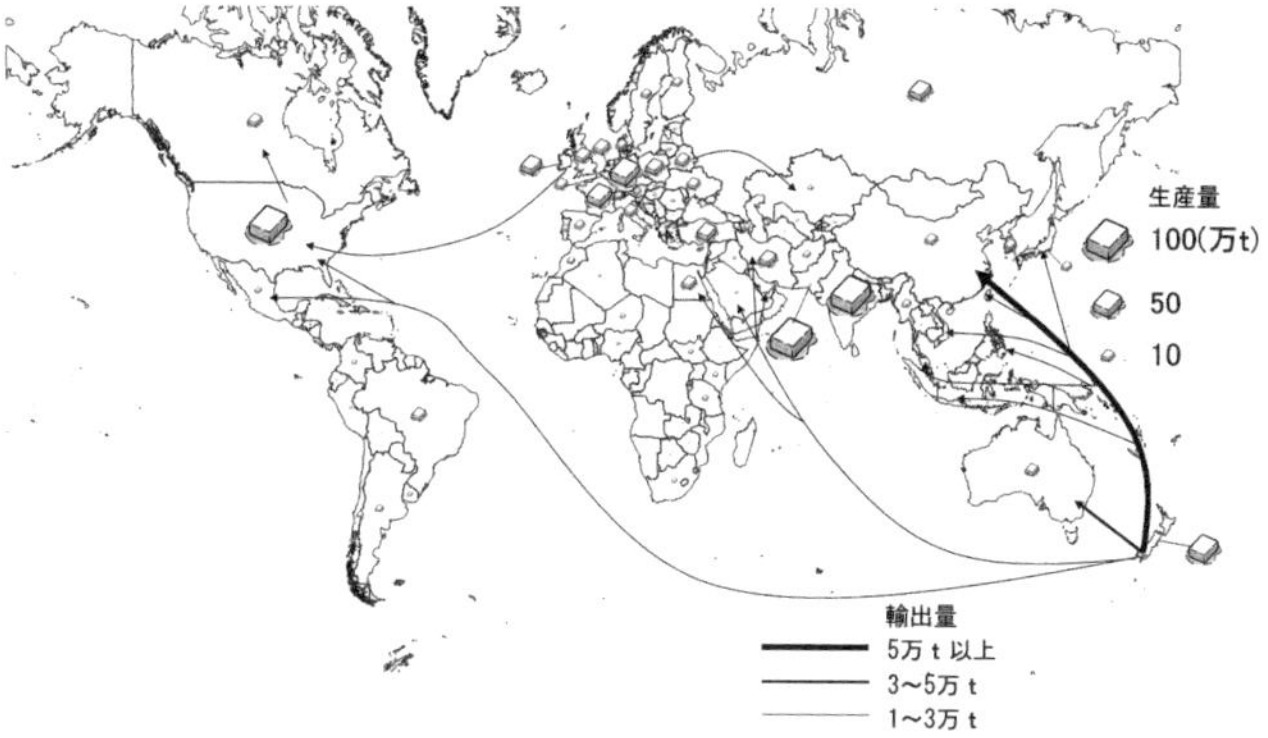

| 順位 | 生産国 | 生産量（万トン） | 輸出量（万トン） |
|---|---|---|---|
| 1 | パキスタン | 102.4 | 0 |
| 2 | インド | 93.3 | — |
| 3 | アメリカ | 89.3 | 2.8 |
| 4 | ニュージーランド | 50.2 | 45.9 |
| 5 | ドイツ | 48.4 | 11.9 |
| 6 | フランス | 35.2 | 7.2 |
| 7 | ロシア | 25.8 | 0.3 |
| 8 | アイルランド | 23.8 | 22.1 |
| 9 | トルコ | 21.8 | 0.1 |
| 10 | イラン | 18.3 | 0.1 |

図表 6-3　バターの生産量と輸出量（2018 年）

出典：図表 6-1 に同じ

## 7　とうもろこしは用途が多い——とうもろこしの生産と貿易の推移

とうもろこしは、用途の多い穀物です。大部分は家畜の餌として消費されていますが、食用油やお菓子の製造に欠かせないコーンスターチ（とうもろこしのでんぷん。凝固剤として使われる）、人工甘味料、アルコールの原料などに用いられます。石油価格の高騰に伴い、ガソリンに混ぜて使うバイオエタノールの需要も高まっています。

図表7-1は、2019年時点でのとうもろこしの主な生産国と生産量を示した資料です。中国とアメリカが二大産地で、ブラジルやアルゼンチンなどの南米諸国が続きます。とうもろこしの原産地はメキシコからボリビアにかけての中南米と言われ、15世紀末にコロンブスの一行が南米からヨーロッパに持ち帰り、ヨーロッパに普及しました。中国では16世紀にヨーロッパから伝わり、山地でもよく育つ穀物として普及し、清朝《しんちょう》期の人口増加を後押ししました。日本にも安土桃山時代に伝わり、「南蛮きび」と呼ばれ、江戸時代は近畿や九州の山地で作られていましたが、本格的に作られるようになったのは明治以後、北海道の開拓使が大規模に栽培を行って以後のことになります。

次に、とうもろこしの輸出の流れの過去と現在を比較してみます。図表7-2は、199

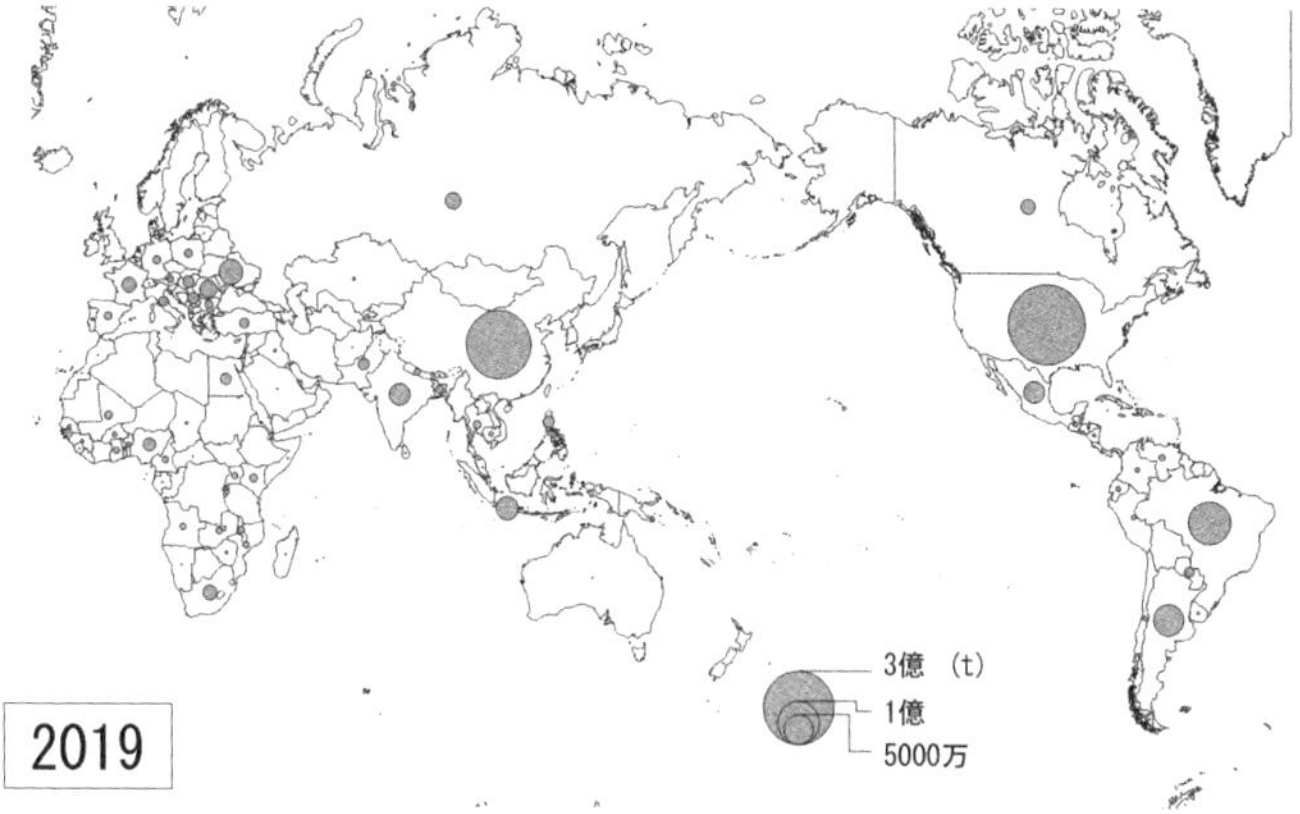


| 順位 | 国 | とうもろこし生産量（万トン） | 世界シェア（%） |
|---|---|---|---|
| 1 | アメリカ | 3億4704.8 | 17.4 |
| 2 | 中国 | 2億6077.9 | 13.1 |
| 3 | ブラジル | 1億0113.9 | 5.1 |
| 4 | アルゼンチン | 5686.1 | 2.9 |
| 5 | ウクライナ | 3588.0 | 1.8 |
| 6 | インドネシア | 3069.3 | 1.5 |
| 7 | インド | 2771.5 | 1.4 |
| 8 | メキシコ | 2722.8 | 1.4 |
| 9 | ルーマニア | 1743.2 | 0.9 |
| 10 | ロシア | 1428.2 | 0.7 |

図表7-1　主なとうもろこしの生産国（2019年）
国連食糧農業機関（FAO）"FAO STAT" より作成

0年のとうもろこしの貿易の流れと主な取り引きを示した資料です。

1990年当時、とうもろこしの生産と輸出はアメリカの独壇場ともいえる状態でした。当時の世界のとうもろこし生産量の34・6%（2019年は17・4%）、栽培面積の17・6%（2019年は17・3%）を占め、収穫高の25・9%が輸出にまわされていました（2019年は11・9%）。主な輸出先は日本、韓国、台湾などの東アジア諸国とソ連、ヨーロッパに加えて隣国のメキシコです。家畜の餌としての需要が大半とみられますが、メキシコはとうもろこしの原産地であり、とうもろこしの粉から作られるトルティーヤをはじめ、主食としてとうもろこしをたくさん食べますので、アメリカの大口の買い手になりました。1994年にNAFTA（北米自由貿易協定）が発足すると、メキシコへのアメリカ産とうもろこしの輸出は加速し、価格が下がる一方で、伝統的な農法で在来種を栽培してきた山地の農家を衰退させました。農村を捨てて大都市やアメリカへの出稼ぎに出る農民が増えた背景には、アメリカ産のとうもろこしの大量輸入による農村経済の崩壊があるとも言われています。

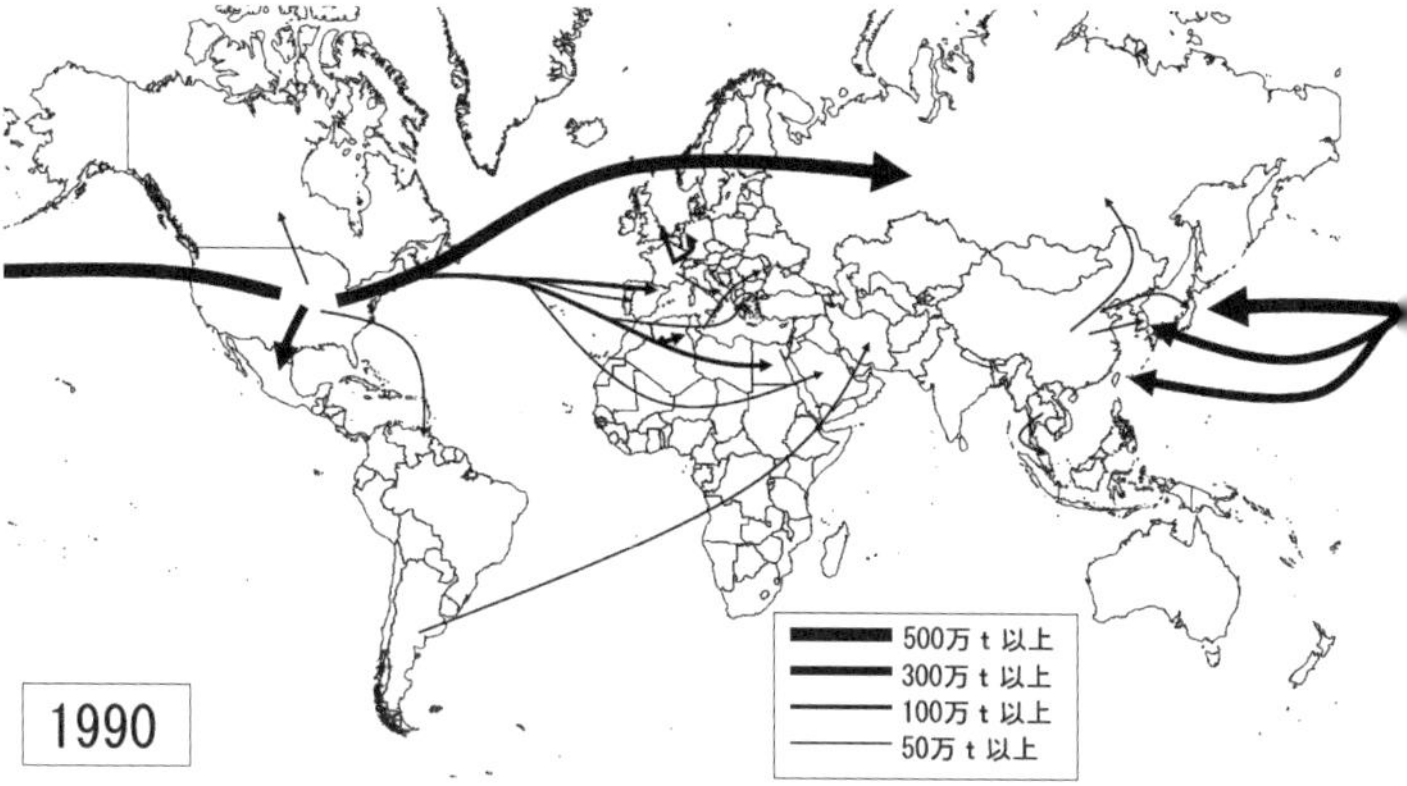


| 順位 | 輸出国 | 輸入国 | 貿易量（万トン） |
|---|---|---|---|
| 1 | アメリカ | 日本 | 1405.3 |
| 2 | アメリカ | ソビエト連邦 | 922.8 |
| 3 | アメリカ | 韓国 | 498.6 |
| 4 | アメリカ | 台湾 | 446.0 |
| 5 | アメリカ | メキシコ | 350.2 |
| 6 | アメリカ | エジプト | 177.6 |
| 7 | アメリカ | スペイン | 173.7 |
| 8 | フランス | オランダ | 159.6 |
| 9 | フランス | ベルギー | 126.7 |
| 10 | フランス | イギリス | 124.6 |

図表 7-2　とうもろこしの貿易（1990 年）

出典：図表 7-1 に同じ

図表7-3は、2019年のとうもろこしの貿易を示した資料です。南米諸国やウクライナからの輸出が伸びている背景には、家畜の飼料のための需要が急増している国々がアメリカ産のとうもろこしへの依存を避けるために新たな産地を求めたこと、輸出国の政府や穀物メジャーがそれに対応して栽培面積の拡大や流通機構の整備を行ったことがあります。例えば、中国は2013年に、ウクライナ政府との間で年間200万トン（15億ドル相当）のとうもろこしを輸出してもらう見返りに、中国から30億ドルの開発援助資金を融資する契約を結びました。現在、中国が輸入するとうもろこしの8割近くをウクライナ産が占めています。

黒土（チェルノーゼム）と呼ばれる肥沃な土壌に恵まれたウクライナでは、2000年から2019年にかけて小麦の栽培面積が1・3倍増えたのに対し、とうもろこしの栽培面積は3・9倍になりました。収穫量は、小麦が2・8倍だったのに対してとうもろこしは9・3倍になりました。

用途が広く、需要が伸び続けているとうもろこしですが、麦類や芋などに比べて水や土の養分の消費が多く、土壌へのダメージが大きいのが難点です。生産が拡大していく中で、土壌侵食や水資源の枯渇など、深刻な環境破壊のリスクと背中合わせであることも留意しなければなりません。

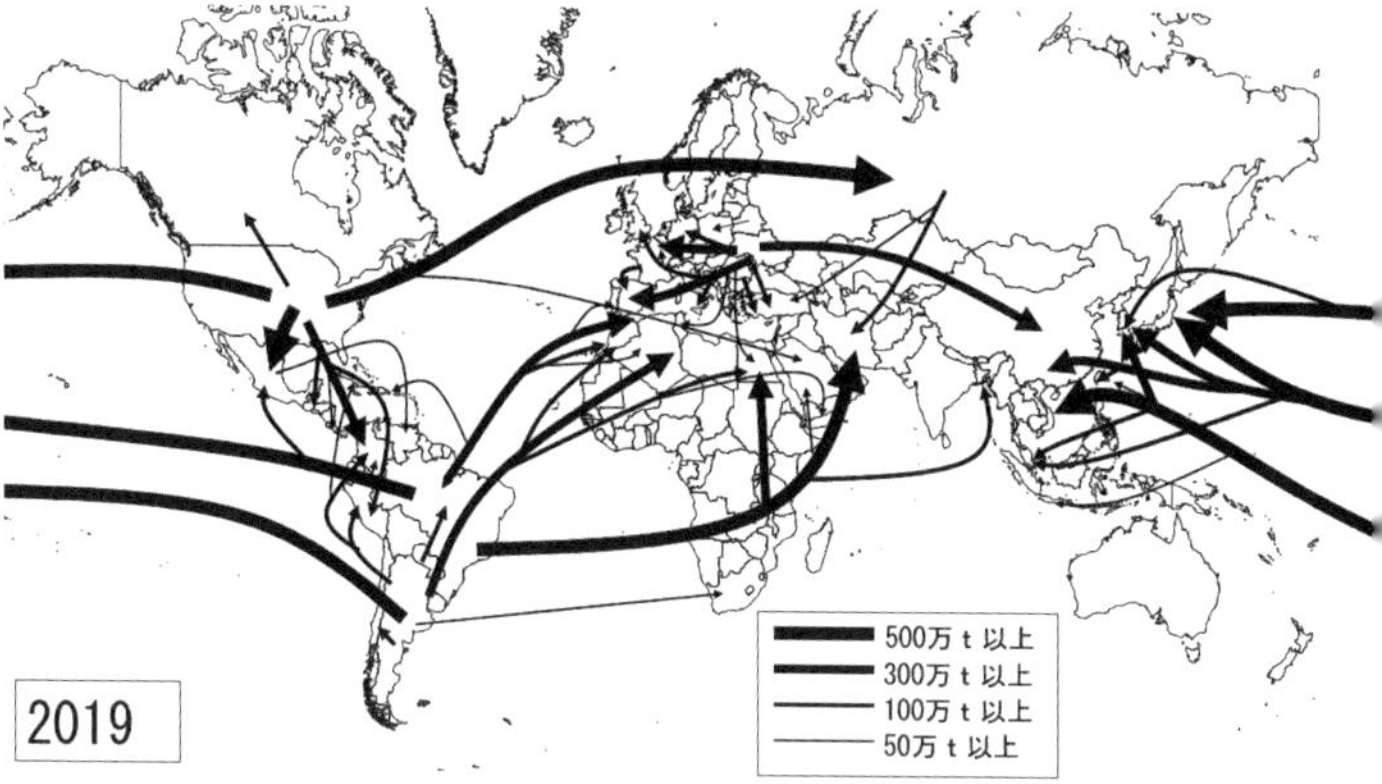


| 順位 | 輸出国 | 輸入国 | 貿易量（トン） |
|---|---|---|---|
| 1 | アメリカ | メキシコ | 1450.6 |
| 2 | アメリカ | 日本 | 1047.4 |
| 3 | アルゼンチン | ベトナム | 756.9 |
| 4 | ブラジル | 日本 | 673.2 |
| 5 | ブラジル | イラン | 536.2 |
| 6 | ウクライナ | 中国 | 413.7 |
| 7 | ウクライナ | オランダ | 411.9 |
| 8 | ウクライナ | スペイン | 405.7 |
| 9 | ブラジル | ベトナム | 398.6 |
| 10 | アメリカ | コロンビア | 391.7 |

図表 7-3　とうもろこしの貿易（2019 年）
出典：図表 7-1 に同じ

## 8 「豊かさ」の象徴――牛肉の生産と貿易の推移

牛肉は、私たちの食生活に馴染み深い肉である一方で、「豊かさ」の象徴とも言える肉です。中進国や途上国では、経済が発展し、生活が豊かになる中で、牛肉の消費が急増し、その需要を支える産地もまた大きく変化しています。

図表8-1は、世界の牛肉の生産量（2019年）を表した地図です。最も多いのはアメリカで、世界の総生産量の18・8％を占めています。1995年の生産量との伸び率を見てみると、中国、オーストラリア、ブラジル、メキシコ、パキスタンなどで大きく伸びています。ブラジルで肉牛の飼育が増加したのは2000年代以後で、とうもろこしや大豆などの飼料作物の生産が増えたことと、国民の所得水準が上昇したことが背景にあります。OECD（経済協力開発機構）の統計によると、2019年のブラジルの一人あたりの牛肉消費量は24・4kgで、日本（7・7kg）の約3倍でした。

一方、フランスやロシアなどのヨーロッパ諸国では、牛肉の生産量が減少しています。背景として、長引く不況にともなう消費の冷え込みと、安い外国産（特に南米からの輸入）牛肉の流通による価格の低迷があります。乳製品の販売も低迷しており、余剰になった乳牛が

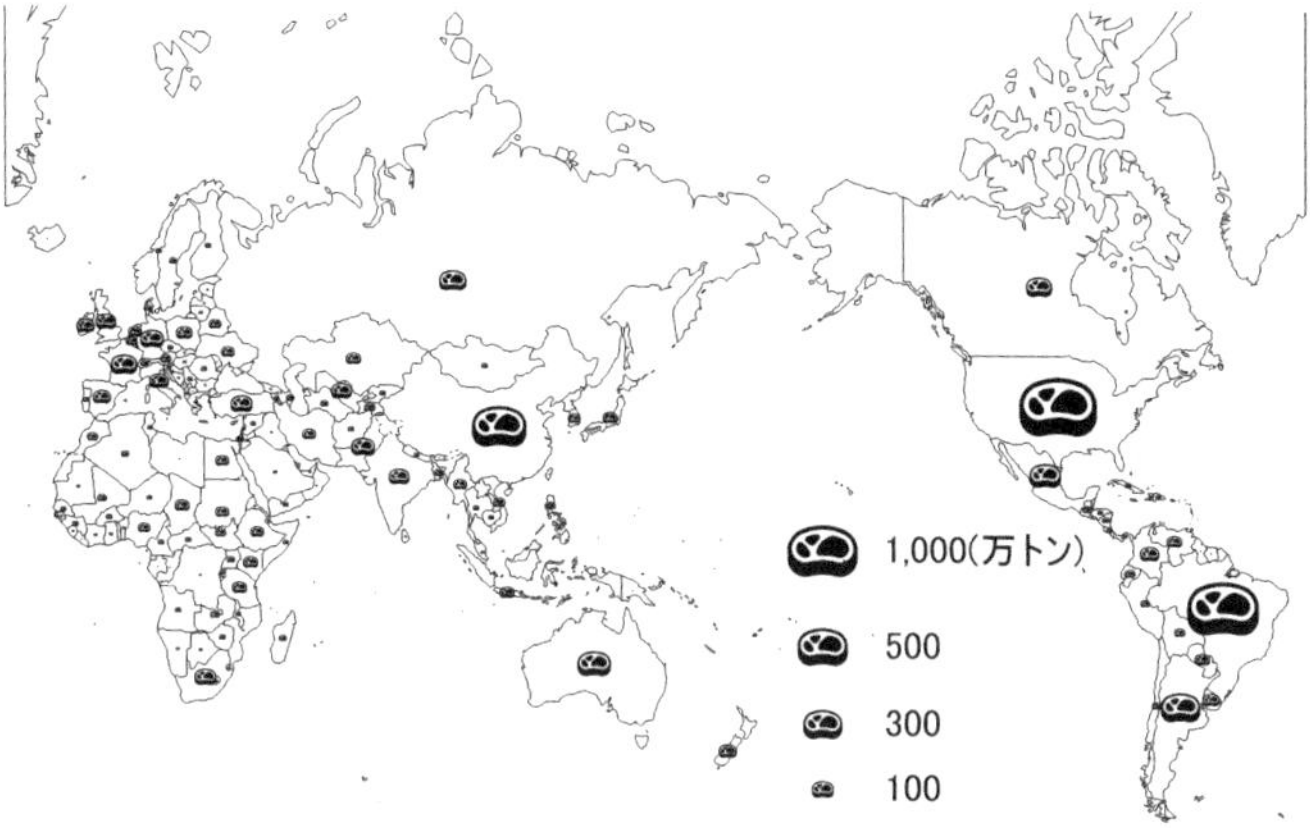


| 順位 | 国 | 生産 2019年（万 t） | 生産 1995年（万 t） | 増減率（%） |
|---|---|---|---|---|
| 1 | アメリカ | 1234.9 | 1106.1 | 11.6 |
| 2 | ブラジル | 1020.6 | 571.0 | 78.9 |
| 3 | 中国 | 593.1 | 260.2 | 128.0 |
| 4 | アルゼンチン | 313.6 | 268.8 | 16.7 |
| 5 | オーストラリア | 235.2 | 180.3 | 30.4 |
| 6 | メキシコ | 202.8 | 141.2 | 43.6 |
| 7 | ロシア | 162.5 | 273.4 | −40.5 |
| 8 | フランス | 142.8 | 168.3 | −15.1 |
| 9 | カナダ | 138.9 | 92.8 | 49.6 |
| 10 | パキスタン | 113.6 | 34.2 | 232.2 |

図表 8-1　主な牛肉の生産国と生産量の伸び
国連食糧農業機関（FAO）“FAO STAT” より作成

肉用に回されるため、肉牛の価格が伸び悩んでいることもあるようです。

次に、牛肉の貿易の変化を比較してみます。図表8-2は、1995年の輸出入の流れを、図表8-3は、2020年の輸出入の流れを示した地図です。

1995年当時、日本は世界最大の牛肉輸入国でした。1991年に牛肉の輸入自由化が始まって以来、アメリカやオーストラリアから大量の牛肉が輸入されてきました。2003年から2005年にかけてBSE（牛海綿状脳症：いわゆる「狂牛病」）の疑いのある牛肉を排除するために輸入を全面禁止しましたが、その後、「骨なしの肉」「月齢30カ月以下」などの条件をつけて輸入してきました。2019年5月に規制を撤廃しましたが、日本の牛肉輸入量は減少傾向にあります。

一方、近年急速に輸入を増やしているのが中国です。1995年に291万トンだった中国の牛肉輸入量は773・1万トンになりました。輸入先で最も多いのがブラジルで、ブラジルから輸出される牛肉の総輸出量773万トン（牛肉の輸出量世界一）のうち11％が中国向けです。香港向けを含めると、年間100万トン以上の牛肉がブラジルから中国へ渡ったことになります。

中国では、農作業を補助する役畜として6000年以上にわたって牛を飼ってきた歴史が

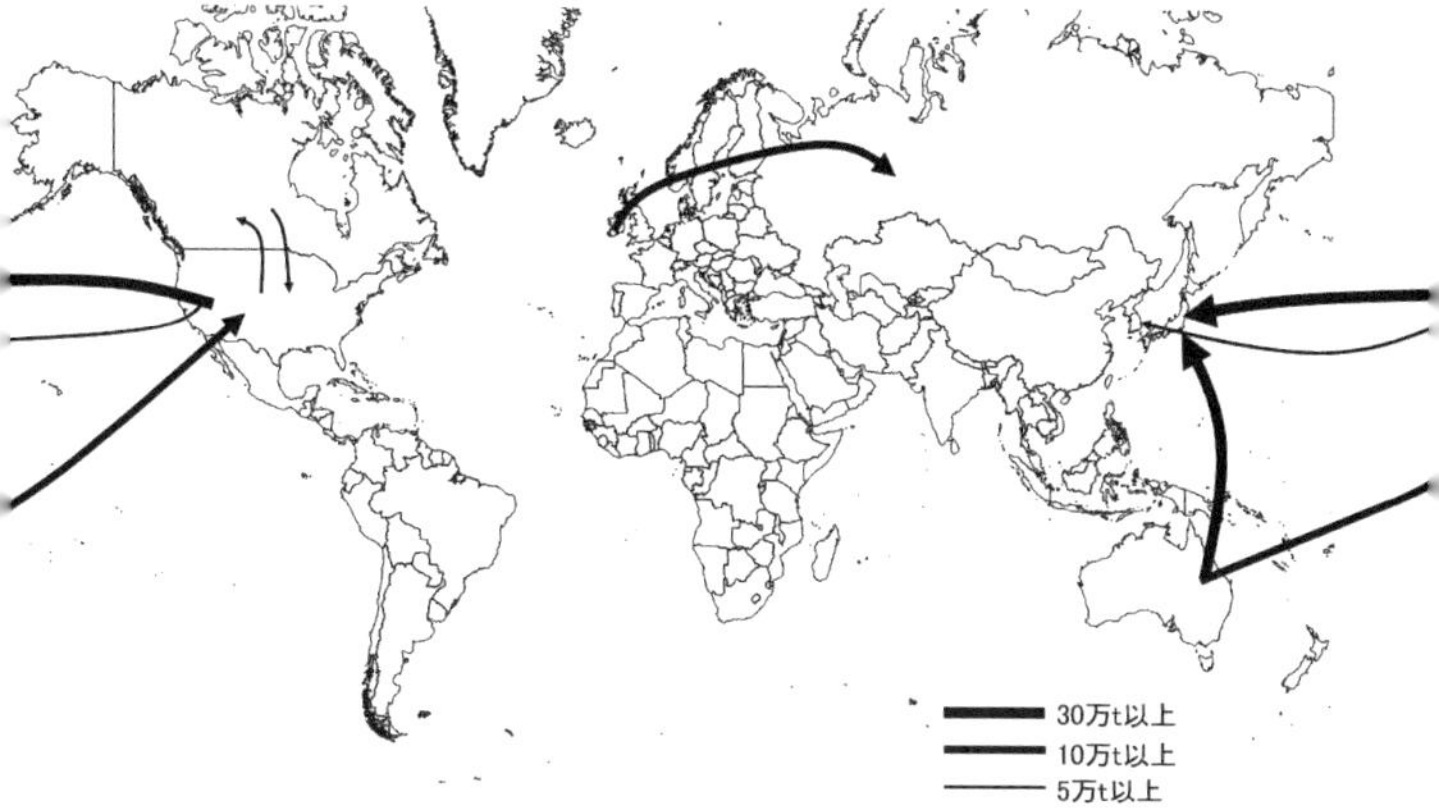


| 順位 | 輸出国 | 輸入国 | 貿易量（万トン） |
|---|---|---|---|
| 1 | オーストラリア | 日本 | 33.3 |
| 2 | アメリカ | 日本 | 30.5 |
| 3 | オーストラリア | アメリカ | 22.6 |
| 4 | ニュージーランド | アメリカ | 19.0 |
| 5 | アイルランド | ロシア | 10.0 |
| 6 | アメリカ | カナダ | 9.2 |
| 7 | アメリカ | 韓国 | 7.3 |
| 8 | カナダ | アメリカ | 6.9 |
| 9 | アルゼンチン | チリ | 4.9 |
| 10 | ブラジル | イギリス | 4.6 |

図表 8-2　牛肉の貿易（1995 年）
出典：図表 8-1 に同じ

ありますが、食肉として牛を食べる機会はあまりなく、肉の消費の大部分は豚や家禽類《かきんるい》（鶏《とり》など）でした。本格的に牛肉の消費が伸びたのは2000年以後のことで、政府が食肉用に肉牛を飼育するための承認を進めて以来といわれています。都市部を中心に経済発展が進み、西洋風の食事が日常化し、牛肉の需要が高まる中で牛肉の消費が伸び、輸入も増加していったと考えられます。

中国の牛肉の輸入総量は既に日本の倍以上に達していますが、一人あたりの輸入量を出してみると、日本が6・81kgに対して中国は1・31kgに過ぎません。これからさらに中国の牛肉の需要が伸びていく中で、中国向けの肉牛の飼育や飼料作物の増産が続くはずです。

日本と中国以外では、アメリカの動向が特徴的です。アメリカはブラジルに次いで世界2位の牛肉輸出国（772万トン：2019年）ですが、同時に年間52万トンの牛肉を輸入しています。戦略的貿易商品として牛肉を大量に輸出する一方で、牛肉を大量に輸入して国内の需要に対応しています。より価格の高くつく品質のよい牛肉を輸出し、ファストフードや外食産業向けに用いる汎用の肉は輸入するなどの使い分けをしているのかもしれません。

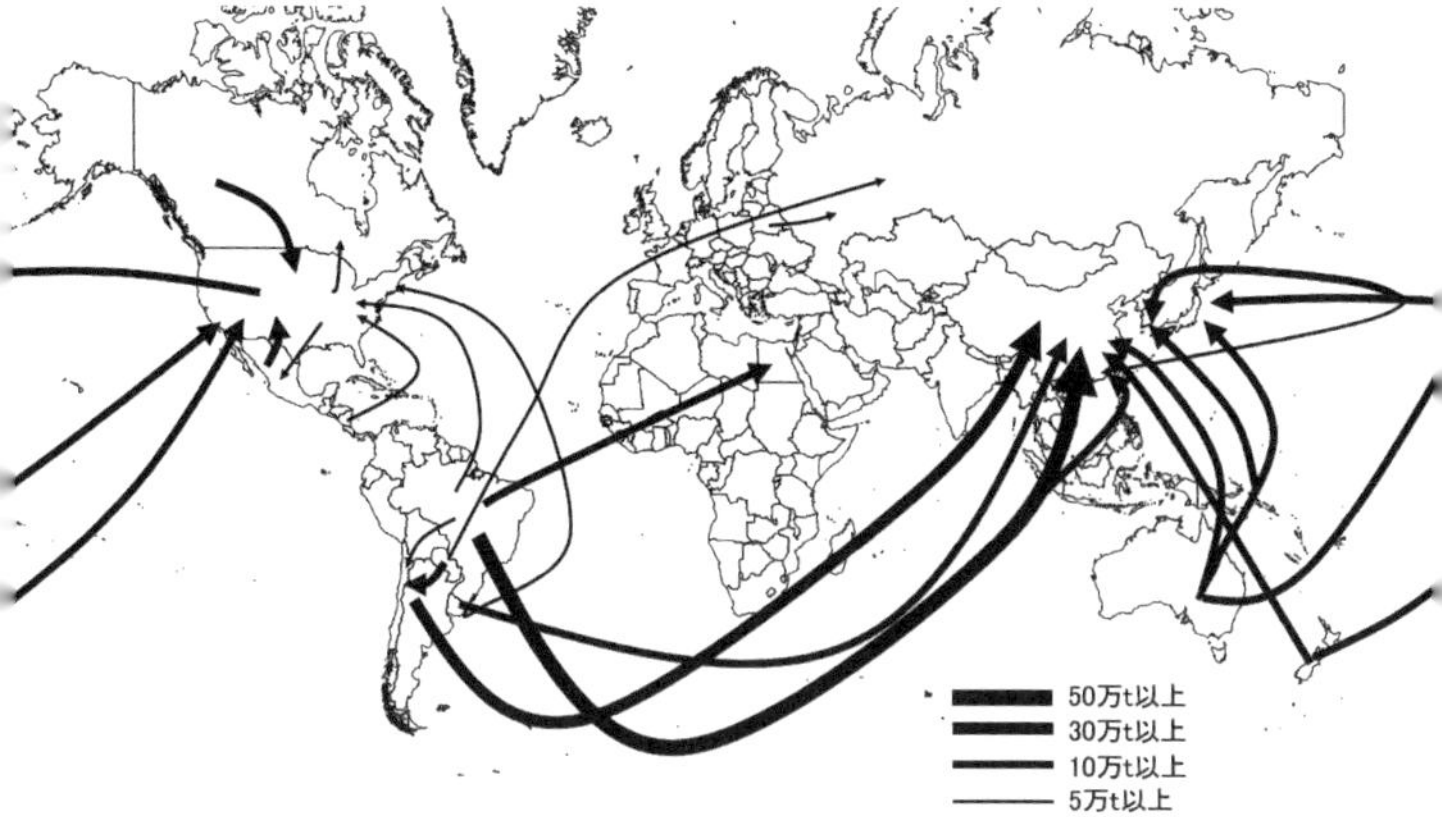


| 順位 | 輸出国 | 輸入国 | 貿易量（万トン） |
|---|---|---|---|
| 1 | ブラジル | 中国 | 86.9 |
| 2 | アルゼンチン | 中国 | 40.4 |
| 3 | オーストラリア | 日本 | 26.6 |
| 4 | カナダ | アメリカ | 25.9 |
| 5 | アメリカ | 日本 | 25.7 |
| 6 | オーストラリア | アメリカ | 21.0 |
| 7 | ブラジル | 中国（香港） | 20.6 |
| 8 | オーストラリア | 中国 | 17.8 |
| 9 | ニュージーランド | アメリカ | 17.4 |
| 10 | アメリカ | 韓国 | 15.4 |

図表 8-3　牛肉の貿易（2020 年）
出典：図表 8-1 に同じ

## 9　魚は限りある資源――漁獲量の変化

人口の増加と共に、魚介類の需要も高まっています。限りある海洋資源をどう活用し、持続可能な状態で維持していくかは難しい問題です。国連食糧農業機関（FAO）が2年おきに発行している『世界漁業・養殖業白書』をもとに、漁業と養殖業の現状と地域的な特徴を地図にしました。

図表9-1は、海洋漁業の漁獲量を国別に表した資料です。上位25カ国の漁獲高を過去との比較で示しています。

国別で最も多いのは中国で、世界の漁獲高の3割を占めています。もともと、沿岸漁業と内水面漁業が中心だった中国で沖合漁業が盛んになったのは1990年代以後で、経済発展による生活水準の向上によって魚の需要が高まったことに加え、貯蔵・流通のための設備が整い、都市部や遠隔地でも鮮魚が届けられるようになったことが漁獲高を伸ばしている理由と思われます。

第2位のペルーは、沿岸の太平洋上で漁獲されるカタクチイワシ（アンチョビ）の世界的な産地で、1990年代半ばまで漁獲高世界一を記録したこともあります。ただ、餌となる

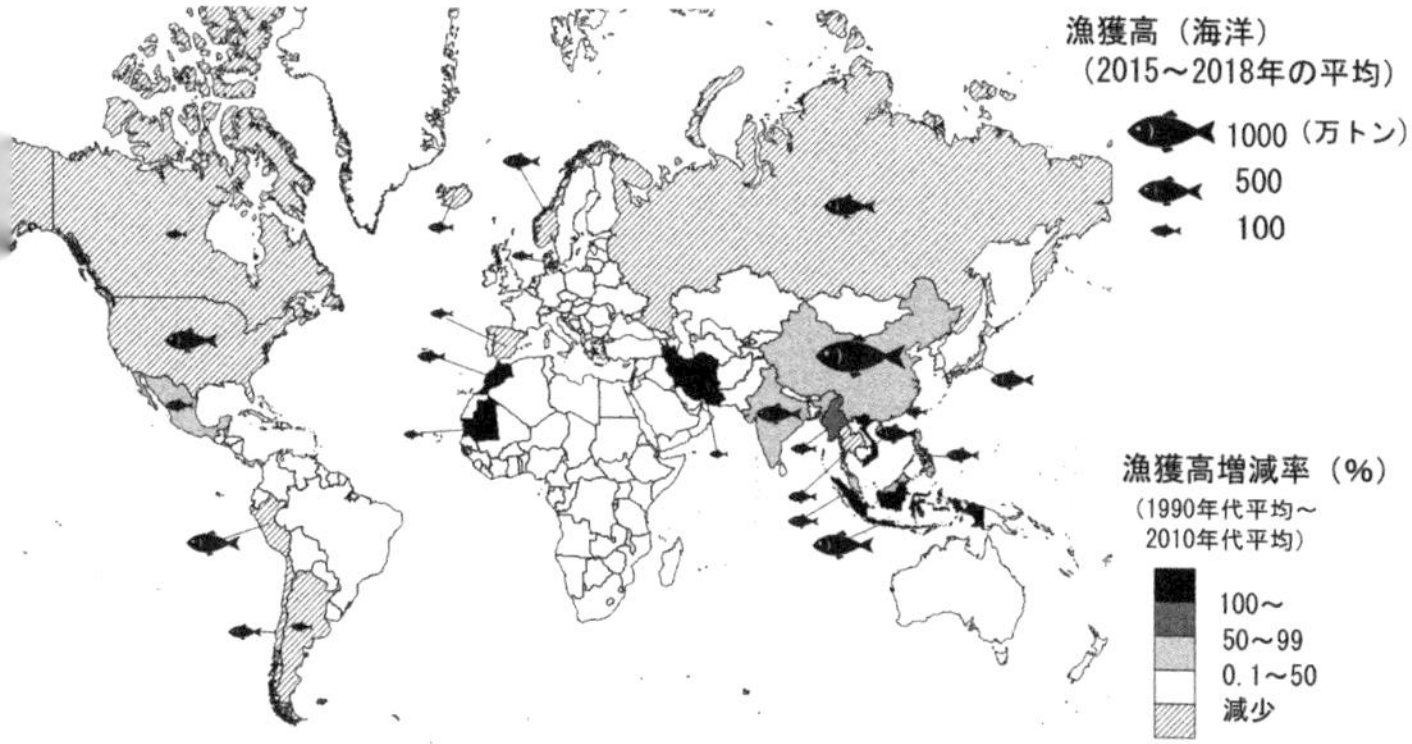


| 順位 | 国 | 2015-2018年平均（万トン） | 1990年代平均（万トン） | 増減率（%） |
|---|---|---|---|---|
| 1 | 中国 | 1351.0 | 996 | 35.6 |
| 2 | ペルー | 496.0 | 810 | −38.8 |
| 3 | インドネシア | 633.8 | 303 | 109.2 |
| 4 | ロシア | 451.8 | 472 | −4.3 |
| 5 | アメリカ | 491.0 | 515 | −4.7 |
| 6 | インドネシア | 369.3 | 260 | 42.0 |
| 7 | ベトナム | 299.5 | 94 | 218.6 |
| 8 | 日本 | 320.5 | 672 | −52.3 |
| 9 | ノルウェー | 229.8 | 243 | −5.5 |
| 10 | チリ | 183.3 | 595 | −69.2 |

図表 9-1　主な国の漁獲高（海洋）と変化

国連食糧農業機関『世界漁業・養殖業白書』“The State of World Fisheries and Aquaculture 2020” より作成

プランクトンをもたらすペルー海流の水温の変化（エルニーニョ現象・ラニーニャ現象）によって漁獲高が変わることや、乱獲による資源枯渇の懸念から、政府が漁期ごとに漁獲量に制限をかけるようになったため、近年は漁獲量が少なくなっています。

漁獲高の伸び率では、インドネシアとベトナムが大きく伸びています。両国の漁業に共通する特徴として、2000年代以後、エビとマグロ・カツオを中心に輸出に特化した漁業が伸びていることが挙げられます。主な輸出先はアメリカ、ヨーロッパと日本で、冷凍品として、あるいはツナ缶の材料用に加工されたフレークとして輸出されています。マグロ・カツオは燃料費の高騰や後継者不足で日本の遠洋漁業が衰退して供給が先細る中で、新たな供給拠点になっています。

図表9-2は、河川や湖などで行われる内水面漁業の盛んな国と増減率を示した資料です。ここでも中国が最も多く、上位にはアジアの国々が並び、アフリカ諸国も見られます。

中国の内水面漁業のうち、大半はコイ・フナ類で、国内で多く消費されています。東南アジアで多いのはエビ類で、養殖も盛んに行われています。近年は人口増に伴う漁獲高の増加に加え、農業用水や発電用のダムの建設など、大規模な河川の開発や、森林の伐採による河川の水質悪化も頻発しており、持続可能性が危ぶまれています。

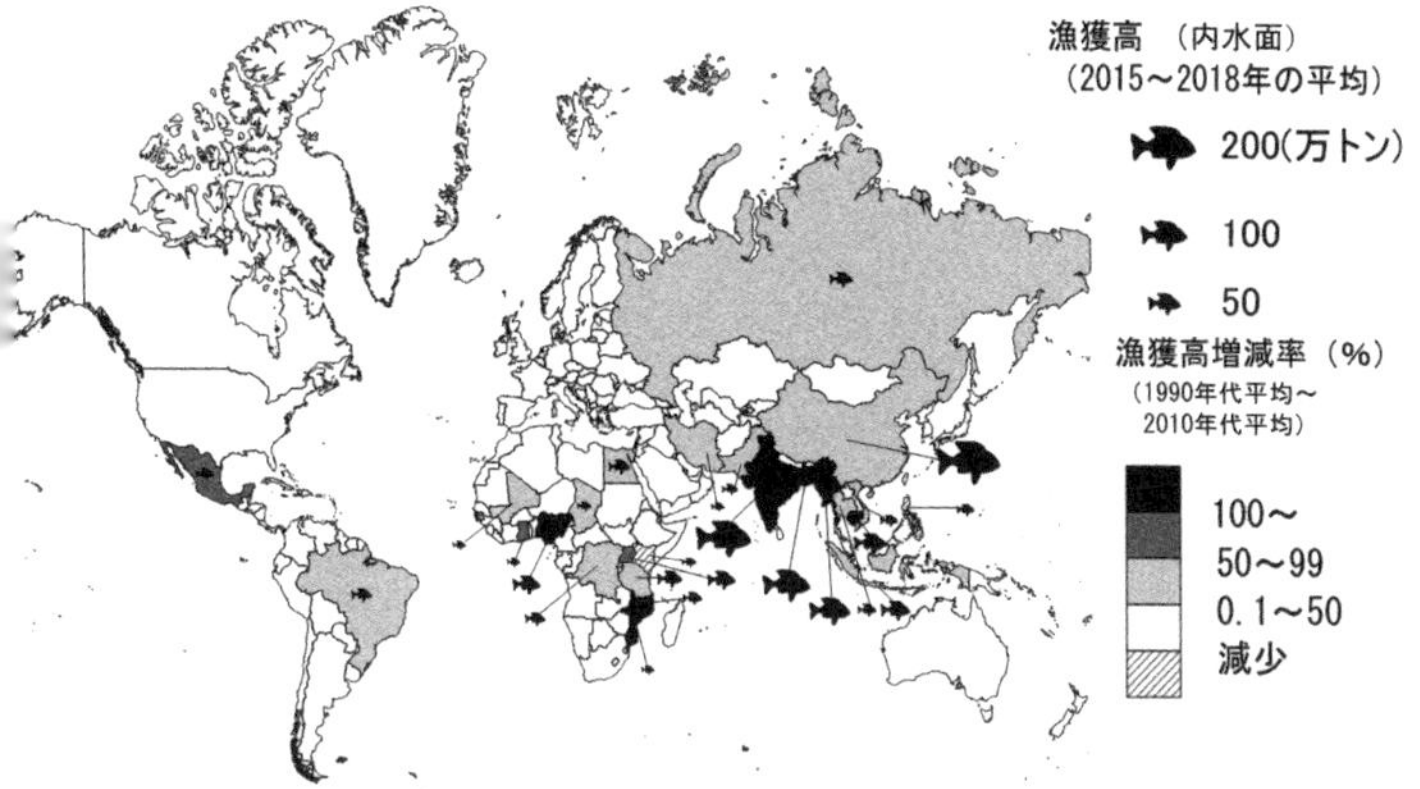


| 順位 | 国 | 2015~2018年平均（万トン） | 1990年代平均（万トン） | 増減率（%） |
|---|---|---|---|---|
| 1 | 中国 | 203.3 | 146 | 39.2 |
| 2 | インド | 152.5 | 58 | 162.9 |
| 3 | バングラデシュ | 111.3 | 50 | 122.5 |
| 4 | ミャンマー | 88.3 | 15 | 488.3 |
| 5 | カンボジア | 51.8 | 9 | 475.0 |
| 6 | インドネシア | 46.0 | 31 | 48.4 |
| 7 | ウガンダ | 40.5 | 22 | 84.1 |
| 8 | ナイジェリア | 38.3 | 10 | 282.5 |
| 9 | タンザニア | 31.5 | 29 | 8.6 |
| 10 | ロシア | 28.0 | 26 | 7.7 |

図表 9-2　主な国の漁獲高（内水面）と変化
出典：図表 9-1 に同じ

図表9‐3は、世界の養殖魚の生産高と増減を示した資料です。

世界の養殖魚の生産高のうち、海面養殖が約55％、内水面養殖が45％を占めます。海面内水面、どちらも中国が圧倒的なシェアを占めています。

海面養殖のうち約半分を占めるのがコンブやワカメなどの海藻類で、中国、韓国、フィリピン、タンザニアなどが主な産地です。海藻は、食用にされるだけでなく、工業原料（増粘剤・健康食品・化粧品の原料）としても利用されています。内水面養殖では、約6割がコイ・フナ類で、中国が圧倒的ですが、インドやベトナムなどでも生産が伸びています。アジア以外の地域では、サケ・マスの養殖で生産量を伸ばすノルウェーやチリ、ボルネオ島を中心にエビの養殖池を増やしているマレーシア、日本の技術支援により、極東地域でホタテ貝や牡《か》蠣《き》の養殖が進むロシアで伸び率が高くなっています。

右肩上がりに増えていく漁獲高ですが、ＦＡＯによれば、漁獲される水産物の35％は利用されず廃棄されているそうです。乱獲の防止と共に、未利用魚の削減や、加工・流通上のロスの削減を通じて、資源の有効利用を考えたいところです。

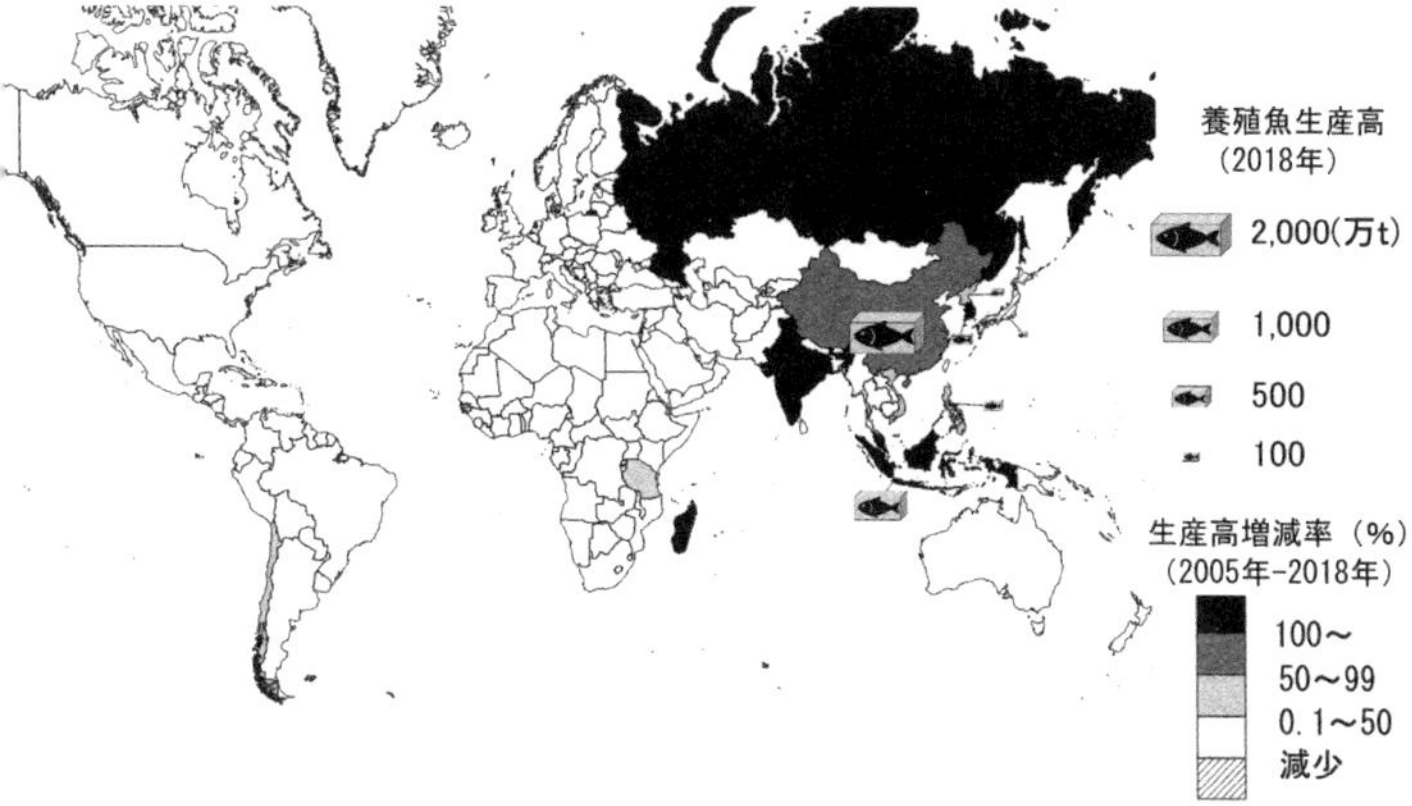


| 順位 | 国 | 2018年(万トン) | 2005年(万トン) | 増加率 (%) |
|---|---|---|---|---|
| 1 | 中国 | 1850.6 | 1077.4 | 71.8 |
| 2 | インドネシア | 932.0 | 91.1 | 923.5 |
| 3 | 韓国 | 171.1 | 62.1 | 175.4 |
| 4 | フィリピン | 141.5 | 133.9 | 5.7 |
| 5 | 北朝鮮 | 55.3 | 44.4 | 24.5 |
| 6 | 日本 | 39.0 | 50.8 | −23.2 |
| 7 | マレーシア | 17.4 | 4.0 | 335.3 |
| 8 | タンザニア | 10.3 | 7.4 | 40.2 |
| 9 | チリ | 2.1 | 1.6 | 33.5 |
| 10 | ベトナム | 1.9 | 1.5 | 28.7 |

図表 9-3　主な国の生産高（養殖魚）と変化
出典：図表 9-1 に同じ

## 10　日本から中国へ――木材の生産と貿易

第1章6節で、森林面積の減少を見ましたが、ここでは木材の生産と貿易の現状を見てみます。

図表10-1は、世界の木材の生産高です。木材は、燃料として消費される薪炭材《しんたんざい》と、材木や産業用の資材として利用される用材の生産量をまとめました。最も多いのはアメリカで、年間約4億㎥を生産しています。木材は一本ごとに個体差がありますが、JIS（日本産業規格）の標準規格の丸太（根元の直径30㎝×長さ4m）を基に丸太一本の体積を約0・3㎥として計算すると、アメリカでは年間約14億2600万本、インドでは11億6000万本の木が伐採されている計算になります。

良質な針葉樹が多いアメリカ、カナダ、ロシアやヨーロッパ諸国では、用材の割合が高い一方で、混合林が多く、ガスなどのインフラが整っていない南アジアやアフリカでは薪炭材の割合が高くなっています。中国やブラジルでは、薪炭材が占める割合は他に比べて低いものの、伐採量は多くなっています。

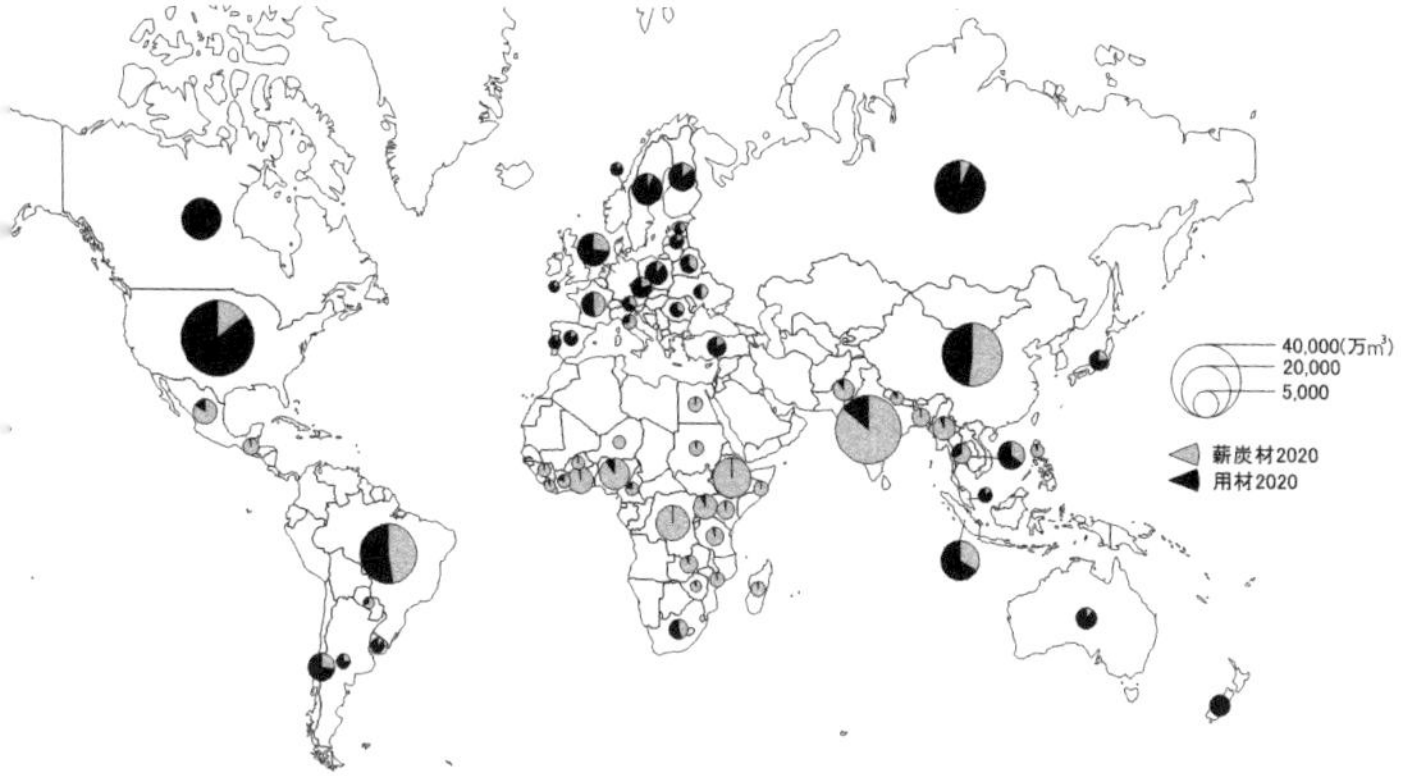


| 順位 | 国 | 木材生産高（万 m³） | 薪炭材の割合（%） | 用材の割合（%） |
|---|---|---|---|---|
| 1 | アメリカ | 4億2806.3 | 14.1 | 85.9 |
| 2 | インド | 3億5038.3 | 84.9 | 15.1 |
| 3 | 中国 | 3億0051.1 | 52.2 | 47.8 |
| 4 | ブラジル | 2億5959.3 | 47.5 | 52.5 |
| 5 | ロシア | 2億0667.0 | 7.3 | 92.7 |
| 6 | カナダ | 1億3046.7 | 1.3 | 98.7 |
| 7 | インドネシア | 1億1639.2 | 33.2 | 66.8 |
| 8 | エチオピア | 1億1445.8 | 99.9 | 0.1 |
| 9 | コンゴ民主 | 8813.0 | 99.6 | 0.4 |
| 10 | ドイツ | 8404.9 | 26.5 | 73.5 |

図表 10-1　主な国の木材生産高と用途別割合（2017 年）
国連食糧農業機関（FAO）"Forest product statistics" より作成

次に、木材の貿易の変化について図表10-2、10-3は、世界の主な木材の輸出入（100万㎥以上）と、輸入量の上位10カ国を表しています。

1997年に木材の輸入量が多かった国は日本です。総輸入量は2040万㎥で、2位の韓国（826万㎥）を大きく引き離しています。主に建築資材に使われる用材丸太が全体の68%を占め、輸入先としてロシアとアメリカが上位にきています。日本では、戦後復興期の住宅建設需要の増大や高度経済成長期の木材需要の増加に対応するため、農産物よりもはるかに早い段階から外国産の木材の輸入自由化政策を採ってきました。東京オリンピックがあった昭和39年（1964年）には完全自由化を果たしています。1980年代後半には、円高に伴って木材の輸入価格が下がり、平成元年（1989年）には輸入量が過去最高の826万㎥に達しました。一方で、国内の林業は低迷し、終戦後に大量に植林されたスギやヒノキの人工林が樹齢50～60年の伐採に適した樹齢に達しても利用されずに放置され、間伐などの手入れが行き届いていない事態を招いています。

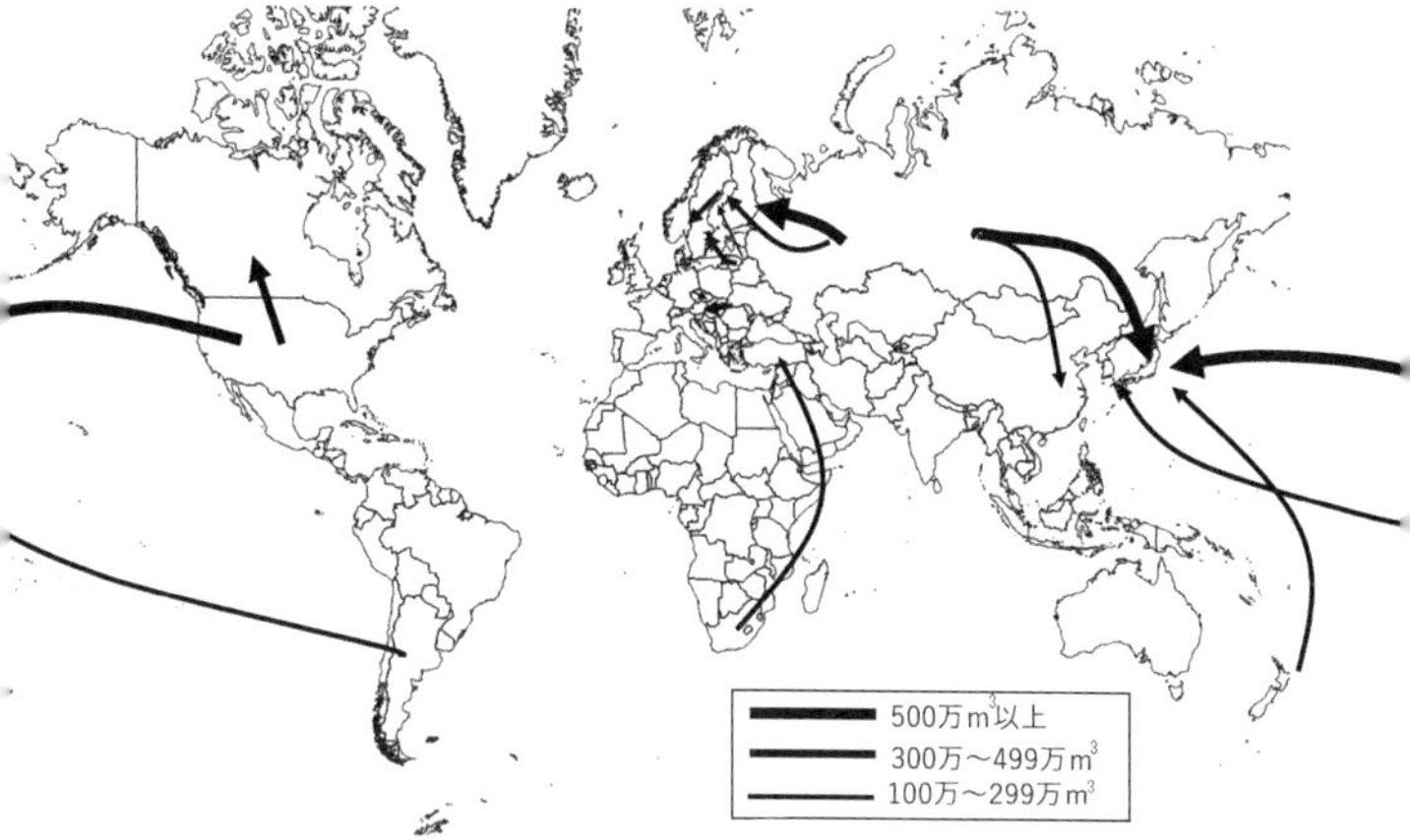


| 順位 | 輸出国 | 輸入国 | 輸出量（万 m³） |
|---|---|---|---|
| 1 | ロシア | 日本 | 617.4 |
| 2 | アメリカ | 日本 | 604.4 |
| 3 | ロシア | フィンランド | 580.6 |
| 4 | アメリカ | カナダ | 341.0 |
| 5 | ニュージーランド | 日本 | 198.5 |
| 6 | チェコ | オーストリア | 188.7 |
| 7 | ラトビア | スウェーデン | 184.2 |
| 8 | ロシア | スウェーデン | 177.1 |
| 9 | エストニア | スウェーデン | 175.2 |
| 10 | チリ | 韓国 | 140.6 |

図表 10-2　主な木材貿易の流れ（1997 年）
出典：図表 10-1 に同じ

図表10-3は、2017年の木材貿易の流れです。

1位は中国で、総輸入量は5520万㎥でした。1997年（673万㎥：世界4位）から約8倍伸びています。輸入量が急増した背景として、急速な経済成長に伴う住宅や家具の需要の増加があります。富裕層を中心に西洋風の木造建築の住宅の建材や床などの内装材として高級材の需要が高まっていること、電子機器などの輸出製品を入れる木箱や梱包材《こんぽうざい》として安い輸入材が大量に使われるようになったことが、木材の輸入を拡大させました。2000年代までは、中国が輸入する木材の大部分がロシアからでしたが、2007年にロシア政府が丸太の輸出にかかる関税を段階的に引き上げると（2022年1月から丸太の輸出が全面的に禁止）、代替の産地としてニュージーランドやオーストラリアからの輸入が伸びています。

木造住宅着工の伸び悩みや、間伐材を含めた国内産材の利用促進政策を受けて、日本の木材輸入量は大幅に減少しました（326万㎥：10位）。また、国内産材の供給も伸び悩んでいます。一方、日本から中国への木材の輸出（2017年に165万㎥）は年々増えつつあります。海外市場を視野に入れた品質のよい木材の輸出が日本林業の復活の鍵かもしれません。

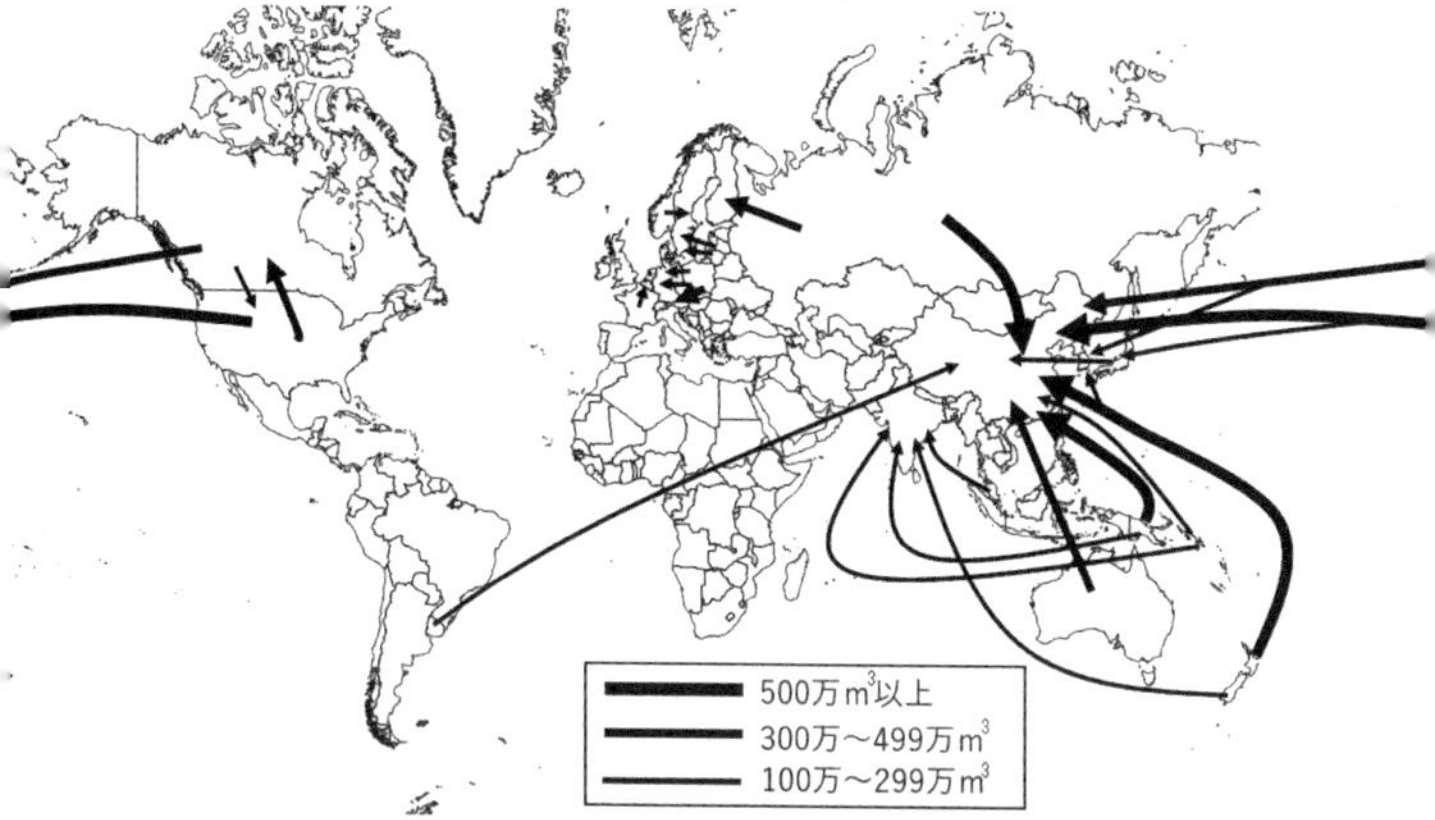


| 順位 | 輸出国 | 輸入国 | 輸出量（万 m³） |
|---|---|---|---|
| 1 | ニュージーランド | 中国 | 1531.7 |
| 2 | ロシア | 中国 | 1272.6 |
| 3 | パプアニューギニア | 中国 | 661.7 |
| 4 | アメリカ | 中国 | 625.5 |
| 5 | カナダ | 中国 | 448.9 |
| 6 | ロシア | フィンランド | 408.0 |
| 7 | オーストラリア | 中国 | 372.8 |
| 8 | アメリカ | カナダ | 363.2 |
| 9 | チェコ | オーストリア | 317.4 |
| 10 | チェコ | ドイツ | 266.9 |

図表 10-3　主な木材貿易の流れ（2017 年）
出典：図表 10-1 に同じ

# 第4章　資源とエネルギー

## 1　石炭の産出が増えている国は——石炭の生産と貿易

二酸化炭素の排出を抑え、持続可能な発展を目指す運動が高まる中で、石炭への依存がやり玉に挙がることが多くなってきました。ただ、世界を見渡してみると、まだまだ石炭に頼る国が多く、石炭を外貨獲得の要としている国も少なくないようです。

図表1-1は、1995年の世界の主な石炭産出国を示した図表です。1位の中国と2位のアメリカで、世界生産量の半分以上を占めています。

中国の石炭の産出と消費が多い背景にはいくつかの理由があります。電力の供給に占める火力発電の割合が高く、その多くが石炭火力発電であること、製鉄原料として必要な良質の石炭（炭素含有率が高く「無煙炭」と呼ばれる）の需要が高まっていること、集合住宅の集中暖房施設の燃料や、農村の炊事や暖房用燃料として石炭が日常的に使われているためです。

アメリカも同様に、火力発電の燃料や製鉄原料としての需要に支えられ、ロッキー山脈周辺や東部のアパラチア山脈周辺の炭田が稼働してきました。

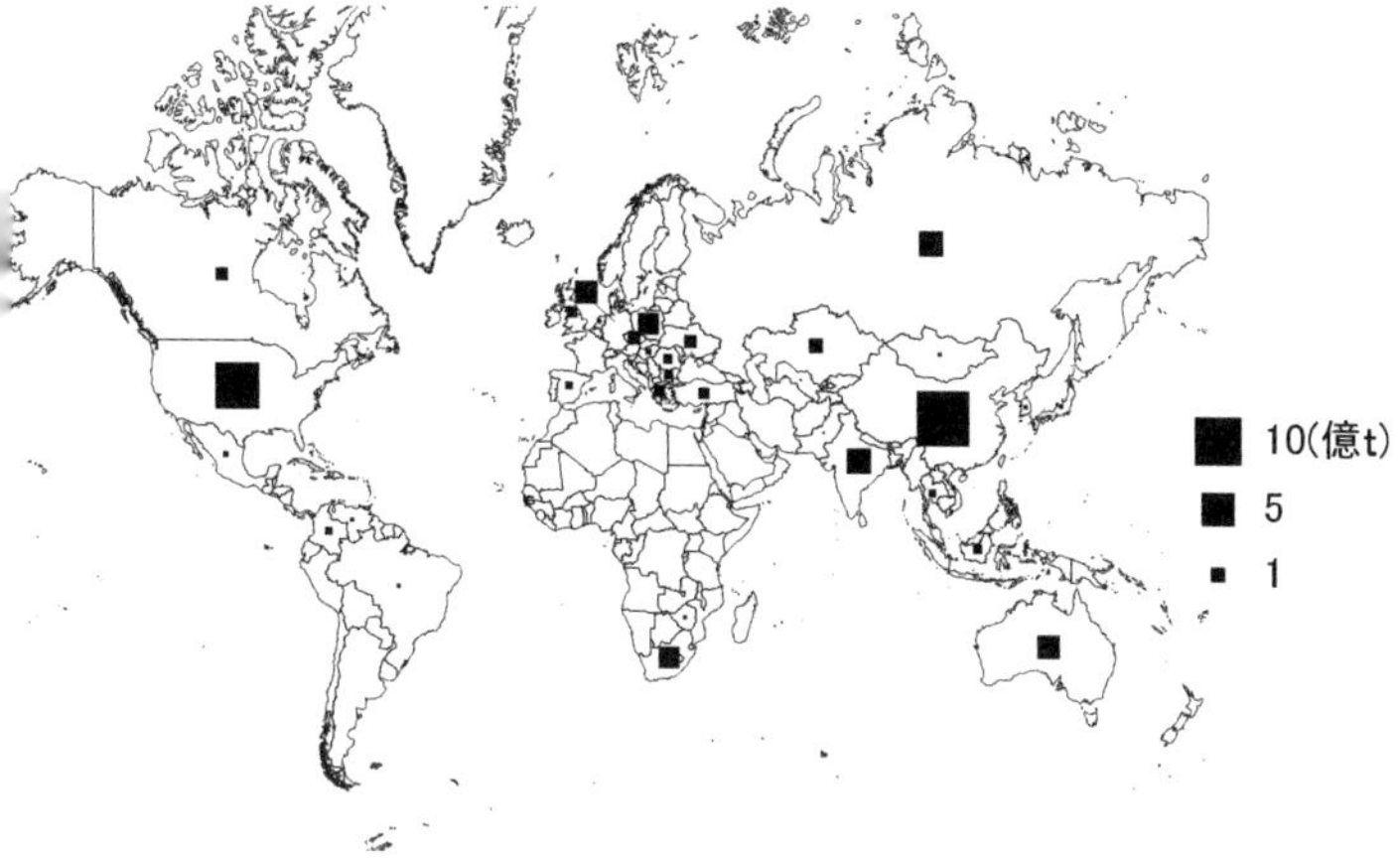


| 順位 | 国名 | 石炭生産高（億 t） |
|---|---|---|
| 1 | 中国 | 13.6 |
| 2 | アメリカ | 9.4 |
| 3 | インド | 2.9 |
| 4 | ロシア | 2.7 |
| 5 | オーストラリア | 2.5 |
| 6 | ドイツ | 2.5 |
| 7 | 南アフリカ | 2.1 |
| 8 | ポーランド | 2.0 |
| 9 | カザフスタン | 0.8 |
| 10 | ウクライナ | 0.8 |

図表 1-1　主な石炭産出国と生産高（1995 年）

BP（British Petroleum）社 "Statistical Review of World Energy 2021" より作成

図表1-2は、2020年の世界の石炭の産出国と産出量を示した資料です。

世界最大の石炭消費国の中国では、産出量が1995年からさらに約3倍に増えました。加えて年間約3億トンを輸入する世界最大の輸入国になりました。

中国の需要の高まりを背景に、生産量と輸出量が増加したのがインドネシアです。インドネシアでは、経済発展による電力需要の高まりと石油依存からの脱却を目指して、2000年代初頭からスマトラ島とボルネオ島で炭田の開発が進められました。当初は国内での消費が中心でしたが、2000年代後半から中国やインド向けの輸出が伸び始め、2011年にはオーストラリアを抜いて世界一の石炭輸出国になりました。輸出される石炭の大部分は燃料用の一般炭です。

ヨーロッパとアメリカでは、石炭の産出が減少傾向にあります。背景には、石炭火力発電所への規制強化とそれに伴う燃料用の一般炭の価格低迷があります。アメリカでは、EUほど石炭火力発電に対する規制は厳しくないですが、シェールオイルやシェールガスなど、新たに発見された安い燃料が普及する中で発電用の石炭の価格が低迷しているため、生産規模を縮小する炭田が増えているものとみられます。

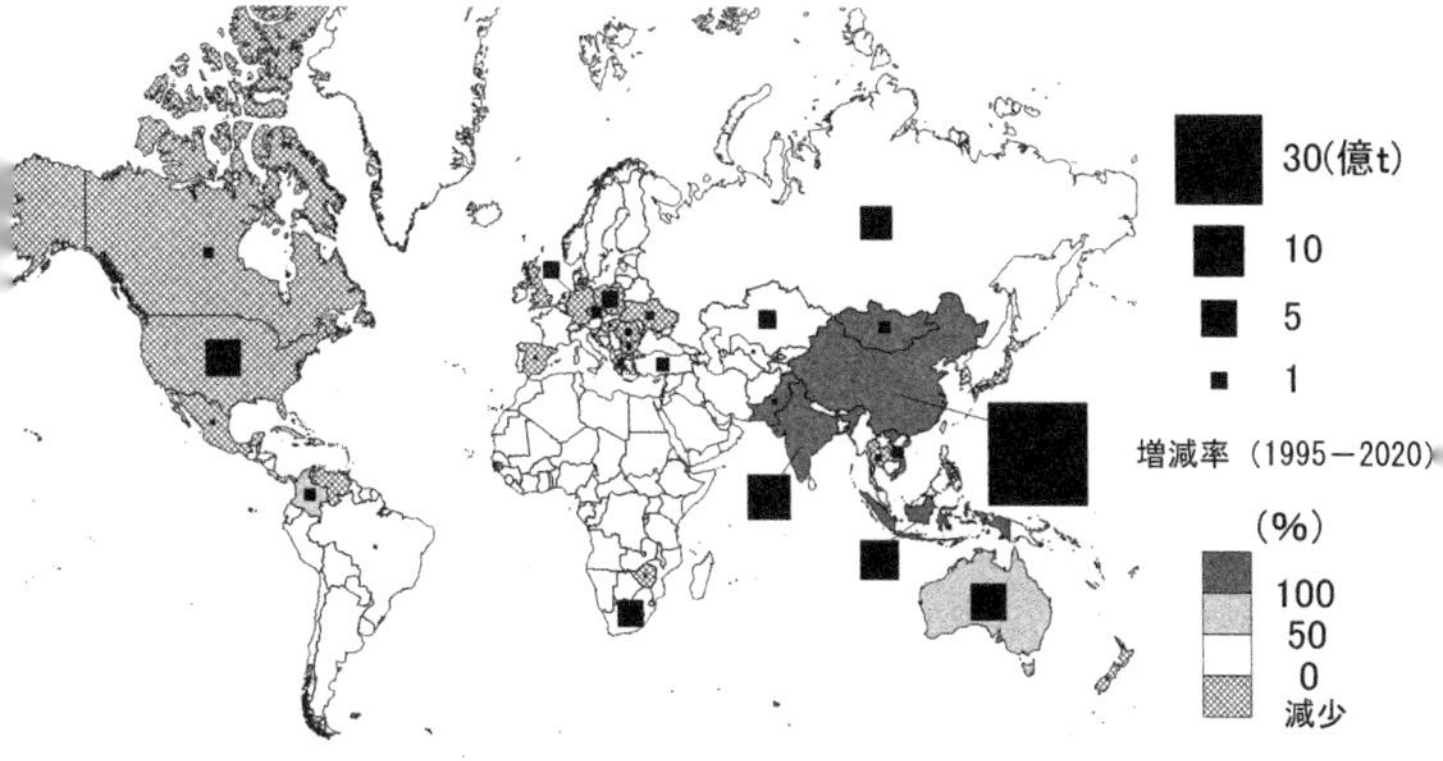


| 順位 | 国名 | 産出量 2020（億 t） | 産出量 1995（億 t） | 増減率（%） |
|---|---|---|---|---|
| 1 | 中国 | 39.0 | 13.6 | 186.8 |
| 2 | インド | 7.6 | 2.9 | 161.7 |
| 3 | インドネシア | 5.6 | 0.4 | 1244.5 |
| 4 | オーストラリア | 4.8 | 2.5 | 92.1 |
| 4 | アメリカ | 4.8 | 9.4 | −48.3 |
| 5 | ロシア | 4.0 | 2.7 | 48.3 |
| 6 | 南アフリカ | 2.5 | 2.1 | 20.4 |
| 7 | カザフスタン | 1.1 | 0.8 | 35.9 |
| 7 | ドイツ | 1.1 | 2.5 | −56.5 |
| 8 | ポーランド | 1.0 | 2.0 | −50.0 |
| 9 | トルコ | 0.7 | 0.6 | 28.5 |
| 10 | コロンビア | 0.5 | 0.3 | 95.7 |

図表 1-2　主な石炭産出国の生産高（2020 年）と増減率
出典：図表 1-1 に同じ

図表1-3は、石炭の貿易の流れを示した資料です。

世界最大の輸出国であるインドネシアは、輸出する石炭のほとんどが発電などに使われる一般炭で、中国やインドなど、発電用に大量の石炭を必要とする国に輸出されています。一方、製鉄やセメントの製造に用いられる高品位の原料炭は、オーストラリアやアメリカ、ロシアなどから多く輸出されています。逆の見方をすれば、工業原料として利用可能な品質のよい石炭を露天掘りなどのコストのかからない方法で採掘できない国や地域では、採算が合わずに炭田を閉鎖せざるを得なくなっていると見ることができます。

石炭の貿易は今後拡大していくとみられますが、価格や供給量には、不安定な要素がつきまといます。石炭の利用を「減らす」のではなく、価格が高騰して「必要な分も手に入らない」ことになるのかもしれません。

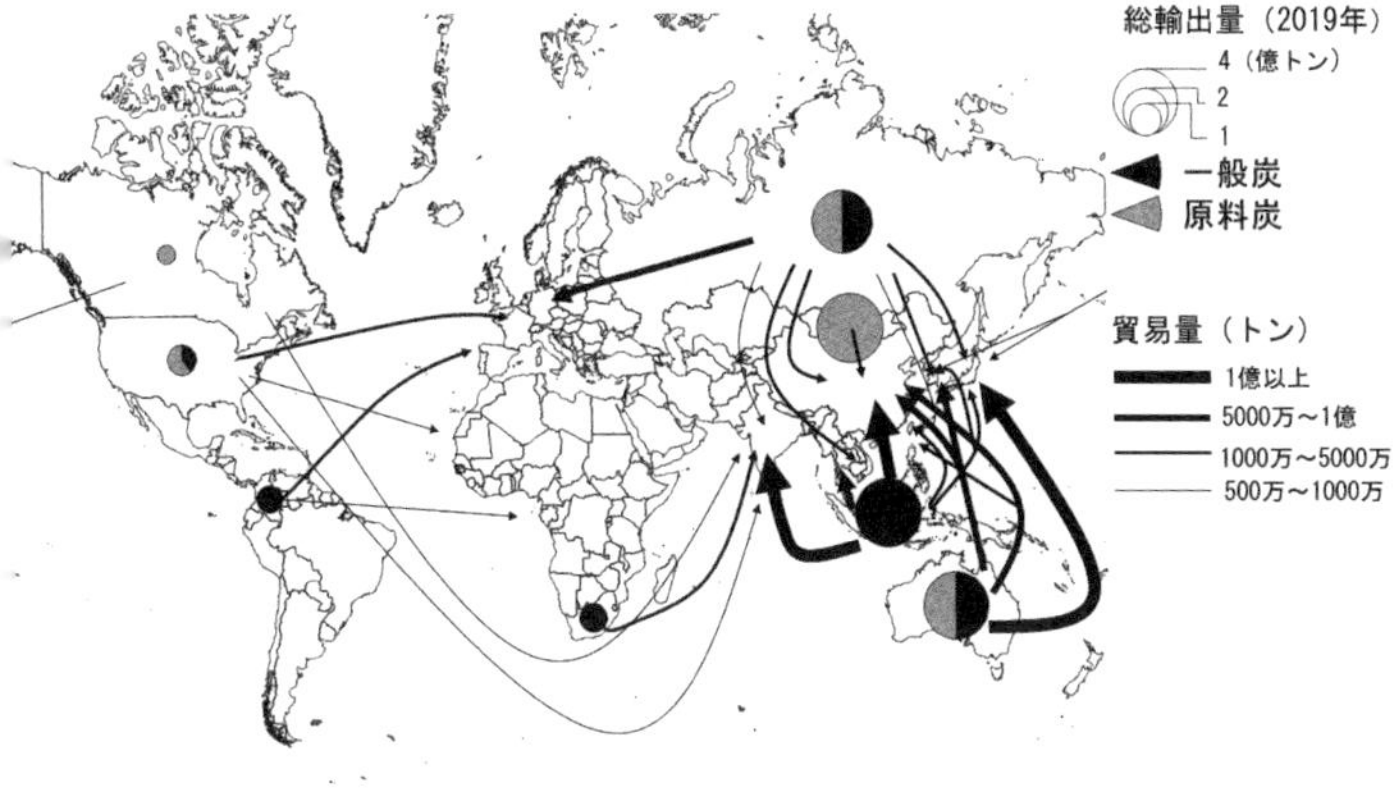


単位（百万トン）

| 輸出国 | 合計 | 一般炭 | 原料炭 | 主な輸出先 |
|---|---|---|---|---|
| インドネシア | 449 | 449 | — | 中国（149）、インド（120）、東南アジア（86）、日本（27） |
| モンゴル | 449 | — | 449 | 中国（30） |
| オーストラリア | 426 | 213 | 213 | 日本（105）、中国（89）、韓国（58）、インド（53） |
| ロシア | 368 | 184 | 184 | ヨーロッパ（74）、中国（33）、韓国（28）、日本（20） |
| アメリカ | 84 | 33 | 51 | ヨーロッパ（26）、インド（7）、中国（4） |
| 南アフリカ | 79 | 79 | — | インド（44） |
| コロンビア | 69 | 69 | — | ヨーロッパ（29）、アフリカ（5）、韓国（4） |
| カナダ | 34 | — | 34 | 日本（7）、韓国（6）、インド（5）、中国（4） |

図表 1-3　主な石炭の輸出国と輸出の流れ（2019 年）
国際エネルギー機関（IEA）"Coal 2020" より作成

## 2　中国への石油輸出が増えた地域は――原油の生産と貿易の変化

原油の生産量はバレル（1バレル＝約159リットル）を単位とするのが一般的ですが、他の資源と比較しやすいように、重量（トン）に換算した統計を使いました。石油1トンは、約7・33バレルで、ドラム缶に入れると約6本分になります。

図表2-1は、2020年の原油生産量の各国別比較です。最も生産量が多いのはアメリカで、2008年の3億5000万トンから大幅に増やしています。生産量が伸びたのは2010年以後で「シェールオイル」と呼ばれる岩石の中に染みこんだ原油の採掘が盛んになったためです。

ロシアは1991年のソ連崩壊以来、原油の生産が低迷していましたが、2001年頃から増産に転じ、2003年から2014年まで原油生産量世界一でした。西シベリアやサハリン島北部が主な産油地帯です。

サウジアラビアは、1990年に産油量がピーク（5億9000万トン）に達した後、1995年には年産1億7200万トンまで下げましたが、再び増産に転じて2017年に5億8600万トンを産出するなど産油量の変化が激しいのが特徴です。

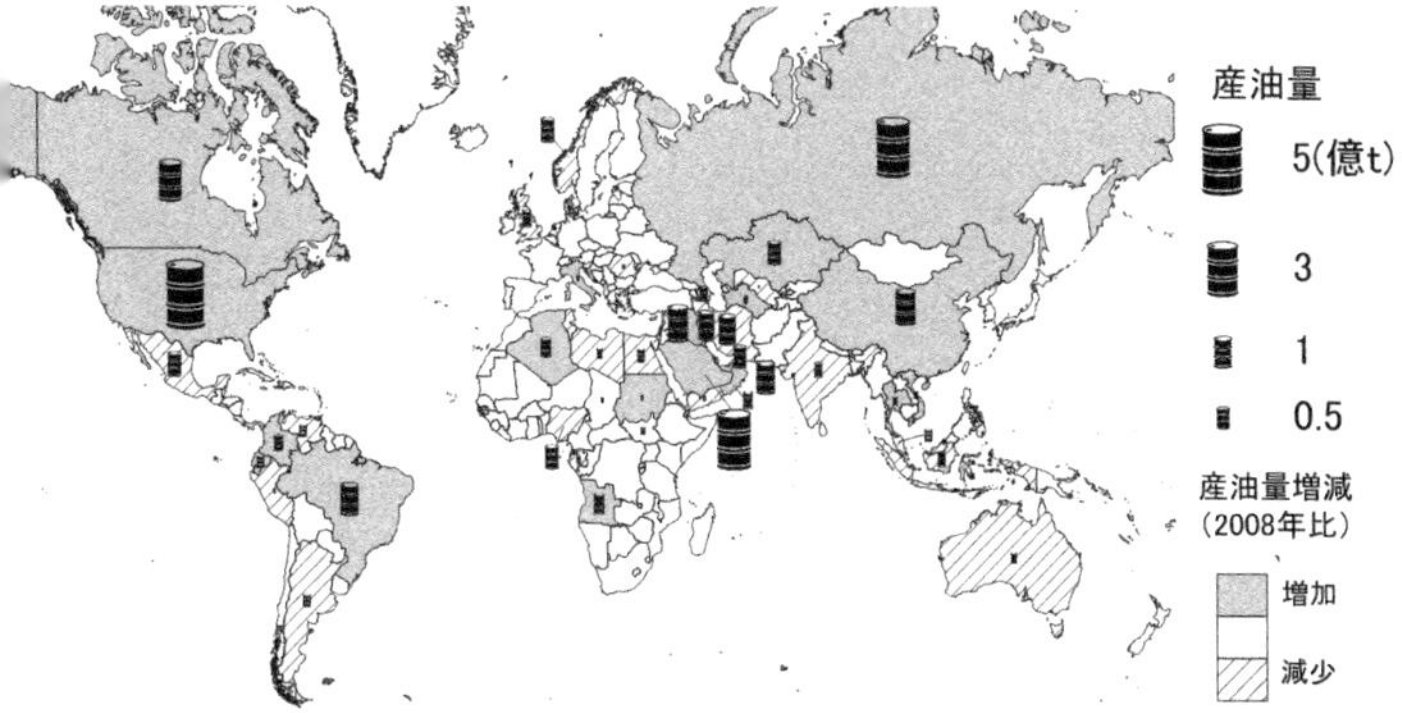


| 順位 | 国名 | 原油生産高（億 t） | 増減率（%）<br>（2008 年比） |
|---|---|---|---|
| 1 | アメリカ | 7.12 | 85.8 |
| 2 | ロシア | 5.24 | 68.6 |
| 3 | サウジアラビア | 5.20 | 20.5 |
| 4 | カナダ | 2.52 | 125.4 |
| 5 | イラク | 2.02 | 676.3 |
| 6 | 中国 | 1.95 | 30.7 |
| 7 | アラブ首長国連邦 | 1.66 | 44.8 |
| 8 | ブラジル | 1.59 | 324.6 |
| 9 | イラン | 1.43 | −23.0 |
| 10 | クウェート | 1.30 | 24.0 |

図表 2-1　主な原油産出国と生産高（2020 年）
BP（British Petroleum）社 “Statistical Review of World Energy 2021” より作成

次に、石油の貿易の変化を見てみましょう。図表2-2は、2008年の世界の原油の貿易の流れです。ヨーロッパや中東諸国など、地域でまとめた統計は、代表的な国を矢印の両端にしています。

最も輸入量が多かった地域はヨーロッパ（総輸入量6億8000万トン）で、ロシアなどの旧ソ連諸国や中東諸国、北アフリカからの石油が集まっています。2位はアメリカ合衆国（総輸入量6億3600万トン）で、カナダや中東、中南米からの輸入が多くなっています。中東からの原油は、これらの地域に加えて日本やインド、東南アジア諸国に大量に輸出され、世界中の国々が中東産の原油に依存していることがわかります。

この年の中国の輸入量は年間2億1700万トンで、日本（2億4400万トン）にも及びません。

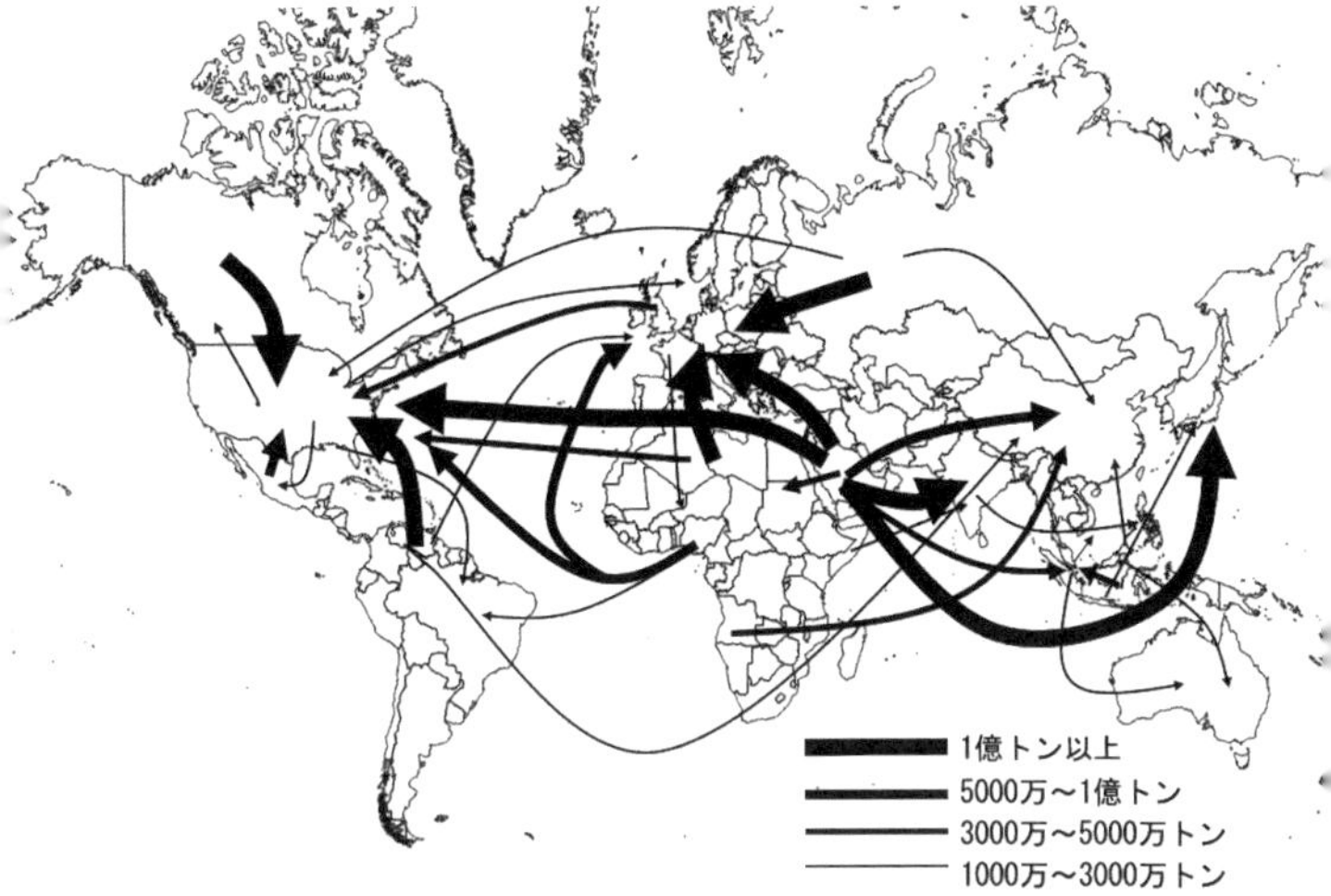


| 順位 | 輸出国 | 輸出先 | 貿易量（億トン） |
|---|---|---|---|
| 1 | 旧ソ連諸国 | ヨーロッパ | 3.18 |
| 2 | 中東諸国 | 日本 | 1.97 |
| 3 | 中東諸国 | ヨーロッパ | 1.27 |
| 4 | カナダ | アメリカ | 1.20 |
| 5 | 中南米諸国 | アメリカ | 1.19 |
| 6 | 中東諸国 | インド | 1.07 |
| 7 | 北アフリカ諸国 | ヨーロッパ | 1.01 |
| 8 | 中東諸国 | 中国 | 0.92 |
| 9 | 中東諸国 | シンガポール | 0.53 |
| 10 | 西アフリカ諸国 | ヨーロッパ | 0.50 |

図表 2-2　主な原油貿易の流れ（2008 年）

出典：図表 2-1 に同じ

図表2-3は、2020年の世界の石油貿易の流れです。世界各地から中国にむけて輸出の流れが集中するようになったこと、アメリカの石油の貿易の流れが大きく変わっていることが読み取れます。

中国の原油輸入量は、2010年頃から急速に増え2020年には5億5700万トンになりました。これは、ヨーロッパ（4億7500万トン）、アメリカ（2億9300万トン）、日本（1億2300万トン）を大きく上回ります。原油の調達先も、従来の中東産やロシア産の原油に加えて、中国政府が積極的に経済支援を行っている西アフリカ諸国からの輸入が多くなっています。アンゴラやナイジェリアでは、中国資本による大規模な海底油田の開発が進んでおり、大部分が中国に輸出されています。

中東からのアメリカへの原油の流れが細くなる一方で、アメリカからヨーロッパや中国に向けて原油が輸出されています。

今後、原油価格が高めに推移していく中で、新たな油田が開発され、産地や貿易の流れも変化していくかもしれません。

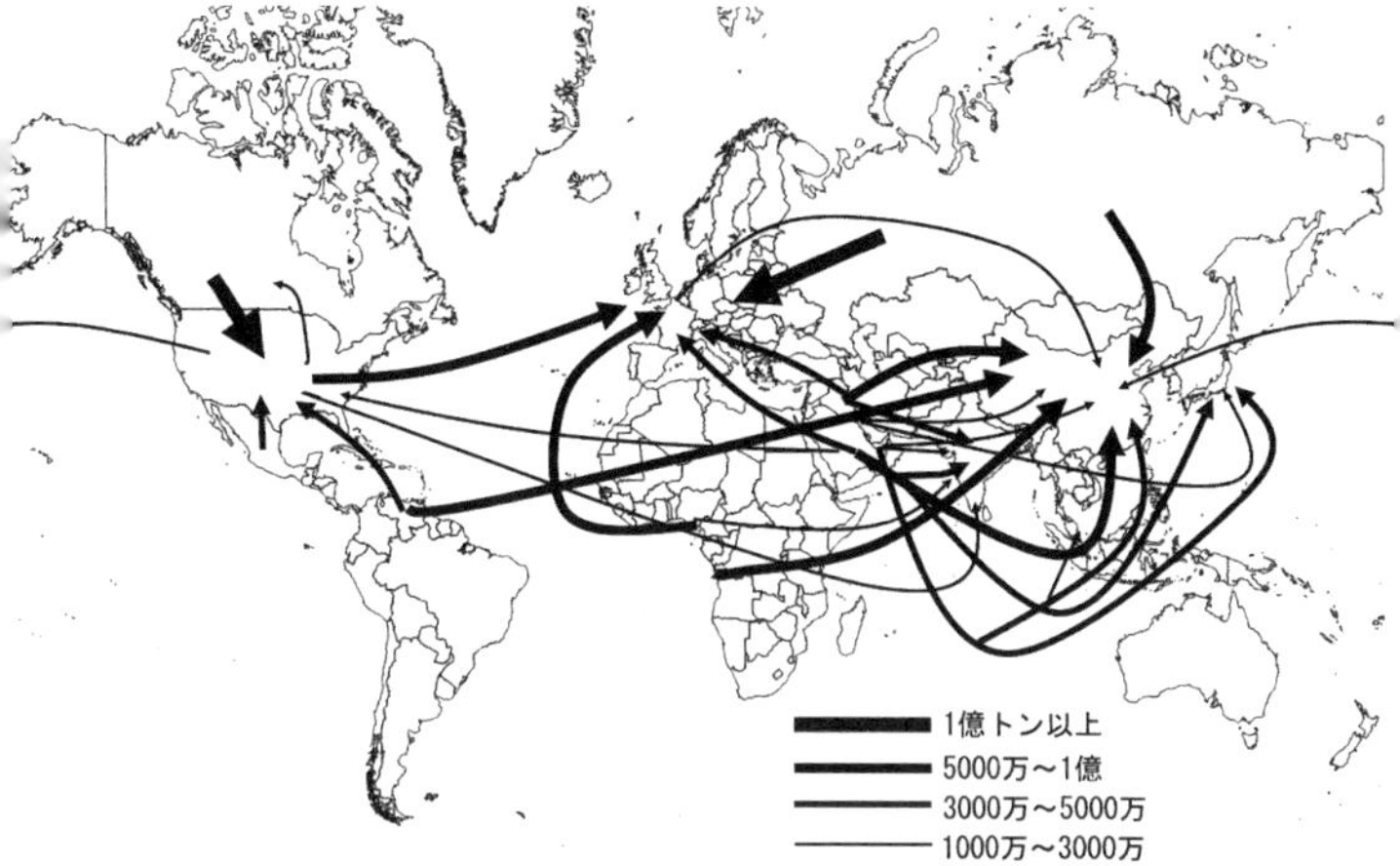


| 順位 | 輸出国 | 輸出先 | 貿易量（億トン） |
|---|---|---|---|
| 1 | カナダ | アメリカ | 1.80 |
| 2 | ロシア | ヨーロッパ | 1.38 |
| 3 | サウジアラビア | 中国 | 0.84 |
| 4 | ロシア | 中国 | 0.83 |
| 5 | 中南米諸国 | 中国 | 0.72 |
| 6 | 西アフリカ諸国 | 中国 | 0.71 |
| 7 | 西アフリカ諸国 | ヨーロッパ | 0.65 |
| 8 | イラク | 中国 | 0.60 |
| 9 | アメリカ | ヨーロッパ | 0.58 |
| 10 | サウジアラビア | 日本 | 0.49 |

図表 2-3　主な原油貿易の流れ（2020 年）
出典：図表 2-1 に同じ

## 3　国境を越えるパイプライン——天然ガスの生産と貿易

「天然ガス」は、広い意味では地下から噴出するガス全般（火山ガスなどを含む）を指しますが、エネルギー資源として利用される可燃性ガスは、メタンを主成分とする炭素と水素の化合物です。天然ガスは、貯留岩（主に砂岩や石灰岩）と呼ばれる岩の粒子の隙間に閉じ込められていて、岩石に穴を空けて水や二酸化炭素を注入して圧力をかけることでガスを取り出しています。

図表3-1は、世界の主な天然ガスの産出国と産出量を示しています。ロシアとアメリカの順位が逆転し、西アジア諸国やオーストラリアで産出量が大きく伸びていることがわかります。アメリカの天然ガスが伸びた背景には、「シェールガス」の開発が関連しています。2000年代初頭に、砂岩や石灰岩よりも大量に存在する泥岩の一種である頁岩《けつがん》からガスを取り出す技術が確立し、アメリカを中心に新たなガス田の開発が進みました。また、火力発電用の需要の高まりなどから天然ガスの価格が高い状態が続いており、既存の天然ガス田を持つ国の多くで増産や新たなガス田の開発を後押ししています。

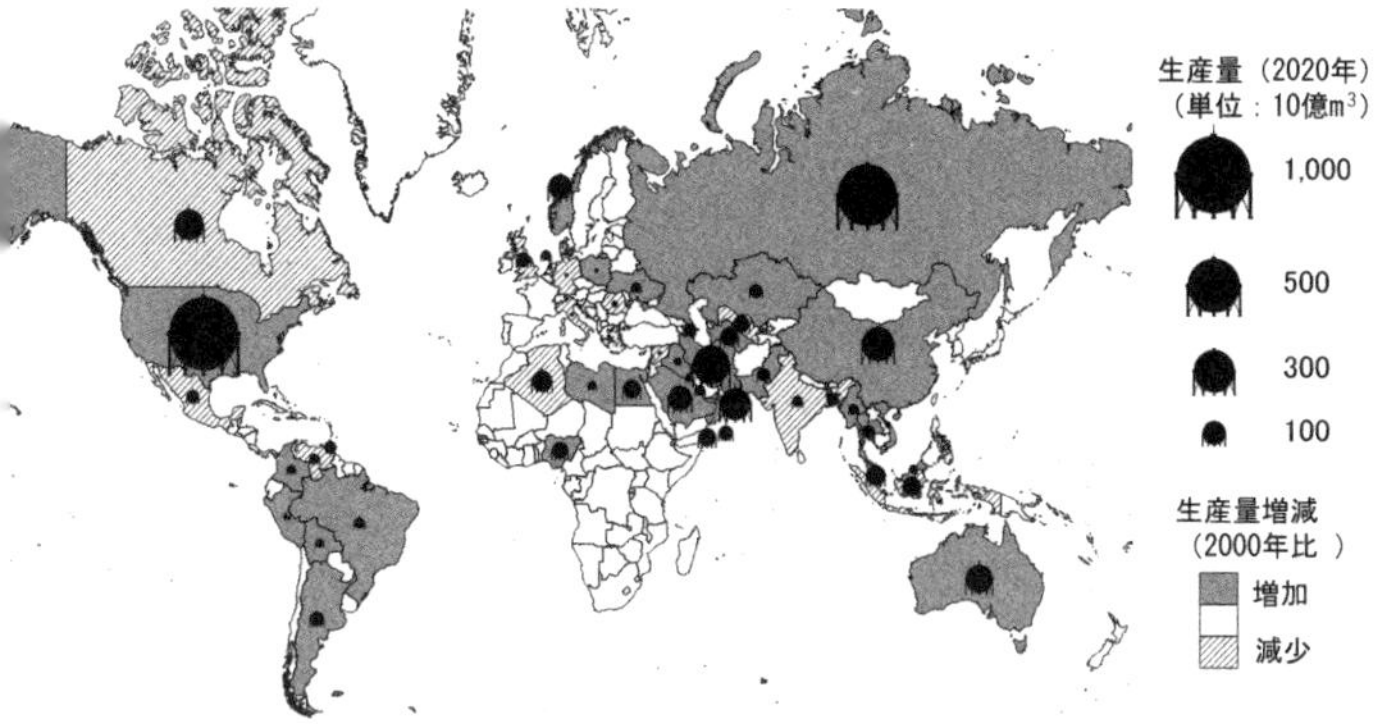


| 順位 | 国名 | 産出量（10億m³） | | 増加率（%）（2000～20年） |
|---|---|---|---|---|
| | | 2000年 | 2020年 | |
| 1 | アメリカ | 5186 | 9146 | 76.4 |
| 2 | ロシア | 5371 | 6385 | 18.9 |
| 3 | イラン | 563 | 2508 | 345.2 |
| 4 | 中国 | 274 | 1940 | 607.7 |
| 5 | カタール | 258 | 1713 | 564.8 |
| 6 | カナダ | 1763 | 1652 | −6.3 |
| 7 | オーストラリア | 312 | 1425 | 356.9 |
| 8 | サウジアラビア | 473 | 1121 | 136.9 |
| 9 | ノルウェー | 494 | 1115 | 125.5 |
| 10 | アルジェリア | 919 | 815 | −11.4 |

図表3-1　主な天然ガスの産出国と産出量（2020年）
BP（British Petroleum）社 "Statistical Review of World Energy 2021" より作成

次に、天然ガスの貿易について見てみましょう。

ガス田から取り出されたばかりの天然ガスは、大量の水を含んだ砂の塊の中に含まれています。ガス層に圧力をかけるために注入された大量の炭酸ガス（二酸化炭素）も分離する必要があります。それらの不純物を取り除いた上で得られた天然ガス（主にメタン）は急速に冷やされて、密度を上げた上でパイプラインに送られます。陸続きで近い国同士では、国境を越えてつながっているパイプラインによって生産国から消費国に天然ガスが送られますが、そうでない場合は、輸出港に面した天然ガス液化プラントでマイナス１６２℃にまで冷却され、専用の運搬船（ＬＮＧタンカー）で消費国に運ばれます。液化天然ガスの輸出量は４８５１億㎥（全輸出量の39・０％）、パイプラインによる輸出量は７５５０億㎥（同61・０％）（２０２０年）です。

図表3-2は、液化天然ガスの主な国際取引と取扱量を示しています。オーストラリアとカタールが二大輸出国で、中国と日本が二大輸入国という関係が長く続いてきました。順位の統計には出ていませんが、近年はアメリカのメキシコ湾岸でＬＮＧ生産プラントの建設が相次いでおり、ヨーロッパ向けの輸出量を増やしています。

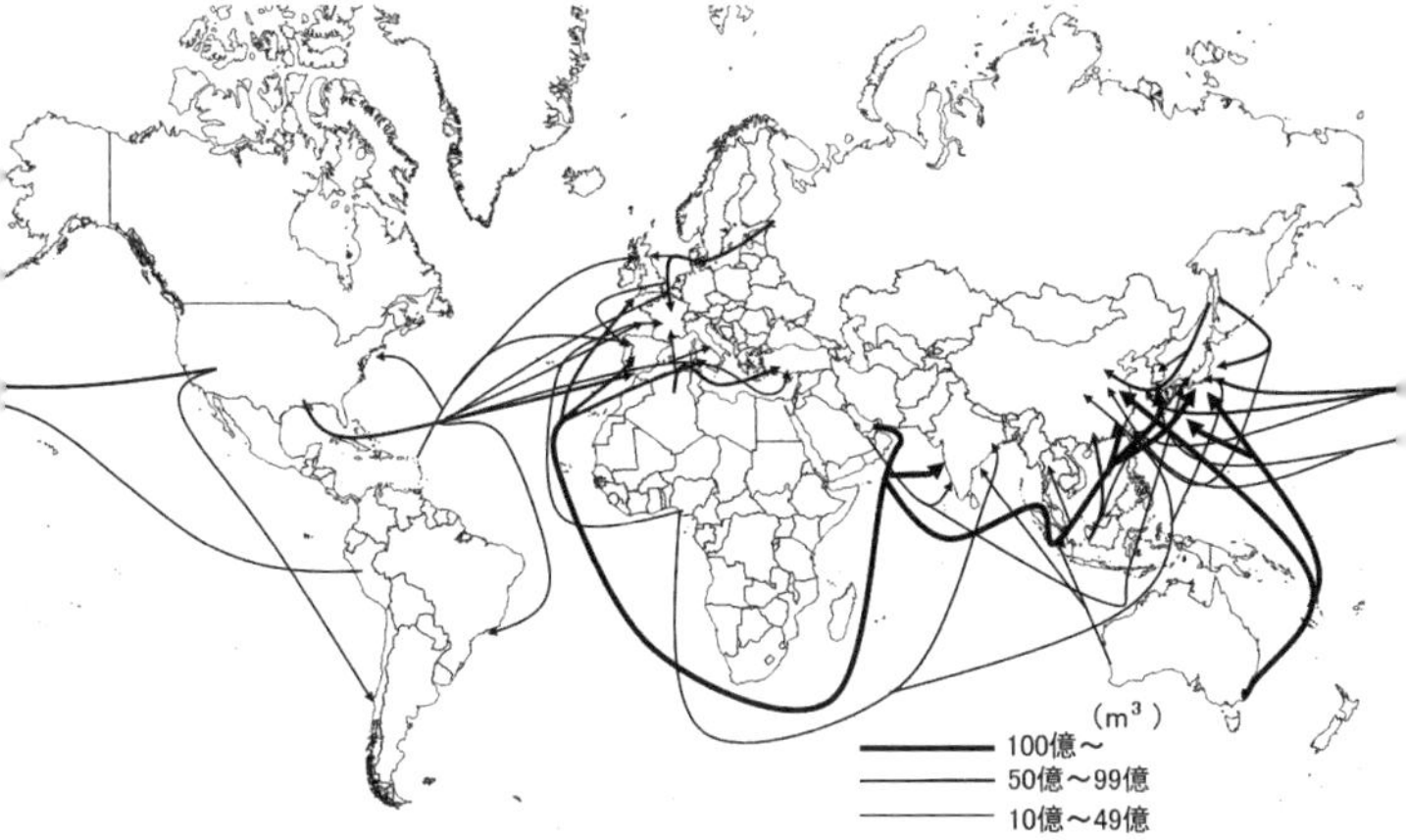


| 順位 | 輸出国・地域 | 輸出先 | 貿易量（億 $m^3$） |
|---|---|---|---|
| 1 | オーストラリア | 中国 | 405.8 |
| 2 | オーストラリア | 日本 | 397.0 |
| 3 | マレーシア | 日本 | 148.0 |
| 4 | カタール | インド | 141.0 |
| 5 | カタール | 韓国 | 130.0 |
| 6 | カタール | 日本 | 119.4 |
| 7 | カタール | 中国 | 111.9 |
| 8 | カタール | イギリス | 89.7 |
| 9 | ロシア | 日本 | 83.7 |
| 10 | マレーシア | 中国 | 83.4 |

図表 3-2　液化天然ガス（LNG）の貿易（2020 年）

出典：図表 3-1 に同じ

図表3-3は、パイプラインによる天然ガスの輸出を示した資料です。

二国間の貿易量ではカナダのアメリカへの輸出がトップですが、一国の輸出量ではロシアが圧倒的なシェアを占めています。ロシアは2020年の天然ガスの総輸出量の25・3%を占める世界一の天然ガス輸出国であり、輸出量の83%にあたる1970億㎥をパイプラインを使って輸出しています。そのうち70・4%がヨーロッパ向け、11・0%が旧ソ連(CIS諸国)向けの輸出です。

2022年3月に、ロシアが隣国のウクライナに侵攻した際、西欧諸国が一斉に非難し、経済制裁や武器輸出を含むウクライナへの支援に踏み切ったことに対して、ロシア国営のガス会社「ガスプロム」は2022年4月にポーランドとブルガリアへの天然ガスの供給を完全に停止し、イタリアとドイツ向けのガス供給を減らしました。ヨーロッパを中心とした慢性的なガスの供給不足が懸念される一方で、アメリカや中東諸国は、これを商機と見なしてシェールオイルの輸出拡大(LNGプラントの増設、LNGタンカーの新造)を画策しています。

電力や家庭用のガスの需要が急増している中国では、隣国のトルクメニスタンやカザフスタン、ロシアからのパイプラインの整備を進めています。

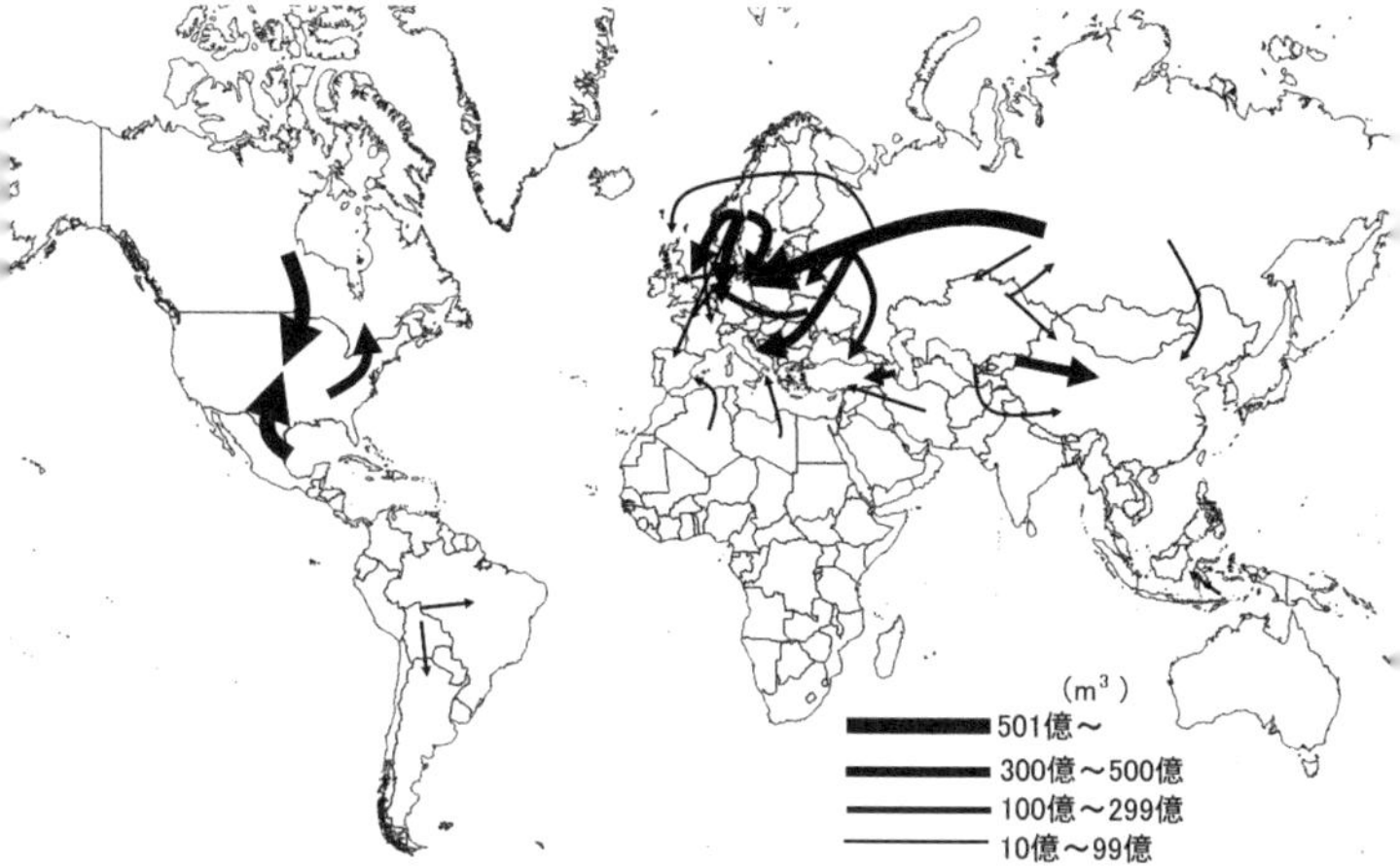


| 順位 | 輸出国・地域 | 輸出先 | 貿易量（億 $m^3$） |
|---|---|---|---|
| 1 | カナダ | アメリカ | 681.5 |
| 2 | ロシア | ドイツ | 562.8 |
| 3 | ノルウェー | ドイツ | 311.9 |
| 4 | トルクメニスタン | 中国 | 272.2 |
| 5 | ノルウェー | イギリス | 237.1 |
| 6 | アメリカ | カナダ | 218.5 |
| 7 | カタール | アラブ首長国連邦 | 202.4 |
| 8 | ノルウェー | オランダ | 200.2 |
| 9 | ロシア | イタリア | 196.8 |
| 10 | ロシア | ベラルーシ | 175.7 |

図表 3-3　パイプラインによる天然ガスの貿易（2020 年）
出典：図表 3-1 に同じ

## 4　一番伸びている再生可能エネルギーは？

「再生可能エネルギー」は、化石燃料のエネルギーに比べると発電量も少なく、不安定なエネルギー源ではありますが、国や地域によっては、積極的な導入を進め、発電量を伸ばしています。代表的な再生可能エネルギーである地熱発電・風力発電・太陽光発電について、国別の発電容量と伸びを調べてみました。

図表4-1は、世界の地熱発電の発電容量と過去10年間の伸び（２０１０～２０年）を示した資料です。発電量が最も多いのはアメリカです。地熱発電所のほとんどが西部カリフォルニア州からネバダ州に集中しています。ただ、発電設備の多くが１９６０年代から70年代にかけて建設されたもので、老朽化が進んでおり、発電容量は減少気味です。

インドネシアやトルコ、ケニアなどの新興国では、地熱発電が伸びています。特にケニアでは、日本の重電メーカーの協力で大型の地熱発電所の建設が相次いでいます。ケニアにおける地熱発電の比率は２０１０年に21％だったのが、２０１８年には46％となり、最大の電源になっています。

日本には、東北や九州を中心に20カ所の地熱発電所があります。

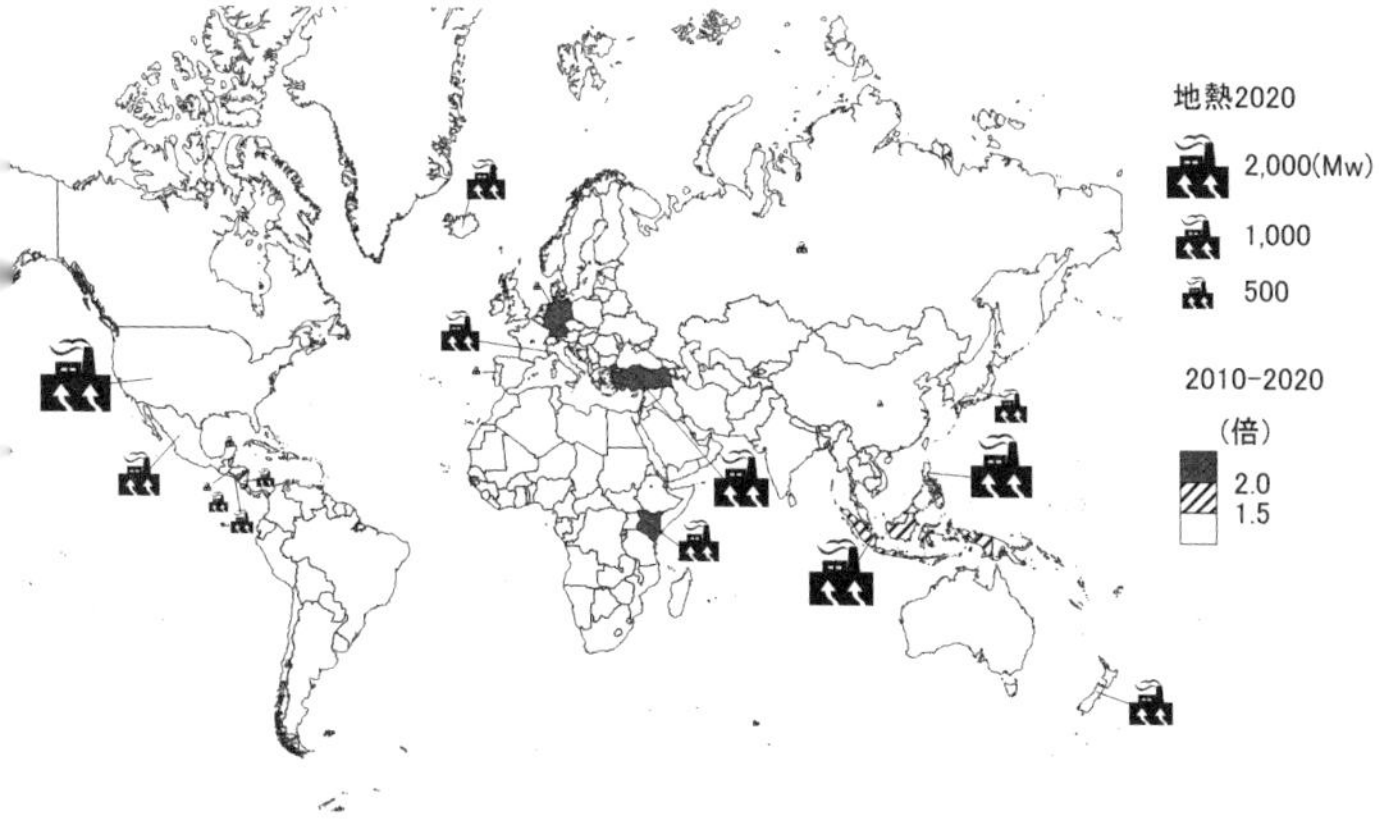


| 順位 | 国名 | 発電容量（Mw） | | 増加量（倍） |
|---|---|---|---|---|
| | | 2010年 | 2020年 | |
| 1 | アメリカ | 2405 | 2587 | 1.1 |
| 2 | インドネシア | 1189 | 2131 | 1.8 |
| 3 | フィリピン | 1847 | 1928 | 1.04 |
| 4 | トルコ | 94 | 1613 | 17.2 |
| 5 | ニュージーランド | 731 | 984 | 1.3 |
| 6 | メキシコ | 965 | 906 | 0.9 |
| 7 | ケニア | 198 | 824 | 4.2 |
| 8 | イタリア | 728 | 797 | 1.1 |
| 9 | アイスランド | 575 | 756 | 1.3 |
| 10 | 日本 | 537 | 525 | 0.98 |

図表 4-1　主な地熱発電の利用国と発電能力

BP（British Petroleum）社 “Statistical Review of World Energy 2021” より作成

図表4-2は世界の風力発電の発電容量と10年間の増加を表した図表です。最も多いのは中国で、世界の風力発電容量の約3割を占めています。中国の全国人民代表大会は2005年、国内の電力配送会社に対して、再生可能エネルギーで発電された電力をすべて買い取る法案を可決して以来、巨大な発電プロジェクトが打ち立てられ、世界一の風力発電国になりました。主な発電設備は上海《しゃんはい》などの大都市近郊と、北部の内モンゴル自治区や北西部の甘粛省《かんしゅくしょう》や山西省などの内陸部に大規模な発電設備が設置されています。

第2位のアメリカの風力発電の歴史は古く、1940年にノースダコタ州で初めて商用の風力発電が稼働しました。風力発電が多い州は、テキサス州（約20％）、カリフォルニア州（約9％）、アイオワ州（約8・7％）の順で、砂漠や平原を利用した大規模な設備が多くなっています。

ヨーロッパでは、環境意識の高さと、偏西風が利用できることから、風力発電が盛んです。主要20カ国の発電容量は約21万3000Mwで、アメリカを上回ります。また、洋上風力発電が盛んで、イギリスが世界一です。日本は4206Mw（27位）、2010年からの伸びは1・8倍でした。

| 順位 | 国名 | 発電容量（Mw） | | 増加量（倍） |
|---|---|---|---|---|
| | | 2010年 | 2020年 | |
| 1 | 中国 | 29633 | 281993 | 9.5 |
| 2 | アメリカ | 39135 | 117744 | 3.0 |
| 3 | ドイツ | 26903 | 62184 | 2.3 |
| 4 | インド | 13184 | 38559 | 2.9 |
| 5 | スペイン | 20693 | 27089 | 1.3 |
| 6 | イギリス | 5421 | 24665 | 4.5 |
| 7 | フランス | 5912 | 17382 | 2.9 |
| 8 | ブラジル | 927 | 17198 | 18.6 |
| 9 | カナダ | 3967 | 13577 | 3.4 |
| 10 | イタリア | 5974 | 10839 | 1.9 |

図表 4-2　主な風力発電の利用国と発電能力
出典：図表 4-1 に同じ

図表4-3は、世界の太陽光発電の発電容量と過去10年間の伸びを示した図表です。地熱や風力に比べて、各国の発電容量の伸び幅が大きいのが特徴です。

最も発電容量が大きいのは中国で背景には政府の普及促進策に加えて、太陽光発電設備の製造における中国企業の席巻《せっけん》があります。

2010年頃までは、ドイツや日本のメーカーが首位を争い、単位面積あたりの発電量など品質の高さを競っていましたが、中国メーカーは、後発でありながら、既存の技術の組み合わせと、半導体製造で培った大量生産技術を生かして格安の装置を送り出してきました。各国で「メガソーラー」と呼ばれる大規模な発電設備の建設が相次ぐ中、安くて大量に設置できる中国製が支持されたのです。中国政府も太陽光発電の普及に力を入れており、「2030年までに120万MW以上(原子力発電所1200基分)」を目標に掲げています。

中国以外では、アメリカ、日本、ドイツなどで発電量が多く、インドやイギリスなどで増加量が著しく伸びています。インドでは、大規模な発電施設の建設に加えて、もともと電力が届かなかった農村部での自家発電や、携帯電話網の整備(基地局の電源)が進んでいることも背景にあると見られます。

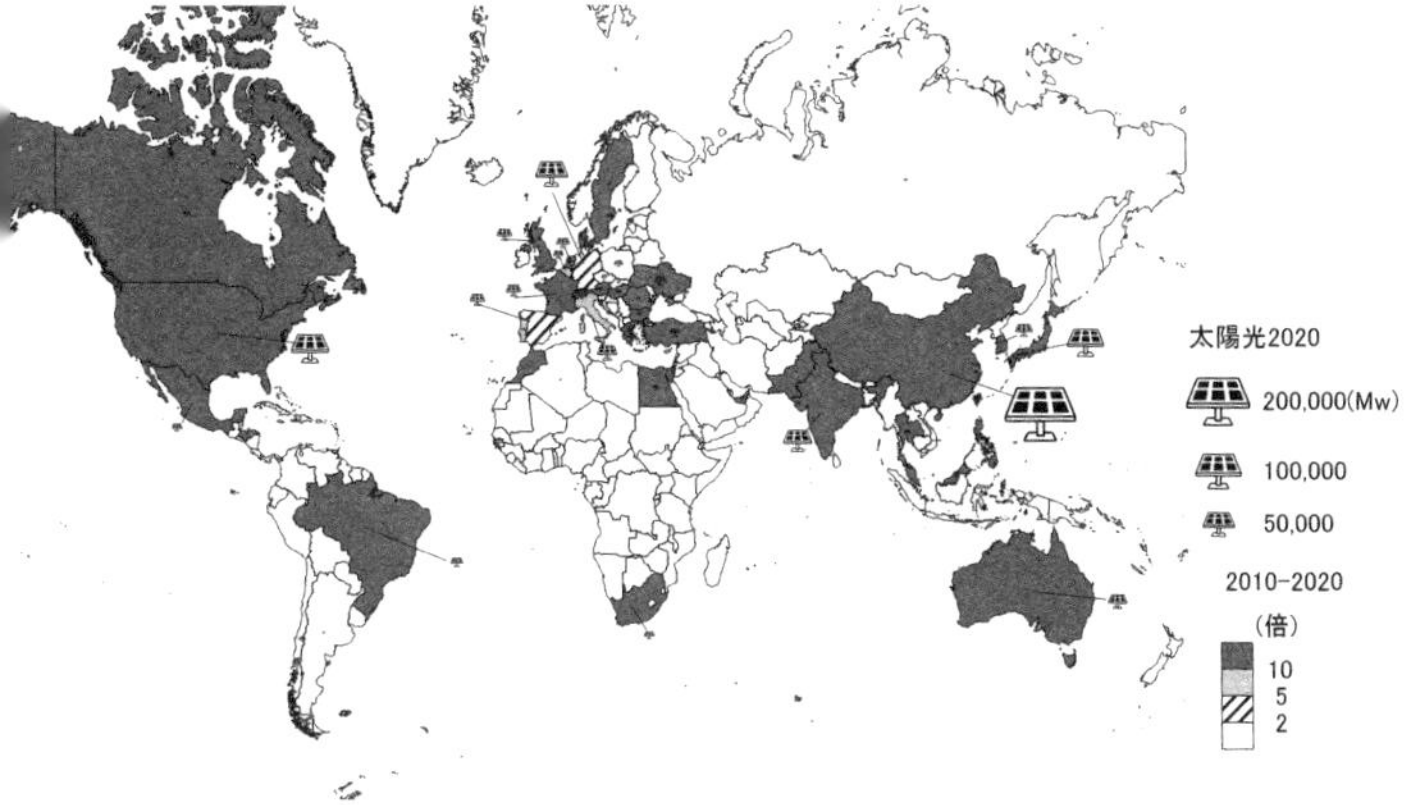


| 順位 | 国名 | 発電容量（Mw） | | 増加量（倍） |
|---|---|---|---|---|
| | | 2010年 | 2020年 | |
| 1 | 中国 | 1022 | 253834 | 248.4 |
| 2 | アメリカ | 2040 | 73814 | 36.2 |
| 3 | 日本 | 3599 | 67000 | 18.6 |
| 4 | ドイツ | 18007 | 53781 | 3.0 |
| 5 | インド | 65 | 38983 | 596.4 |
| 6 | イタリア | 3597 | 21594 | 6.0 |
| 7 | オーストラリア | 1099 | 17625 | 16.0 |
| 8 | 韓国 | 650 | 14575 | 22.4 |
| 9 | イギリス | 95 | 13563 | 142.8 |
| 10 | スペイン | 3873 | 11785 | 3.0 |

図表 4-3　主な太陽光発電の利用国と発電能力
出典：図表 4-1 に同じ

## 5　どうする？　原子力――ウランの生産と原子力発電の現状

二酸化炭素を排出せず、大量のエネルギーを得られる原子力発電は、地球温暖化対策の切り札として積極的に導入する国がある一方で、日本やドイツのように長期運転停止や廃炉を進めることで依存度を減らしている国があります。ここでは、燃料であるウランの生産と発電所の増減について、各国の状況を比較してみたいと思います。

図表5-1は、世界のウランの生産国と生産量の変化を見た資料です。

2011年の世界のウランの総生産量は5万3493トンで、毎年増加していましたが、2016年の6万3207トンをピークに減少し、2020年には4万7731トンにまで下がりました。国別ではカザフスタンやオーストラリア、中国などで産出量が伸びていますが、カナダでは2016年をピークに減少に転じ、2020年の産出量は最盛期の3分の1以下になっています。日本の原子力発電所の運転停止やヨーロッパでの脱原発の動きを受けて取り引き価格が低迷している中で、カナダは採算をとるために採掘量を減らしていますが、比較的低コストでの採掘が可能な国々では、大口の需要国である中国への輸出を軸に産出量を増やしているようです。

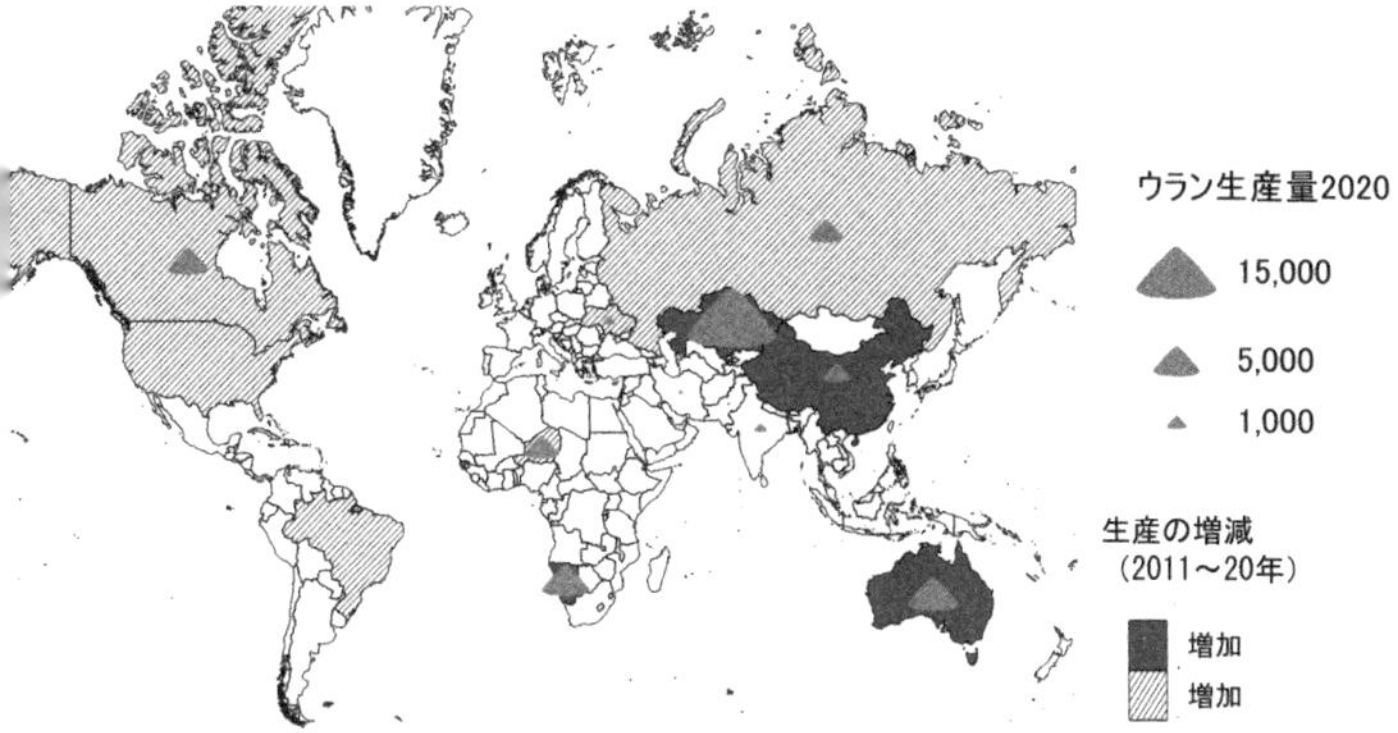


| 順位 | 国名 | ウランの生産量（t） | | 増減率（%） |
|---|---|---|---|---|
| | | 2011年 | 2020年 | |
| 1 | カザフスタン | 19451 | 19477 | 0.1 |
| 2 | オーストラリア | 5983 | 6203 | 3.7 |
| 3 | ナミビア | 3258 | 5413 | 68.1 |
| 4 | カナダ | 9145 | 3885 | −57.5 |
| 5 | ウズベキスタン | 2500 | 3500 | 40.0 |
| 6 | ニジェール | 4531 | 2991 | −31.3 |
| 7 | ロシア | 2993 | 2846 | −4.9 |
| 8 | 中国 | 885 | 1885 | 113.0 |
| 9 | ウクライナ | 890 | 400 | −55.1 |
| 10 | インド | 400 | 400 | 0.0 |

図表 5-1　ウラン生産国の生産量と増減率
世界原子力協会（WNA）Web サイトより作成（https://world-nuclear.org/）

図表5-2は、各国の原子力発電量と稼働中、建設・計画中の原子炉の数を示した資料です。

発電量が最も多いのはアメリカで、世界の原子力発電量の3割を占めています。原子力発電所を有する州は50州中31州にのぼり、その多くが需要が大きい大都市を抱えて、なおかつ冷却水が得やすい東部に集まっています。

2位の中国で最初の原子力発電所ができたのは1994年で、長江の河口に近い浙江《せっこう》省嘉《か》興《こう》市に設置されました。発電量は2000年に15・9Twh（世界17位）だったものが、2020年にはフランス、ロシアを抜いて世界2位になりました。現在、16基の原子炉が建設中で、34基の新設が計画されています。

3位のフランスの発電量は2015年に473・4Twhでしたが、2020年には338・7Twhに減りました。フランスをはじめ、西ヨーロッパの国々では、風力発電や小規模水力発電など、原子力発電より低コストの電源からの電力供給が増え、供給価格も低く安定していることから、フランスの各発電所では、発電出力を抑制しています。

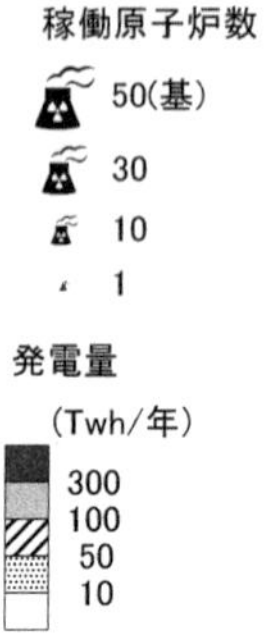

| 順位 | 国名 | 発電量 (2020年) (Twh) | 世界の発電量に占める割合 (%) | 稼働中の原子炉数 (基) | 建設・計画中の原子炉数 (2022年) (基) |
|---|---|---|---|---|---|
| 1 | アメリカ | 789.9 | 30.9 | 93 | 5 |
| 2 | 中国 | 344.7 | 13.5 | 53 | 53 |
| 3 | フランス | 338.7 | 13.3 | 56 | 1 |
| 4 | ロシア | 201.8 | 7.9 | 37 | 30 |
| 5 | 韓国 | 152.6 | 6.0 | 24 | 4 |
| 6 | カナダ | 92.2 | 3.6 | 19 | 0 |
| 7 | ウクライナ | 71.5 | 2.8 | 15 | 2 |
| 8 | ドイツ | 60.9 | 2.4 | 3 | 0 |
| 9 | スペイン | 55.8 | 2.2 | 7 | 0 |
| 10 | スウェーデン | 47.4 | 1.9 | 6 | 0 |

図表 5-2　国別原子力発電量と稼働中の原子炉数（2022 年）
出典：図表 5-1 に同じ

図表5-3は、長期運転停止中の原子炉数を国別にまとめた資料です。最も多いアメリカでは、原子炉の運転寿命の目安を60年としており、1970年代から80年代にかけて運転を開始した原子炉が順次運転停止され、廃炉の準備に取りかかっています。アメリカで運転中の原子炉の45%にあたる45基が1970年代、44%にあたる44基が1980年代から運転されており、2030年以後は、空前の「大廃炉時代」を迎えることになります。

イギリスで原子力発電が始まったのは1956年で、最初の原子炉は47年後の2003年に運転を停止しました。イギリスでは概《おおむ》ね45年を目安に停止していますが、短いところでは25年前後で停止している原子炉もあります。

日本とドイツは、国の政策の影響で、比較的新しい原子炉も稼働停止されているため、停止炉数の割に合計出力が高いのが特徴です。日本には18施設33基の原子力発電所がありますが、稼働しているのは5施設5基のみです（2022年5月現在）。停止中の原子炉とは別に、13施設26基が廃炉作業中、あるいは廃炉に向けた手続き中です。2011年に原子力発電所をゼロにする方針を決めたドイツでは、2022年中に最後の原子炉が運転を終了し、最盛期には30施設37基あった原子力発電所は、すべて廃炉にされる予定です。

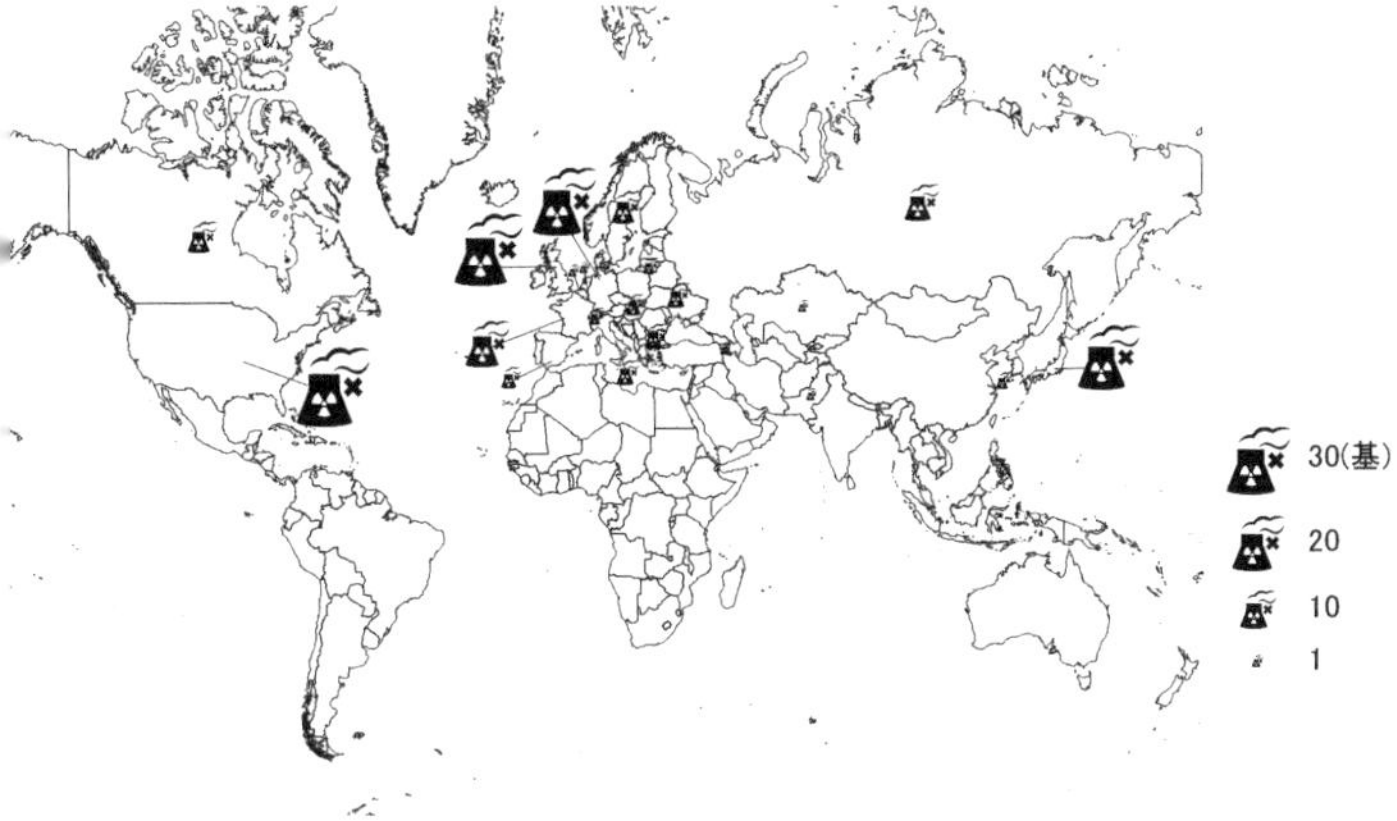


| 順位 | 国名 | 長期運転停止中の原子炉数（基） | 停止原子炉の合計出力（Mw） |
|---|---|---|---|
| 1 | アメリカ | 40 | 19171 |
| 2 | イギリス | 34 | 6790 |
| 3 | ドイツ | 30 | 22180 |
| 4 | 日本 | 27 | 17119 |
| 5 | フランス | 14 | 5549 |
| 6 | ロシア | 9 | 3032 |
| 7 | スウェーデン | 7 | 4054 |
| 8 | カナダ | 6 | 2143 |
| 9 | ブルガリア | 4 | 1632 |
| | イタリア | 4 | 1423 |
| | ウクライナ | 4 | 3515 |

図表 5-3　長期運転停止中の原子炉数（2022 年）

国際原子力機関（IAEA）“IAEA PRIS” より作成（https://pris.iaea.org/PRIS/home.aspx）

## 6 「鉄は産業のコメ」——鉄鉱石と鉄鋼の生産および流通

現在、人類が利用している金属の中で最も量が多いのが鉄です。18世紀前半に、それまでの砂鉄と木炭から、鉄鉱石とコークス（蒸し焼きにされた石炭）による近代製鉄法への移行が進むと、鋼鉄製の機械や船舶、鉄道や機関車が作られ、産業革命の原動力になりました。高度経済成長期の日本で「鉄は産業のコメ」と言われてきたように、鉄鋼業はその国における重要な基幹産業であり、鉄鋼の生産や輸出量は、その国の経済力や景況を占うための重要な指標になってきました。

図表6-1は、世界の主な産出国の鉄鉱石生産量と、主な輸出国の輸出量および輸出先を示した資料です。産出量・輸出量共にオーストラリアが世界一です。オーストラリアの鉄鉱石は、大陸の北西岸にある「ピルバラ地区」で露天掘りされています。輸出量の約80%にあたる6億6000万トンが中国に輸出されています。第2位はブラジルで、アマゾン川中流域のカラジャス鉱山や、ブラジル高原南部のイタビラ鉱山が主な採掘地です。輸出量の約60%にあたる2億8000万トンが中国向けの輸出です。

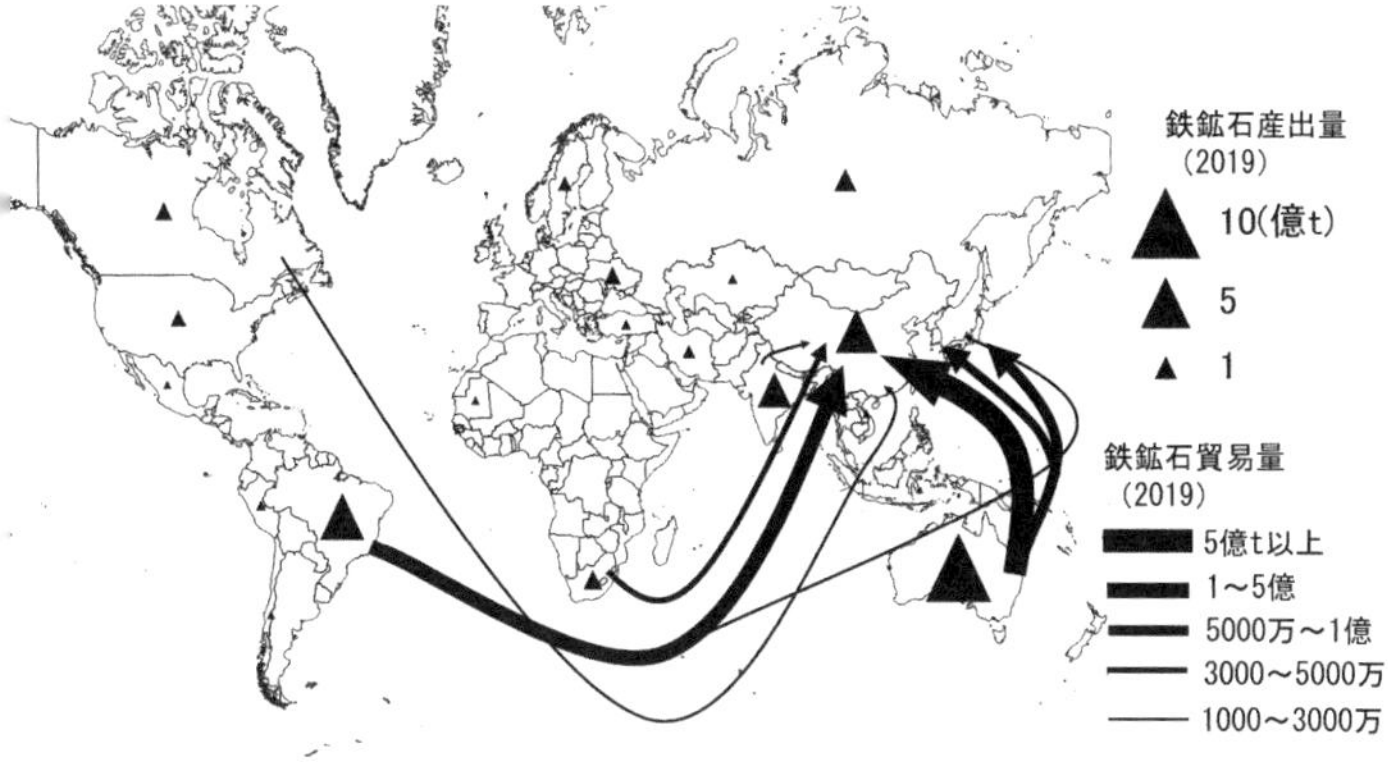


| 順位 | 国名 | 鉄鉱石産出量 (2019年)(億t) | 鉄鉱石輸出量 (2019年)(億t) |
|---|---|---|---|
| 1 | オーストラリア | 9.19 | 8.38 |
| 2 | ブラジル | 4.04 | 3.80 |
| 3 | 中国 | 3.51 | 0.09 |
| 4 | インド | 2.38 | 0.31 |
| 5 | ロシア | 0.97 | 0.22 |
| 6 | 南アフリカ | 0.72 | 0.67 |
| 7 | ウクライナ | 0.63 | 0.36 |
| 8 | カナダ | 0.58 | 0.52 |
| 9 | アメリカ | 0.47 | 0.11 |
| 10 | スウェーデン | 0.36 | 0.24 |

図表6-1　鉄鉱石の産出量と貿易

米国地質調査所（USGS）"Iron Ore Statistics and Information" より作成

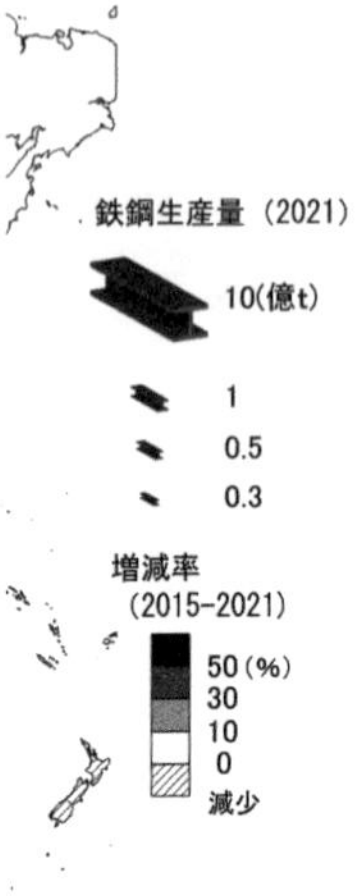


図表6-2は、世界の鉄鋼製品の生産高の比較です。

１９９６年に中国の鉄鋼生産量が日本を抜いて世界一となり、以来連続して1位を維持しています。２０００年に約1億２８５０万トンだった生産高は、２０１０年に約6億２６６5万トン、２０２０年には約10億５０００万トンに増えています。

国別の増減では中国やインド、トルコ、イランなどの新興国での生産量が伸びているのに対し、日本やドイツなど、かつて鉄鋼生産をリードしてきた先進国で生産量が減っています。減少の背景として、鉄鉱石や燃料など原材料費の高騰、公共事業の縮小や景気悪化に伴う国内需要の低迷、中国などの新興国との価格競争による利益の縮小などが挙げられます。現在、日本には14の製鉄所に32の高炉（鉄鉱石の溶解炉）がありますが、このうち11炉が恒久的に生産を中止しています（うち2炉は、製鉄所の閉鎖で廃炉を予定）。

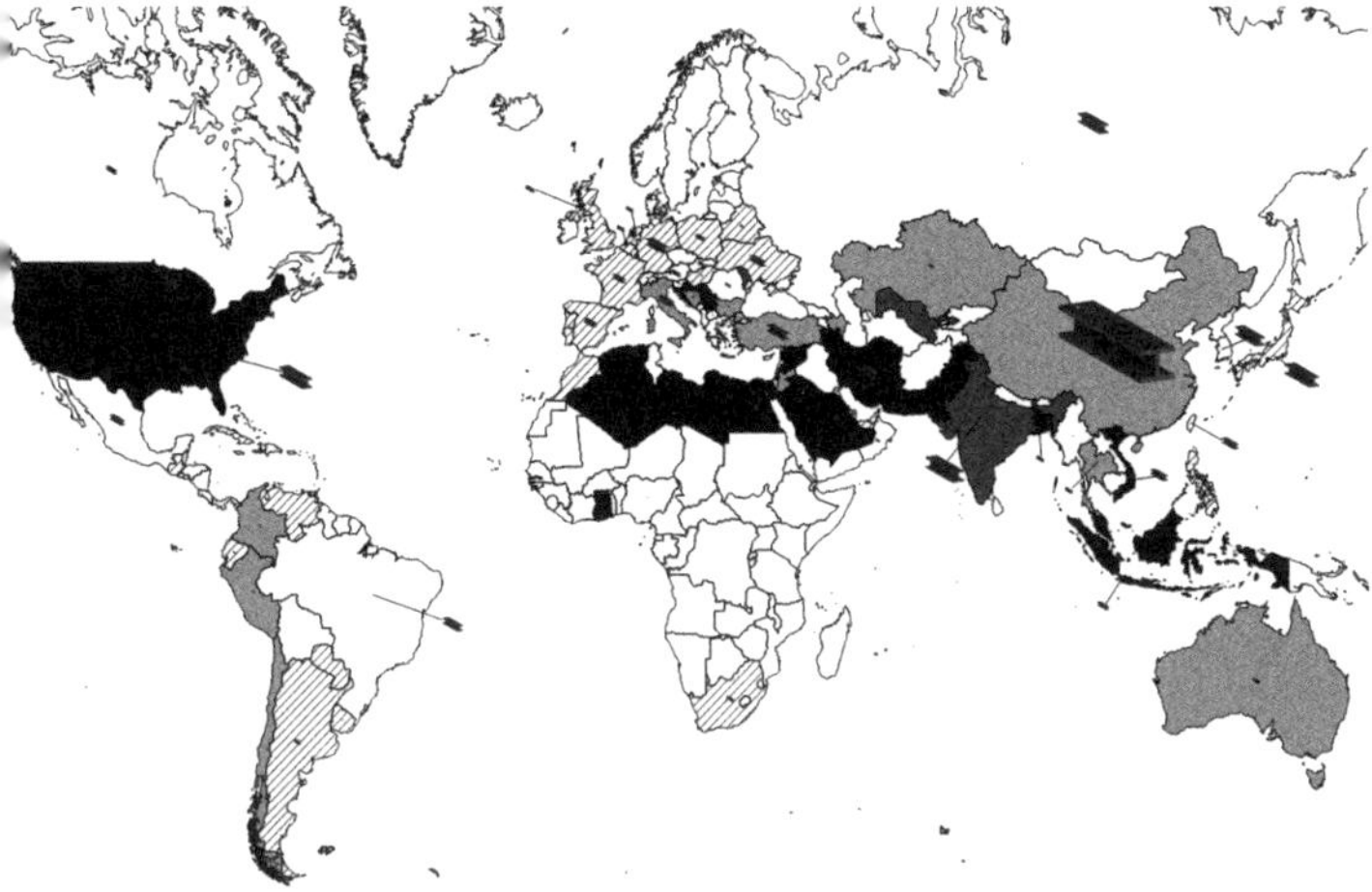

| 順位 | 国名 | 鉄鋼生産量 (2021年) (億t) | 鉄鋼生産量 (2015年) (億t) | 増減率 (2015-21年) (%) |
|---|---|---|---|---|
| 1 | 中国 | 10.33 | 8.04 | 28.5 |
| 2 | インド | 1.18 | 0.89 | 32.7 |
| 3 | 日本 | 0.96 | 1.05 | −8.4 |
| 4 | アメリカ | 0.86 | 0.78 | 9.1 |
| 5 | ロシア | 0.76 | 0.71 | 7.2 |
| 6 | 韓国 | 0.71 | 0.70 | 1.3 |
| 7 | トルコ | 0.40 | 0.32 | 28.1 |
| 8 | ドイツ | 0.40 | 0.43 | −6.1 |
| 9 | ブラジル | 0.36 | 0.33 | 8.3 |
| 10 | イラン | 0.28 | 0.16 | 76.3 |

図表6-2　鉄鋼の生産量と増減
世界鉄鋼協会（World Steel Association）報道発表資料より作成

図表6-3は、世界の主な鉄鋼の貿易を示した資料です。

鉄鋼製品の輸出量は、1位中国（約6201万トン）、2位日本（約3305万トン）、3位韓国（約2973万トン）と、上位3カ国が東アジア勢です。輸出入の流れの地図を見ても、アジアでの取り引きが非常に活発なことがわかります。金額では、1位の中国が約484・3億ドル（1トンあたり約780ドル）、2位の日本が約271・2億ドル（1トンあたり約820ドル）、3位の韓国が約242・2億ドル（1トンあたり約815ドル）です。

鉄鋼製品は様々な用途に使われるため、それぞれの製品に最適化された鋼材が必要になります。日本の鉄鋼製品が近隣の国々に向けて多く輸出されている背景には、大口顧客である自動車や工作機械向けに高品位の製品が卸されているためと思われます。

かつて大量の鉄鉱石をブラジルから輸入していたアメリカは、加工品である鉄鋼の輸入を増やしています。一部は中国にも輸出されています。

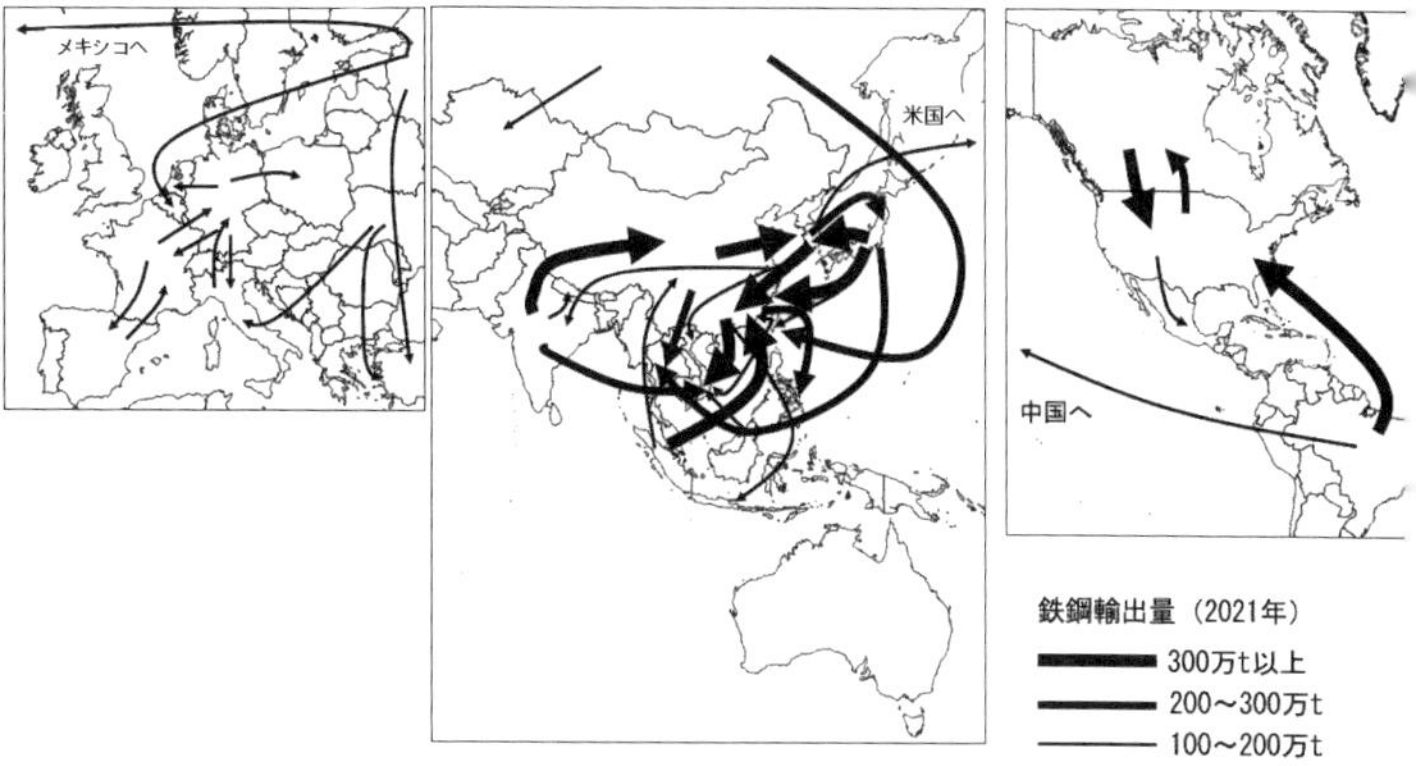


| 順位 | 輸出元 | 輸出先 | 輸出量（万 t） |
|---|---|---|---|
| 1 | 中国 | 韓国 | 429.0 |
| 2 | インド | 中国 | 425.0 |
| 3 | 日本 | 中国 | 408.0 |
| 4 | 韓国 | 中国 | 399.7 |
| 5 | ブラジル | アメリカ | 395.0 |
| 6 | 日本 | 韓国 | 370.4 |
| 7 | カナダ | アメリカ | 360.2 |
| 8 | 中国 | ベトナム | 325.4 |
| 9 | マレーシア | 中国 | 322.4 |
| 10 | 中国 | タイ | 295.1 |

図表 6-3　主な鉄鋼の貿易（2021 年）
アメリカ商務省国際貿易局より作成

## 7　アルミの街はどこにある――ボーキサイトの産出とアルミニウムの生産

一円玉やアルミホイルなど、生活の身近なところで目にする機会が多いアルミニウム。埋蔵量は鉄の約2倍で、酸素やケイ素（シリコンの原料）に次いで3番目に多い物質です。現在の電気精錬法が確立した20世紀初頭までは、金や銀よりも希少価値が高い金属でした。19世紀半ばに活躍したフランス皇帝「ナポレオン3世」は、自らの権威の象徴として上着のボタンをアルミニウムで作らせ、特別な賓客のみにアルミニウムの食器を用い、他の客には金の食器を用いたと言います。

図表7-1は、ボーキサイトの産出量を表した資料です。ボーキサイトは、二酸化ケイ素に酸化鉄と酸化アルミニウム（アルミナ）が多く混じった岩石で、安定陸塊の母岩が風化してできる「ラテライト」と呼ばれる赤土を精製して作られます。高温で風化が進みやすく、雨で水に溶けたアルミナが溜《た》まりやすい熱帯での産出が圧倒的に多いですが、南ヨーロッパや中国内陸部など、熱帯以外の地域でも採掘されています。

採掘されたボーキサイトからアルミナを分離し、電気分解を経てアルミニウムが取り出されます。その際に、大量の電力を消費するため、アルミニウムの精錬工場は、安い電力を安

| 順位 | 国名 | 産出量（億 t） | 世界シェア（%） |
|---|---|---|---|
| 1 | オーストラリア | 10.43 | 26.6 |
| 2 | 中国 | 9.27 | 23.6 |
| 3 | ギニア | 8.60 | 21.9 |
| 4 | ブラジル | 3.10 | 7.9 |
| 5 | インドネシア | 2.08 | 5.3 |
| 6 | インド | 2.02 | 5.1 |
| 7 | ジャマイカ | 0.75 | 1.9 |
| 8 | ロシア | 0.56 | 1.4 |
| 9 | カザフスタン | 0.50 | 1.3 |
| 10 | サウジアラビア | 0.43 | 1.1 |

図表 7-1　ボーキサイトの産出量と世界シェア（2020 年）
米国地質調査所（USGS）"Aluminum Statistics and Information" より作成

定的に得られる場所に立地しています。

図表7-2は、2000年の世界のアルミニウム生産国を示しています。上位のアメリカ、カナダ、ロシアに共通するのは、精錬のための電力として水力発電が活用できることです。ボーキサイトの産地であるブラジル、雪融け水の利用ができるノルウェーも、水力発電による安い電力が利用できます。オーストラリアは、石炭で火力発電を行うことで安い電力を得ることができます。

アルミニウムに別の金属を混ぜて合金にすることで強度が増し、製品を作ることでより付加価値が高まります。マグネシウムやマンガンを混ぜた「ジュラルミン」は航空機の主要な部材です。第二次世界大戦前後に行われたコロンビア川の開発で「アルミの街」となったシアトルに拠点を持つボーイング社(アメリカ)、小型ジェット機の製造に特化して成功したボンバルディア社(カナダ)、エンブラエル社(ブラジル)は、アルミニウム産業と密接に関係しています。

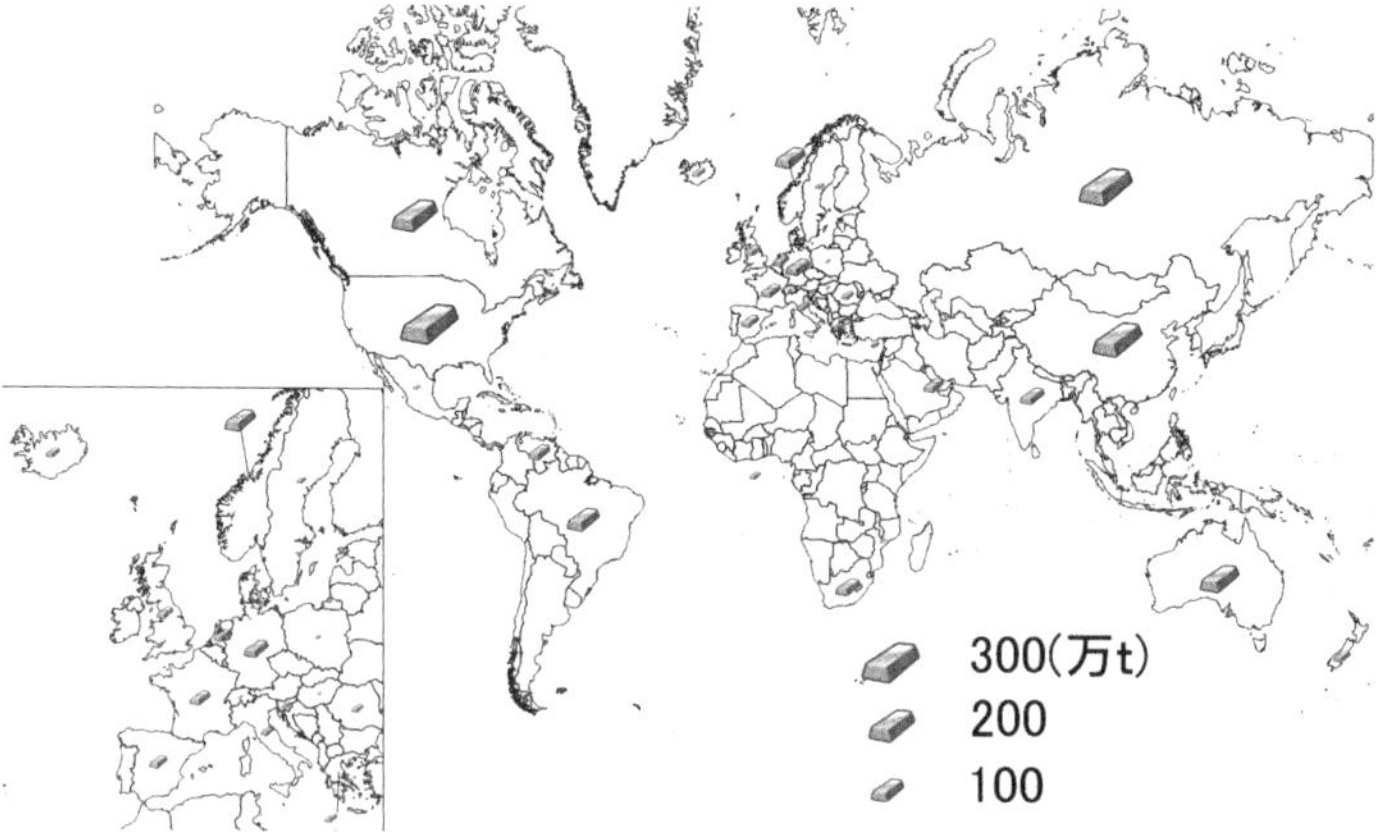


| 順位 | 国名 | 生産量（万 t） | 世界シェア（%） |
|---|---|---|---|
| 1 | アメリカ | 366.8 | 17.7 |
| 2 | ロシア | 324.5 | 15.6 |
| 3 | 中国 | 280.0 | 13.4 |
| 4 | カナダ | 237.3 | 11.4 |
| 5 | オーストラリア | 176.9 | 8.5 |
| 6 | ブラジル | 127.1 | 6.1 |
| 7 | ノルウェー | 102.6 | 4.9 |
| 8 | 南アフリカ | 67.3 | 3.2 |
| 9 | ドイツ | 64.4 | 3.1 |
| 10 | インド | 64.4 | 3.1 |

図表 7-2　アルミニウムの生産量（2000 年）

出典：図表 7-1 に同じ

図表7-3は、2020年の世界の国別アルミニウム生産を示した資料です。

現在、世界のアルミニウム生産の約6割を中国が占めています。2020年の生産量は約3700万トンで、2000年の世界の総生産量（約2077万トン）を上回ります。ちなみに2020年の世界生産量は6517万トンと約3倍になっています。

アルミニウムの生産が急増した背景には、用途の多様化と、それに伴う需要の急増があります。例えば、大口の需要先である自動車産業では、自動車の燃費の向上や電気自動車へのシフトが進む中で、車体やエンジン部品の軽量化が期待できるアルミニウム合金の需要が高まっています。また、電子部品の一つであるコンデンサの電膜や、住宅やビルの窓枠などの建材なども途上国で需要が伸びています。中国はこれらの製品の一大供給国であると同時に大消費国でもあり、世界のアルミ製品の価格をリードする立場にあります。安価で大量に供給される中国製のアルミニウムに対抗できない国は、生産規模を縮小しているようです。1970年代まで世界一の生産量を誇っていた日本は、2014年に地金《じがね》精錬から完全に撤退しました。一方、再生可能エネルギーの有効利用としてアルミ精錬を行う国も台頭してきています。砂漠での太陽光発電に力を入れている中東諸国では、自動車メーカーなどから投資が集まり、水力発電と地熱発電が盛んなアイスランドでも増産が続いています。

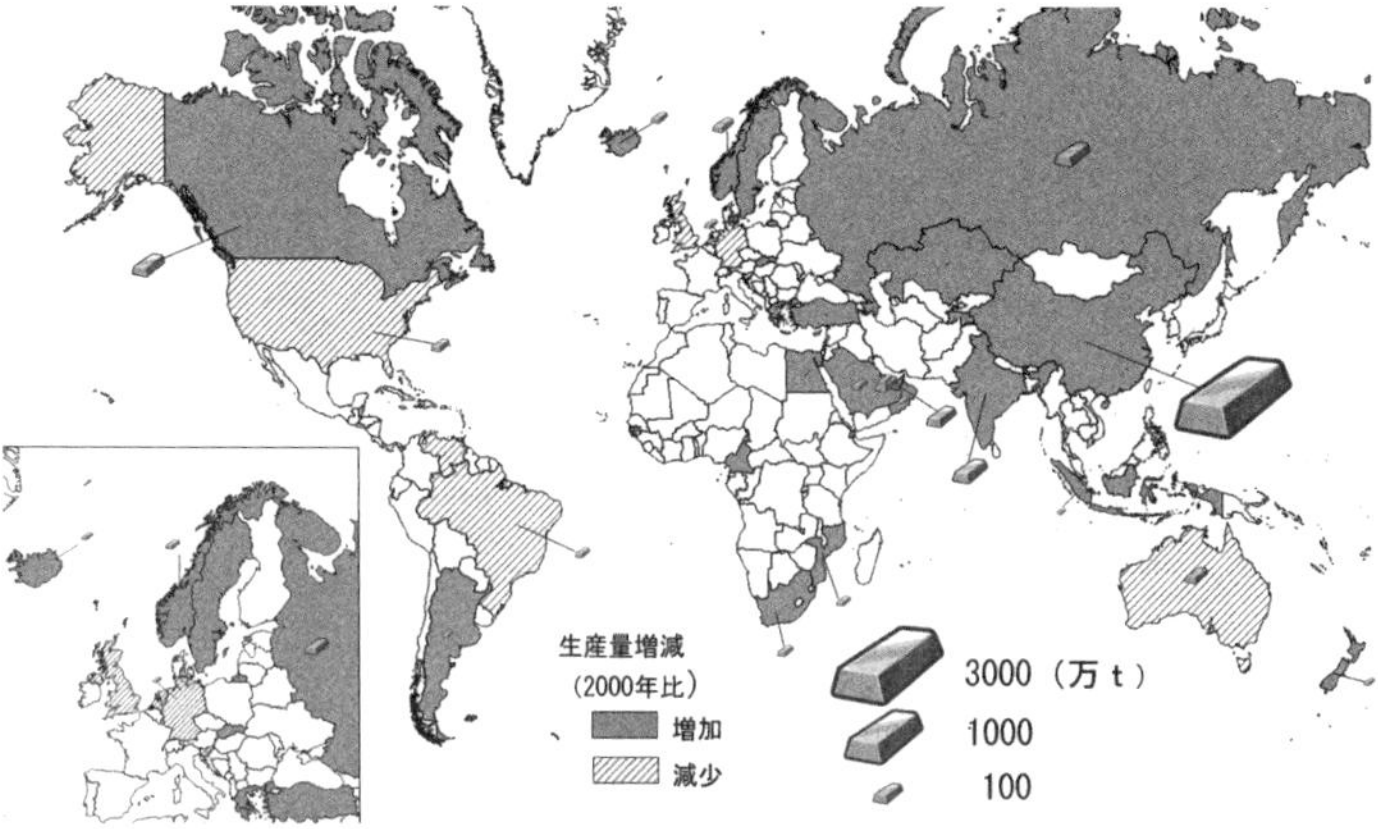


| 順位 | 国名 | 生産量（万 t） | 世界シェア（%） | 増減率（%）（2000 年比） |
|---|---|---|---|---|
| 1 | 中国 | 3708.0 | 56.9 | 1244.2 |
| 2 | ロシア | 363.9 | 5.6 | 12.1 |
| 3 | インド | 355.8 | 5.6 | 452.5 |
| 4 | カナダ | 311.9 | 4.8 | 31.4 |
| 5 | アラブ首長国 | 252.0 | 3.7 | 252.0 |
| 6 | オーストラリア | 158.2 | 2.4 | −10.6 |
| 7 | バーレーン | 154.9 | 2.4 | 204.3 |
| 8 | ノルウェー | 133.0 | 2.0 | 29.6 |
| 9 | アメリカ | 101.0 | 1.5 | −72.5 |
| 10 | アイスランド | 86.0 | 1.3 | 283.9 |

図表 7-3　アルミニウムの生産量（2020 年）
出典：図表 7-1 に同じ

## 8　意外な産出1位の国は?——銅鉱石の産出と銅地金の生産

鉄よりも融点が低く、様々な合金として使える銅は、古くから道具や貨幣に使われてきました。また、導電性がよいため、電線やエレクトロニクス製品には欠かせない金属です。世界の銅の生産について見てみましょう。

図表8-1は、世界の銅鉱石の採掘量を表しています。銅鉱石の産出の1位はチリで、世界の約3割を占めます。主な鉱山は同国北部の標高3000mの高地に露天掘りの鉱山が点在します。長らくアメリカやヨーロッパの企業が管理してきましたが、1971年以来、鉱山はすべて国有化されています。

2位のペルーは、チリ同様に国内の鉱山は長らく国が管理していましたが、1991年に完全民営化され、外資の導入を進めることで採掘量を急速に伸ばしました。近年は、ヨーロッパに代わって中国企業による大型投資が目立ちますが、急激な開発や環境汚染に対して地元の先住民の反発が激化しています。

かつてチリに次いで世界2位の産出量を誇ったアメリカは、銅価格の低迷と環境対策費用の高まりから採算が合わないため、閉山や規模縮小が相次いでいます。

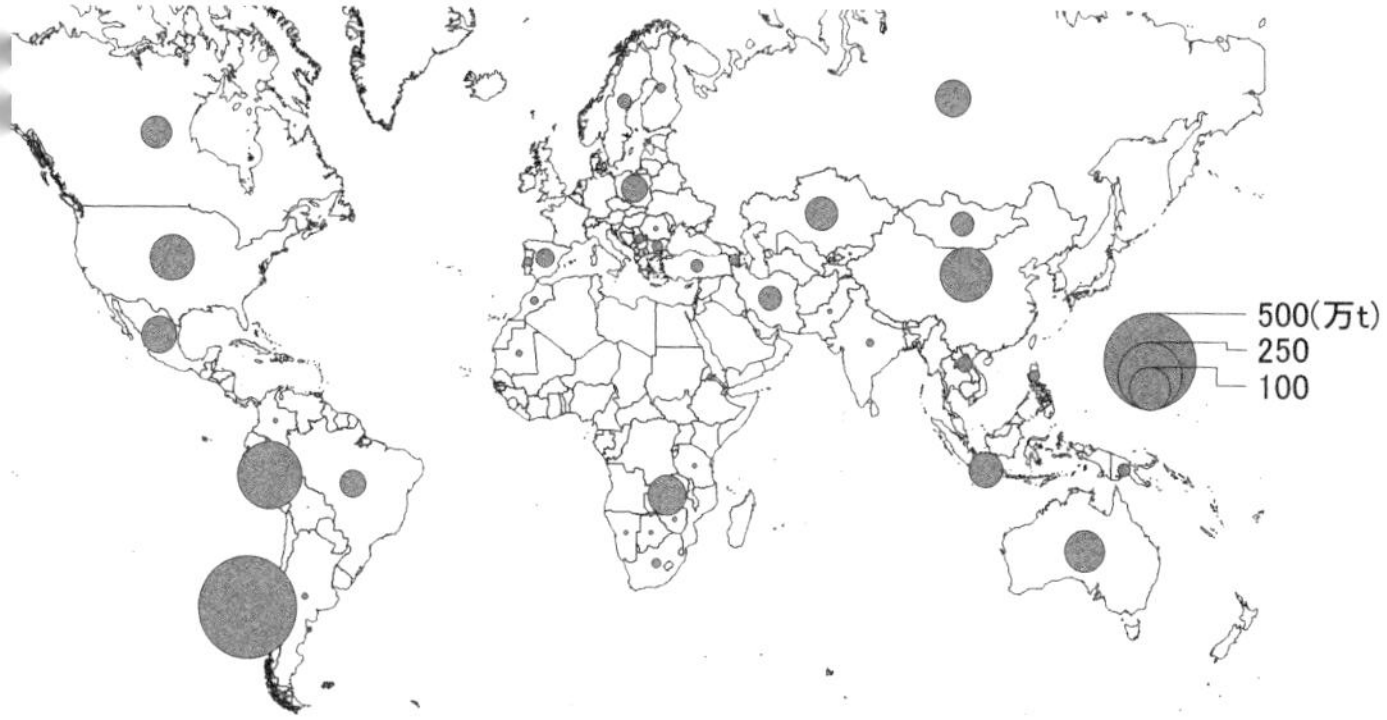


| 順位 | 国名 | 産出量（万 t） | 世界シェア(%) |
|---|---|---|---|
| 1 | チリ | 583.2 | 31.0 |
| 2 | ペルー | 243.7 | 12.9 |
| 3 | 中国 | 159.1 | 8.4 |
| 4 | アメリカ | 122.0 | 6.5 |
| 5 | オーストラリア | 92.0 | 4.9 |
| 6 | ザンビア | 85.4 | 4.5 |
| 7 | ロシア | 75.1 | 4.0 |
| 8 | メキシコ | 75.1 | 4.0 |
| 9 | インドネシア | 65.1 | 3.5 |
| 10 | カザフスタン | 60.3 | 3.2 |

図表 8-1　銅鉱石の採掘量（2018 年）
米国地質調査所（USGS）“Copper Statistics and Information” より作成

次に、銅の地金の生産量の変化を見ます（図表8-2）。銅地金は、銅鉱石を溶解炉で約1300℃に加熱して酸化銅（粗銅）を取り出した後、電気分解処理をされて純度99・99％にまで高められた純銅の塊です。

2011年における世界の銅地金生産高を見ると、中国が世界の約3割を生産しています。中国で銅の生産が盛んになったのは、1980年代半ばからで、背景には経済成長に伴う銅の需要の急拡大があります。特に、工場の電力需要の急増を受けて、送電線用の銅の需要が急速に伸びました。銅線は、送電線以外にも自動車の電装、電気製品の回路にも多用され、これらの製品の生産量が増える中で銅の消費量も急拡大していきました。

2位のチリでは、輸出される銅の付加価値を高めるために、1970年代から鉱山に精錬所を併設して地金の生産を行ってきましたが、銅の国際価格の低迷で採算が取れず、鉱石をそのまま輸出する方が圧倒的に多い状態が長らく続きました。1995年頃、中国の需要拡大に伴って銅価格が上昇を始め、2011年にピークを迎えると、チリの銅地金の生産量も急増しました。

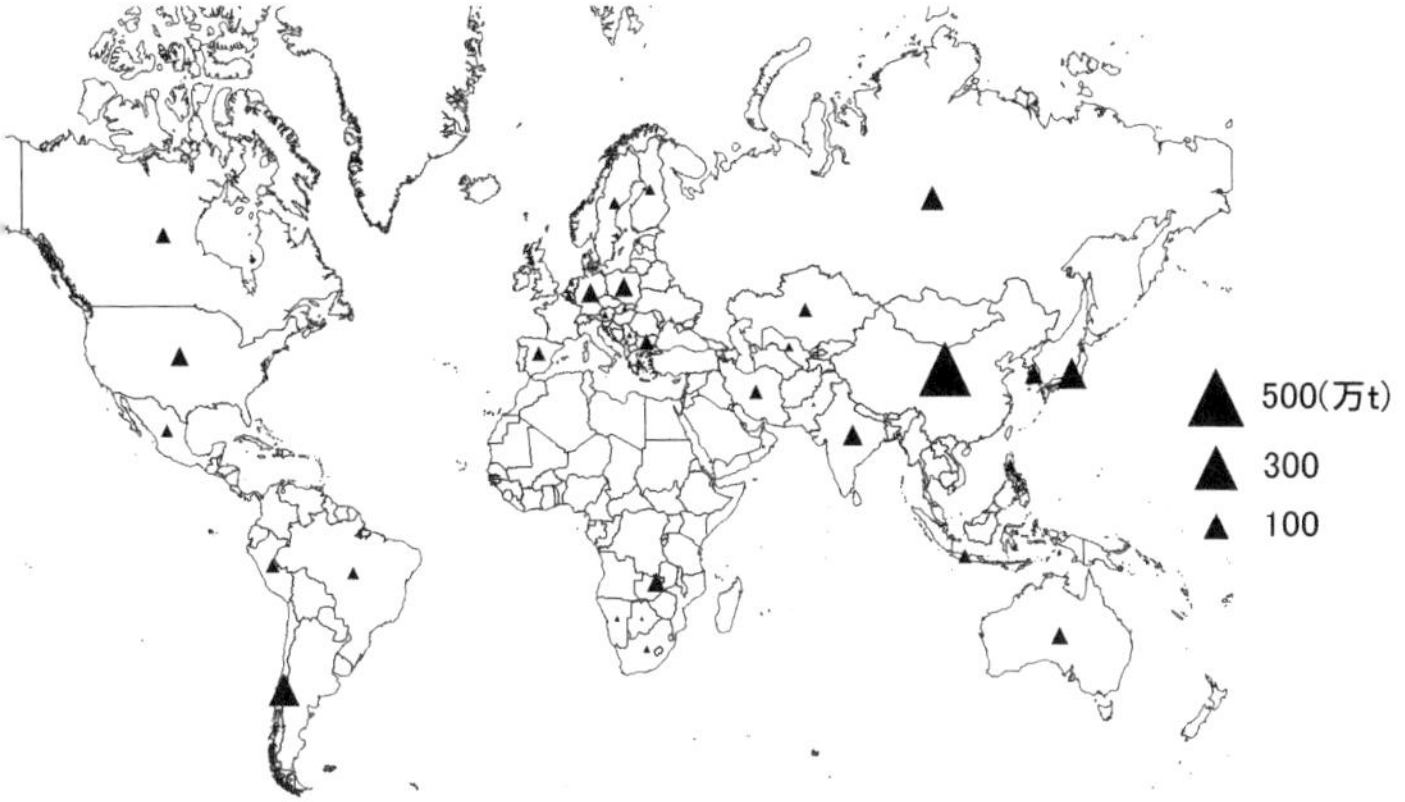


| 順位 | 国名 | 生産量（万 t） | 世界シェア（%） |
|---|---|---|---|
| 1 | 中国 | 463.0 | 29.1 |
| 2 | チリ | 152.2 | 9.6 |
| 3 | 日本 | 143.8 | 9.0 |
| 4 | ロシア | 83.9 | 5.3 |
| 5 | インド | 67.0 | 4.2 |
| 6 | ポーランド | 55.0 | 3.5 |
| 7 | ドイツ | 54.7 | 3.4 |
| 8 | 韓国 | 53.9 | 3.4 |
| 9 | アメリカ | 53.8 | 3.4 |
| 10 | ザンビア | 52.0 | 3.3 |

図表 8-2　銅地金の生産量（2011 年）

出典：図表 8-1 に同じ

図表8‐3は、近年（2018年）における世界の銅地金生産量です。1位の中国は、さらに生産量を伸ばし、世界シェアの41％を占めるまでになりました。電線や電子基板向けの純銅製品の生産が多かった中国では、電子部品の小型化、高性能化に対応して、高規格品や他の金属と化合させた新素材の開発が進みました。また、国内需要への対応が中心だった各工場も、東南アジアやインドに輸出するようになっています。2011年に銅価格の急落を受けて地方農村部を含めて中小規模の工場が多かった精錬企業の統合が進んだ結果、沿岸部に拠点を置く5大メーカーに集約されました。

2011年に世界3位だった日本の銅地金生産は、その後生産量を伸ばして156・5万トンまで伸びています。チリなどの鉱山に直接投資して鉱石を安く輸入し、銅製品のリサイクルを積極的に進めることで価格競争力をつけて、需要の高い中国などに銅地金を積極的に輸出しています。

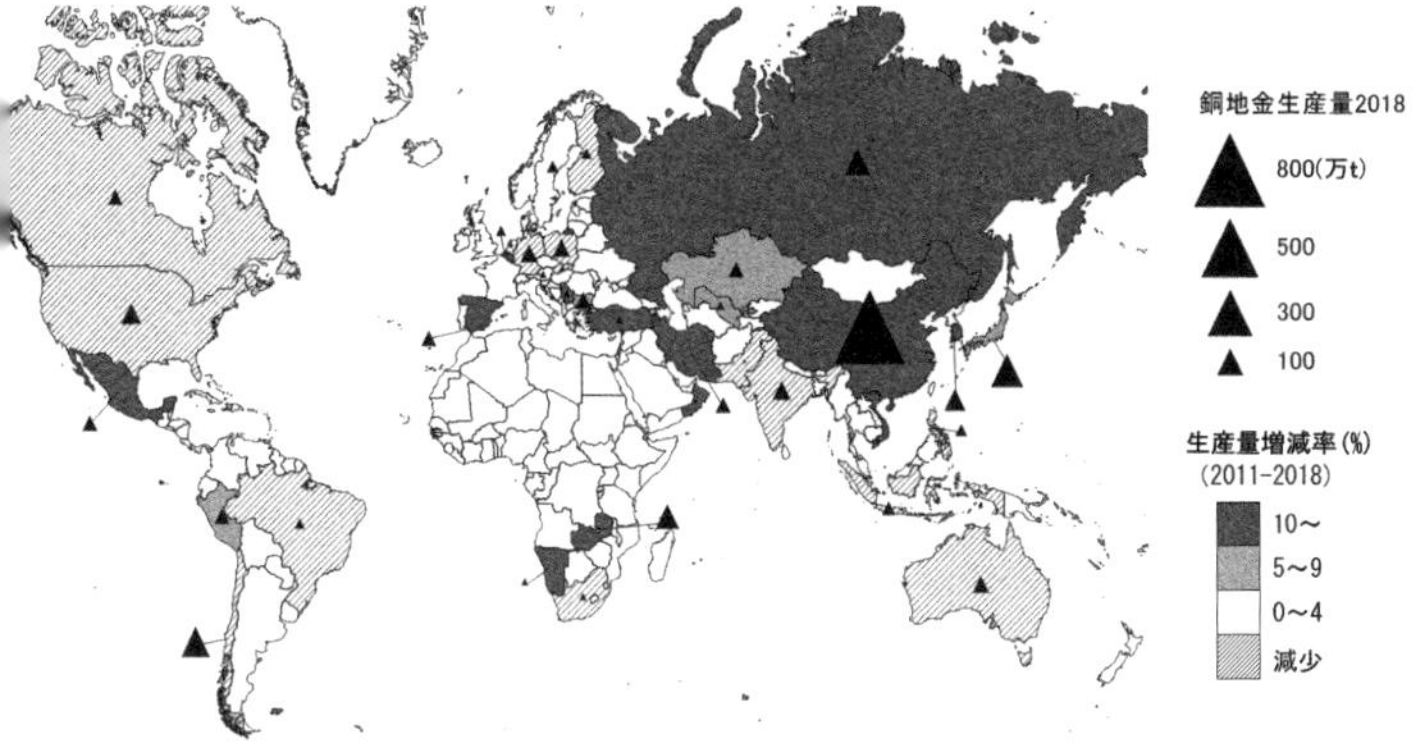


| 順位 | 国名 | 生産量（万 t） | 世界シェア（%） | 増減率（%）（2011 年比） |
|---|---|---|---|---|
| 1 | 中国 | 800.0 | 41.0 | 72.8 |
| 2 | 日本 | 156.5 | 8.0 | 8.8 |
| 3 | チリ | 124.6 | 6.4 | −18.1 |
| 4 | ロシア | 96.4 | 4.9 | 14.9 |
| 5 | ザンビア | 82.9 | 4.2 | 59.4 |
| 6 | 韓国 | 67.0 | 3.4 | 24.3 |
| 7 | アメリカ | 53.6 | 2.8 | −0.4 |
| 8 | ポーランド | 51.2 | 2.6 | −7.0 |
| 9 | インド | 49.2 | 2.5 | −26.6 |
| 10 | ドイツ | 46.9 | 2.4 | −14.3 |

図表 8-3　銅地金の生産量（2018 年）

出典：図表 8-1 に同じ

# 第5章　サービス産業と交通インフラ

## 1　20年で輸出額が一番増えた国は――世界の貿易と輸出入の伸び

世界の貿易総額（輸出・輸入の合計）は、22・4兆ドル（2021年）で、前の年よりも26%増加しました。

図表1-1は、貿易額が大きい国を示した資料です。国際連合の統計で貿易額を把握できる国は114カ国・地域で（2020年）、うち8カ国・地域が貿易総額が1兆ドルを超えました。最も輸出額が多いのは中国で、うち17・5%にあたる4520億ドルをアメリカへの輸出が占めています。

114カ国のうち、貿易黒字（輸出額が輸入額を上回る）の国が43カ国で、最も黒字額が大きいのが中国（5195億ドル）、2位ドイツ（2126億ドル）、3位ロシア（1054億ドル）でした。貿易赤字国は71カ国で、赤字額が最も大きいのがアメリカ（9751億ドル）で、次いでイギリス（2384億ドル）、フランス（942億ドル）でした。日本は58・8億ドルの黒字でした。

| 順位 | 国・地域名 | 貿易総額（億ドル） | 輸出額（億ドル） | 輸入額（億ドル） |
|---|---|---|---|---|
| 1 | 中国 | 4兆6586 | 2兆5890 | 2兆0696 |
| 2 | アメリカ | 3兆8356 | 1兆4302 | 2兆4054 |
| 3 | ドイツ | 2兆5590 | 1兆3858 | 1兆1731 |
| 4 | 日本 | 1兆2766 | 6412 | 6354 |
| 5 | 香港 | 1兆1245 | 5515 | 5730 |
| 6 | フランス | 1兆0713 | 4885 | 5828 |
| 7 | オランダ | 1兆0354 | 5514 | 4840 |
| 8 | イギリス | 1兆0298 | 3957 | 6341 |
| 9 | 韓国 | 9802 | 5127 | 4675 |
| 10 | イタリア | 9252 | 4988 | 4264 |

図表 1-1　各国の貿易額（2020 年）
国際連合統計局 “United Nations Commodity Trade Statistics Database” より作成

次に、輸出入額の伸びが著しい国を比較します。同じ国連の統計から、2001年と2020年の貿易額の伸びを図表に表してみました。図表1-2は、2001年と2020年の輸出額の伸びを比較した資料です。

1位のブルキナファソは、西アフリカにある旧フランス植民地の国です。主な輸出品は綿花と金です。2001年当時、綿花が輸出額に占める割合は59・3%でしたが、2020年には3・2%にまで下がりました。一方で金は2001年当時は1%以下だったものが、2020年には31・5億ドルと輸出額の72%に達しています（世界銀行集計）。貿易収支も黒字を達成していますが、貧富の差は激しく、鉱山での児童労働やイスラム過激派によるテロ、国軍によるクーデター（2022年1月）など、不安定な状況が続いています。

2位のベトナムでは、2001年の主要な輸出品は靴製品（10・8%）、電気製品（4・0%）など、軽工業品が中心でしたが、2020年は1位コンピューター・電子部品（20%）、2位機械類（15%）とより付加価値の高い工業製品が上位にきています。国内に20カ所ある経済特区・ハイテク特区に日本やASEAN諸国の工場を誘致して成長を続けています。

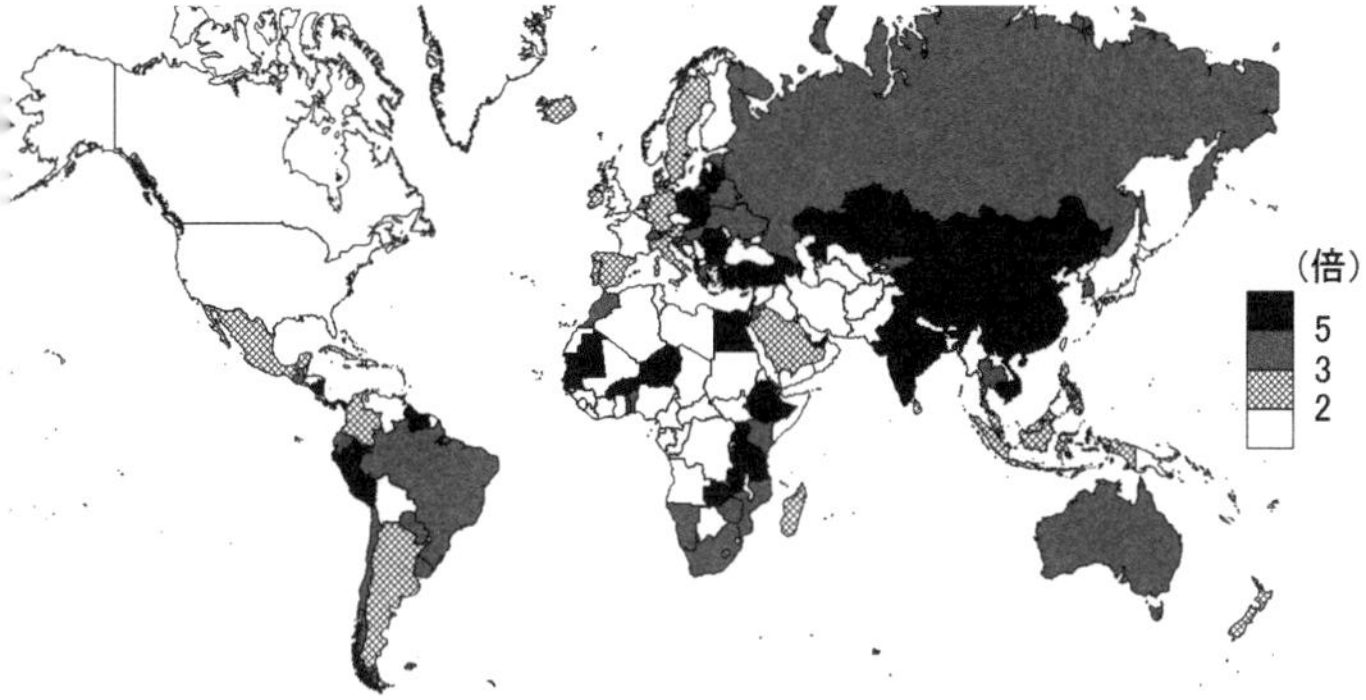


| 順位 | 国名 | 輸出額 2001年 (億ドル) | 輸出額 2020年 (億ドル) | 輸出額伸び高 (倍) |
|---|---|---|---|---|
| 1 | ブルキナファソ | 1.9 | 43.7 | 23.2 |
| 2 | ベトナム | 150.3 | 2814.4 | 18.7 |
| 3 | モンゴル | 5.2 | 75.8 | 14.5 |
| 4 | ドミニカ共和国 | 8.1 | 98.4 | 12.1 |
| 5 | カンボジア | 15.0 | 177.2 | 11.8 |
| 6 | パナマ | 8.1 | 86.6 | 10.7 |
| 7 | ジョージア | 3.2 | 33.4 | 10.5 |
| 8 | アラブ首長国 | 326.7 | 3353.0 | 10.3 |
| 9 | 中国 | 2661.0 | 25891.0 | 9.7 |
| 10 | ニカラグア | 5.3 | 50.9 | 9.6 |

図表 1-2 輸出高の伸びが著しい国（2001〜20 年）
出典：図表 1-1 に同じ

図表1-3は、2001年から2020年にかけて輸入額が大きく伸びた国を表しています。工業化が進み、所得が伸びているアジアや、資源輸出の利益を得ているロシアや中東諸国、食糧の輸入が増えているアフリカ諸国で5倍以上の濃い色になっています。伸びが大きい国の上位10カ国を見ると、アジアの国々の多くが貿易黒字になっているのに対し、アフリカ諸国は貿易赤字になっている国が多いようです。

エチオピアの輸入総額は、2001年に18・1億ドルだったのが、2021年には140・9億になりました。一方で、2001年に14・2億ドルだの赤字だった貿易収支は2021年には115・6億ドルの赤字になっています。エチオピアの主要な輸出品はコーヒー豆で、ゴマ、噛みタバコなどの農産品が多くを占めます。輸入品は石油製品、肥料、機械類などが多くを占めます。エチオピア政府は、発電所の建設など公共投資を進め、建設機械などの購入を積極的に行っていますが、工業化が進まず、累積債務がかさんでいます。

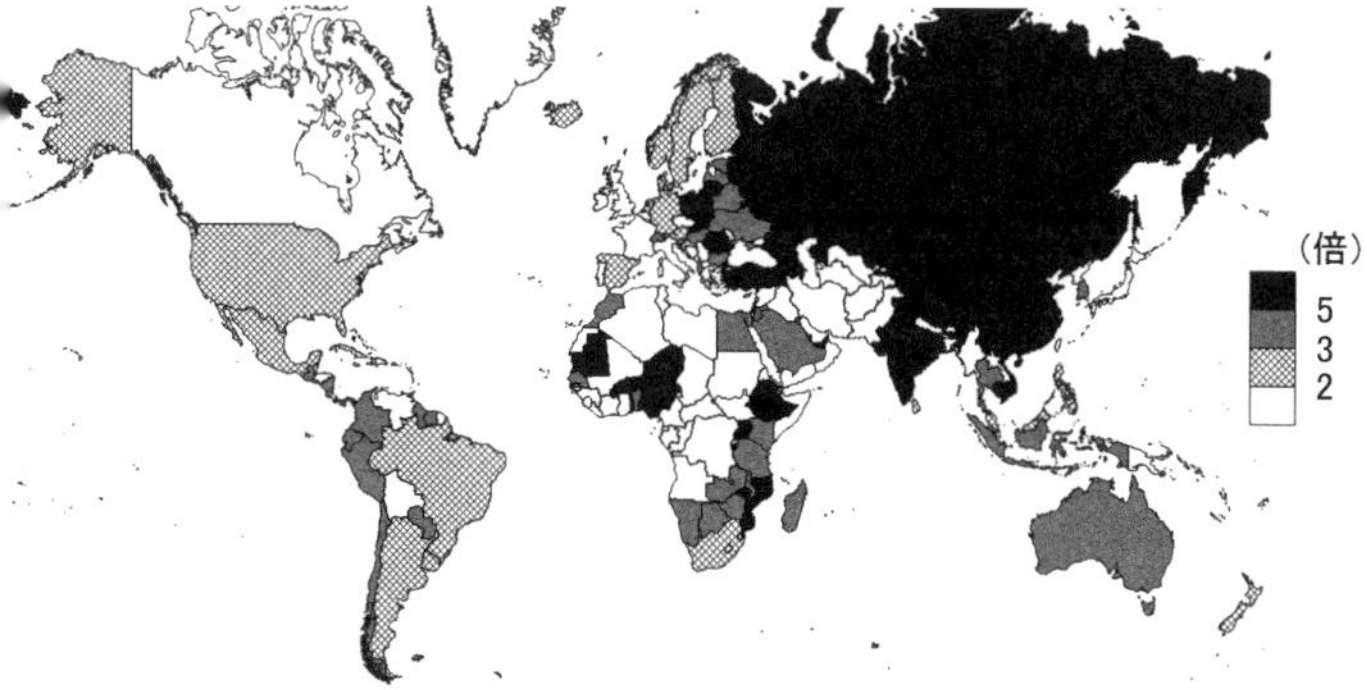


| 順位 | 国名 | 輸入額 2001 年（億ドル） | 輸入額 2020 年（億ドル） | 輸入額伸び（倍） | 貿易収支 2020 年（億ドル） |
| --- | --- | --- | --- | --- | --- |
| 1 | ベトナム | 162.2 | 2613.1 | 16.1 | 201.3 |
| 2 | カンボジア | 15.1 | 191.1 | 12.7 | −14 |
| 3 | ジョージア | 7.5 | 80.5 | 10.7 | −47.1 |
| 4 | 中国 | 2435.5 | 20695.7 | 8.5 | 5195.3 |
| 5 | モンゴル | 6.3 | 53 | 8.4 | 22.8 |
| 6 | ウガンダ | 10.1 | 82.5 | 8.2 | −41 |
| 7 | アラブ首長国 | 305.4 | 2469.6 | 8.1 | 883.4 |
| 8 | ニジェール | 3.8 | 30.3 | 7.9 | −17.8 |
| 9 | エチオピア | 18.1 | 140.9 | 7.8 | −115.6 |
| 10 | コモロ | 0.4 | 2.7 | 7.6 | −2.5 |
| 11 | アゼルバイジャン | 14.3 | 107.3 | 7.5 | 30 |

図表 1-3　輸入高の伸びが著しい国（2001〜20 年）
出典：図表 1-1 に同じ

## 2　海外旅行、コロナの影響は――旅行客の移動と観光収入の変化

国際連合世界観光機関（UNWTO／本部マドリード）は、世界各国の旅行客の動向や市場の動向を分析する国際機関です。国外からの旅行客の受け入れ数や、旅行者一人あたりの支出を比較して、地域による違いや背景を考えてみます。

図表2-1は、2015年における各国の入国者数と旅行収入に関する資料です。外国からの旅行者受け入れ数が最も多かったのはフランスで、2位のアメリカを3000万人近く引き離しています。首都パリをはじめ、国際的な観光地やリゾート地を抱え、ヨーロッパの周辺国と鉄道や高速道路網でつながっているため、国内旅行感覚で外国客が来訪しているものと考えられます。

そのため、旅行者一人当たりの支出額はアメリカや中国よりも低くなっているのが特徴です。移動にかかる交通費や宿泊費が安くついていると思われます。

アメリカは、旅行客数では2位ですが、旅行収入総額と旅行者一人当たりの支出額では世界一です。ハワイやフロリダなどのリゾート地への滞在客や、ニューヨークやロスアンゼルスなどの大都市でのビジネス客など世界各地から宿泊施設に滞在する旅行者が多いため、収

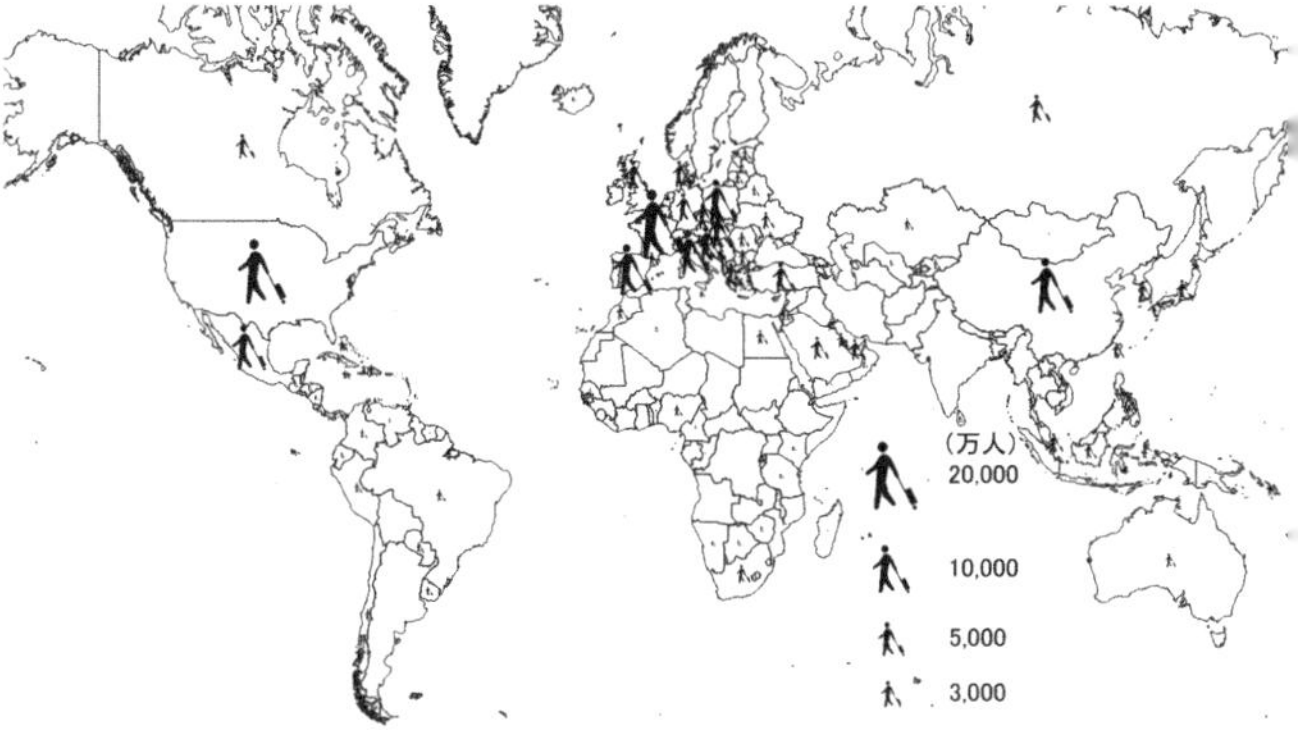

| 順位 | 国名 | 入国者数（万人） | 旅行収入（億ドル） | 一人当たり支出（ドル） |
|---|---|---|---|---|
| 1 | フランス | 2億0330.2 | 664.4 | 326.8 |
| 2 | アメリカ | 1億7686.5 | 2305.7 | 1303.6 |
| 3 | 中国 | 1億3382.0 | 450.0 | 336.3 |
| 4 | スペイン | 1億0983.4 | 624.4 | 568.5 |
| 5 | メキシコ | 8712.9 | 187.3 | 215.0 |
| 6 | イタリア | 8106.8 | 414.2 | 510.9 |
| 7 | ポーランド | 7774.3 | 111.6 | 143.5 |
| 8 | クロアチア | 5585.8 | 82.0 | 146.8 |
| 9 | ハンガリー | 4834.5 | 69.3 | 143.3 |
| 10 | トルコ | 4111.4 | 356.5 | 867.1 |

図表2-1　国外からの旅行客数と旅行収入（2015年）
国連世界観光機関（UNWTO）"TOURISM STATISTICS DATABASE" より作成

入はフランスよりも高くなっています。3位の中国は、入国者数はフランスの半分程度ですが、旅行客一人当たりの支出はフランスよりも若干上回っています。観光客だけでなく、ビジネス目的の旅行者が移動や宿泊に一定の額を支出していると考えられます。

図表2-2は、2020年の各国の入国者数を前年と比較した資料です。中国で新型コロナウイルス（COVID19）の最初の感染者が報告されたのが2019年の12月で、感染拡大に合わせて各国が入国制限を始めたのが2020年の前半ですので、2019年の統計は新型コロナウイルスの影響を受ける前の旅行客数をうかがうことができる最後の年のデータといえます。

2020年の入国者数1位フランスですが、前年に比べて1億人以上入国者が減っています。2019年に世界2位だったアメリカは、7割以上減らして4位になりました。3位だった中国は、最も大きな下げ幅となる1億3200万人減りました。日本は、2019年に3188万人あった入国者数が2020年には411万人（87・0％減）に減りました。

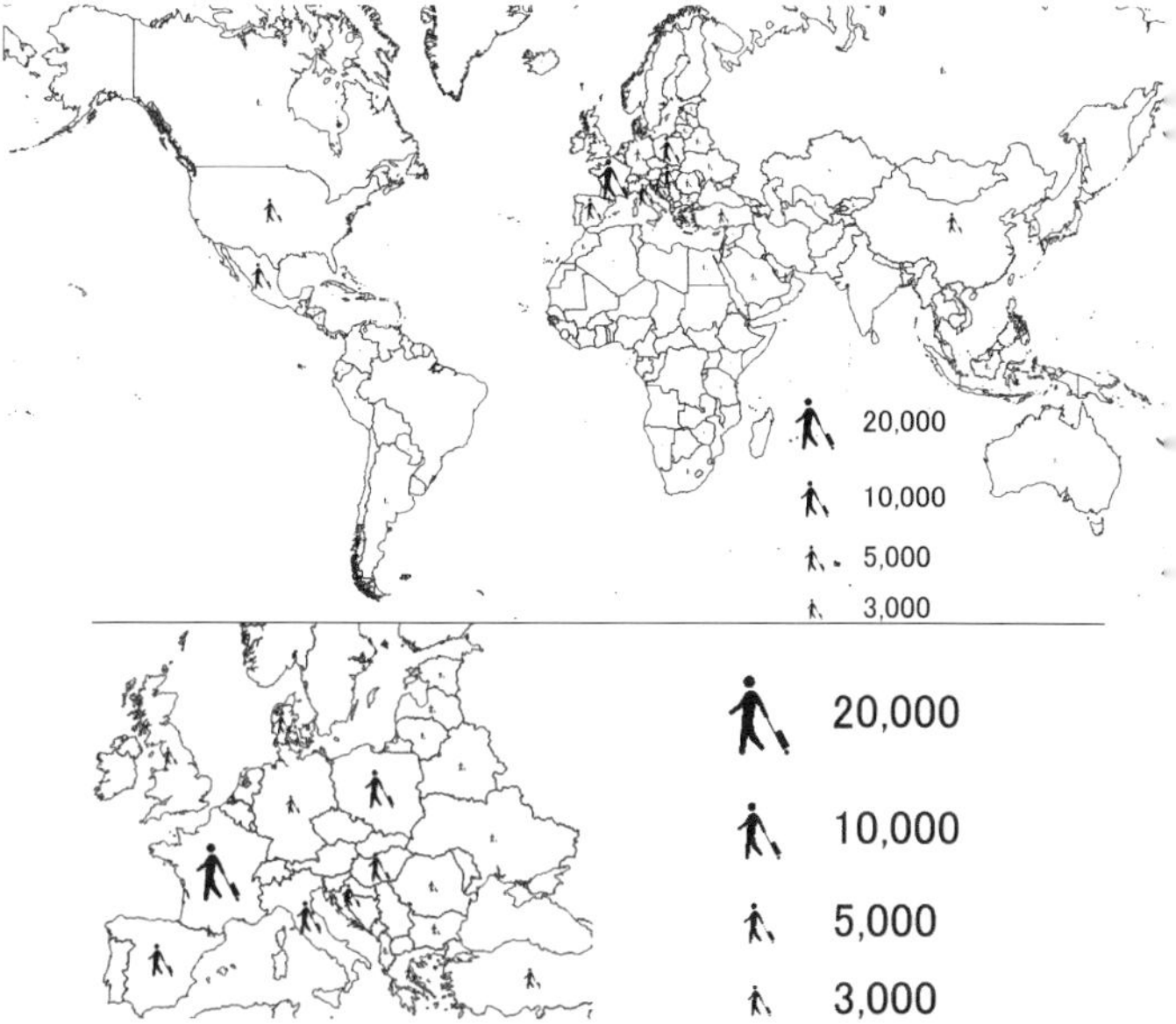


| 順位 | 国名 | 入国者数（2020年）（万人） | 入国者数（2019年）（万人） | 増減率（%）（2019〜20年） |
|---|---|---|---|---|
| 1 | フランス | 1億1710.9 | 2億1787.7 | −46.2 |
| 2 | メキシコ | 5112.8 | 9740.6 | −47.5 |
| 3 | ポーランド | 5107.6 | 8851.5 | −42.2 |
| 4 | アメリカ | 4503.7 | 1億6547.8 | −72.8 |
| 5 | イタリア | 3841.9 | 9539.9 | −59.7 |
| 6 | スペイン | 3641.0 | 1億2617.0 | −71.1 |
| 7 | ハンガリー | 3164.1 | 6139.7 | −48.5 |
| 8 | 中国 | 3040.2 | 1億6253.8 | −81.3 |
| 9 | クロアチア | 2160.8 | 6002.1 | −64.0 |
| 10 | トルコ | 1597.1 | 5174.7 | −69.1 |

図表2-2　国外からの入国者数と増減率（2019〜20年）
出典：図表2-1に同じ

同じ年の旅行収入の変化を比較してみましょう（図表2-3）。

2019年の旅行収入が1位だったアメリカは、2020年も1位ですが、前年の35％しか収入がありません。一方で2位のフランスは、前年比50・8％と、収入の減少幅は他の国に比べると少なくなっています。アメリカよりも収入の下げ幅が大きい国を見ると、タイ、日本、トルコなどアジアの国々が多くなっています。厳しい移動制限がかけられた中国からの旅行客が多かった地域では、買い物や宿泊費の収入が大きく減ったのではないかと考えられます。

逆に収入の減少が少なかった国を見てみると、カタール（91・5％）、アフガニスタン（88・2％）、ベニン（83・7％）、トンガ（83・5％）、ルクセンブルク（78・9％）といった国々が挙がります。小国で観光収入自体がもともと多くない国が挙がっているとみることもできますが、カタールやアラブ首長国連邦のように、高級リゾートを抱える国では、密を避けた状態で滞在したい富裕層の需要に応えていると考えることもできます。

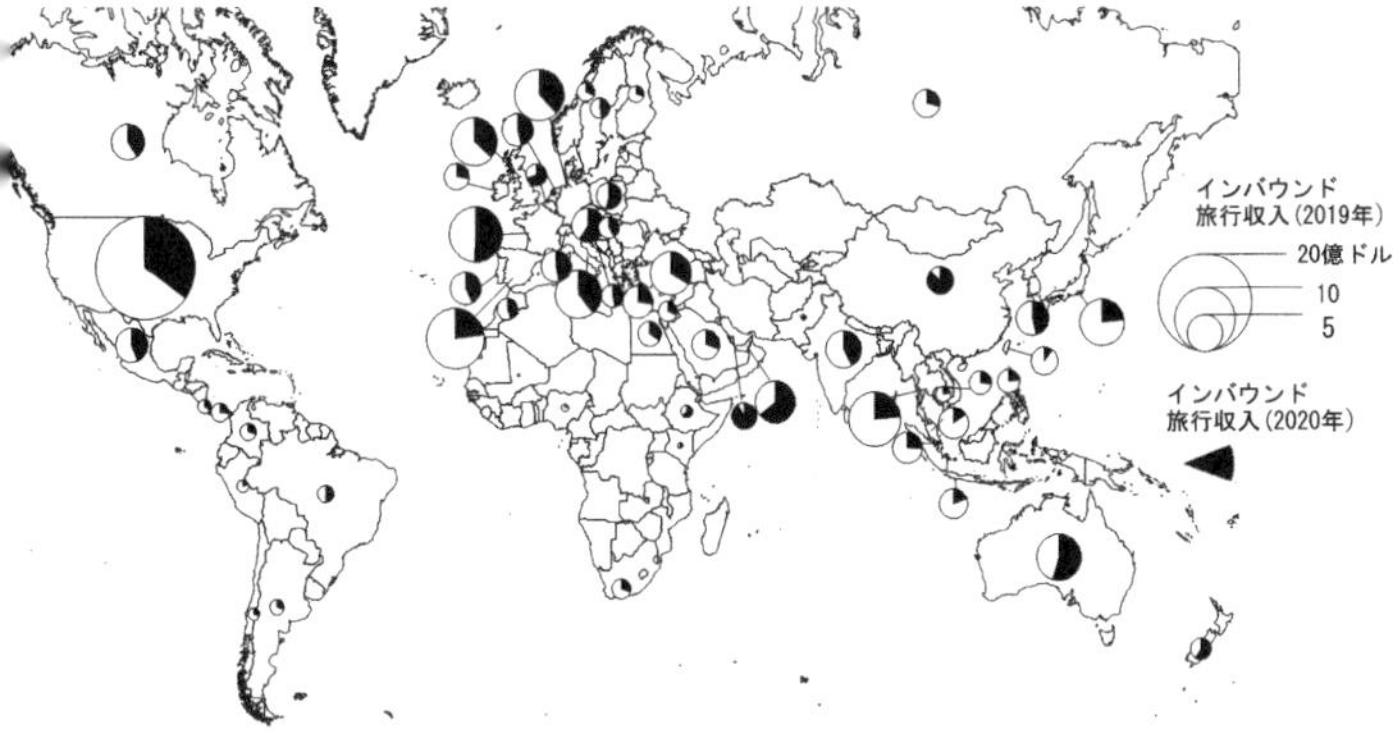


| 順位 | 国名 | 旅行収入（2019年）（億ドル） | 旅行収入（2020年）（億ドル） | 2019年＝100とした2020年の値 |
|---|---|---|---|---|
| 1 | アメリカ | 2394.5 | 842.1 | 35.2 |
| 2 | フランス | 707.8 | 359.6 | 50.8 |
| 3 | タイ | 643.7 | 153.6 | 23.9 |
| 4 | ドイツ | 583.7 | 220.4 | 37.8 |
| 5 | イギリス | 525.2 | 191.0 | 36.4 |
| 6 | イタリア | 519.1 | 204.6 | 39.4 |
| 7 | 日本 | 492.1 | 114.0 | 23.2 |
| 8 | オーストラリア | 479.5 | 262.3 | 54.7 |
| 9 | トルコ | 414.1 | 137.7 | 33.3 |
| 10 | アラブ首長国 | 384.1 | 246.3 | 64.1 |

図表2-3　新型コロナウイルス感染症下の旅行収入の落ち込み
出典：図表2-1に同じ

## 3　宿泊施設の客室が一番増えた国は——宿泊施設数と宿泊者数の変化

前節に引き続き、国連の世界観光機関（ＵＮＷＴＯ）の統計から、宿泊施設と宿泊客の変化を地図にしてみたいと思います。

図表3-1は、２０２０年における世界の宿泊施設の数を示しています。地図では、客室数の多さを表しています。最も客室数が多いのはアメリカで、2位のインドと2倍以上の差がありますが、宿泊施設の数ではインドがアメリカを大きく引き離しています。客室数を施設数で割ってみると、インド、日本、インドネシア、イギリスで少なく、アメリカや中国で多くなっています。

元の統計では、宿泊施設のデータを「ホテル」と「ホテル以外の施設」で分けてカウントしていますが、アメリカは「ホテル」のみです。旅館や民宿、カプセルホテルなど、多様な宿泊施設がある日本や、共同部屋で格安で宿泊できる東南アジアのゲストハウス、イギリスのＢ＆Ｂ（一泊朝食付きの簡易宿）や宿泊できるパブなど、ホテルとは異なる小規模な宿泊施設が多い国では、1施設あたりの部屋数が少なくなるのかもしれません。

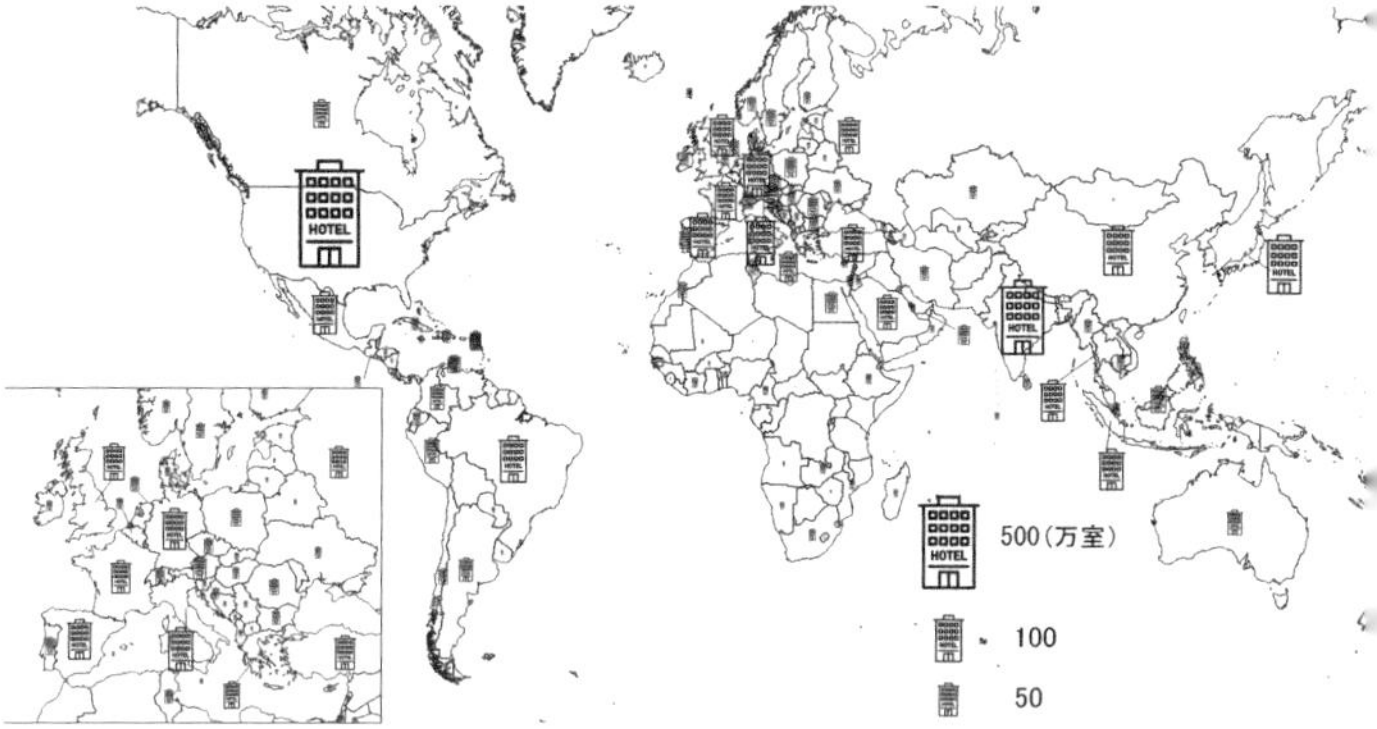


| 順位 | 国名 | 客室数（万室） | 宿泊施設数（万施設） | 1 施設あたり客室数（室） |
|---|---|---|---|---|
| 1 | アメリカ | 541.6 | 5.6 | 97.6 |
| 2 | インド※1 | 254.2 | 10.3 | 24.7 |
| 3 | 日本 | 163.2 | 6.1 | 26.6 |
| 4 | 中国 | 120.4 | 0.8 | 142.9 |
| 5 | イタリア | 109.3 | 3.2 | 33.9 |
| 6 | ドイツ | 99.3 | 3.0 | 32.8 |
| 7 | メキシコ | 83.6 | 2.5 | 33.9 |
| 8 | イギリス※2 | 78.4 | 3.3 | 23.6 |
| 9 | インドネシア | 77.6 | 2.8 | 27.7 |
| 10 | フランス | 65.8 | 1.8 | 37.1 |

図表 3-1　世界の宿泊施設数と客室数（2020 年）
国連世界観光機関（UNWTO）"TOURISM STATISTICS DATABASE" より作成
※1 インドは 2019 年の統計　※2 イギリスは 2016 年の統計

次に、施設の拡充について各国の比較をします。図表3‐2は、2000年から2020年における宿泊施設の客室数の増加を示しています。

この間、最も客室数が増えたのはインドで、客室数は19年間で約32倍に増えました。人や物の動きが活発になる中で、大都市を中心に宿泊の需要が高まったことに加えて、中間層や富裕層、外国人の旅行客を対象としたホテルの需要も高まっていると思われます。

インドに次いで客室数が増えているのがアメリカです。施設数は2000年に約4万5842施設から2020年には約5万5519施設（21％）に増加していますが、客室数の増加率はそれを上回っており、既存の施設の改修や増築も盛んなようです。

ビジネス需要が高まっている新興国や、大規模なリゾート地を擁する国で客室数が増えています。地中海、カリブ海、東南アジアのリゾート地では、格安航空会社の台頭など航空運賃が下がる中で、これまで足を運ぶことがなかった新たな客層を取り込むべく投資がなされたのかもしれません。

宿泊を伴う長期間の旅行が手軽なものになり、多くの国々のホテル業界は、右肩上がりの成長を遂げてきたようですが、2019年末に始まった新型コロナウイルス（COVID19）による旅行需要の冷え込みは、深刻な打撃を与えています。特に、外国からの旅行客（イン

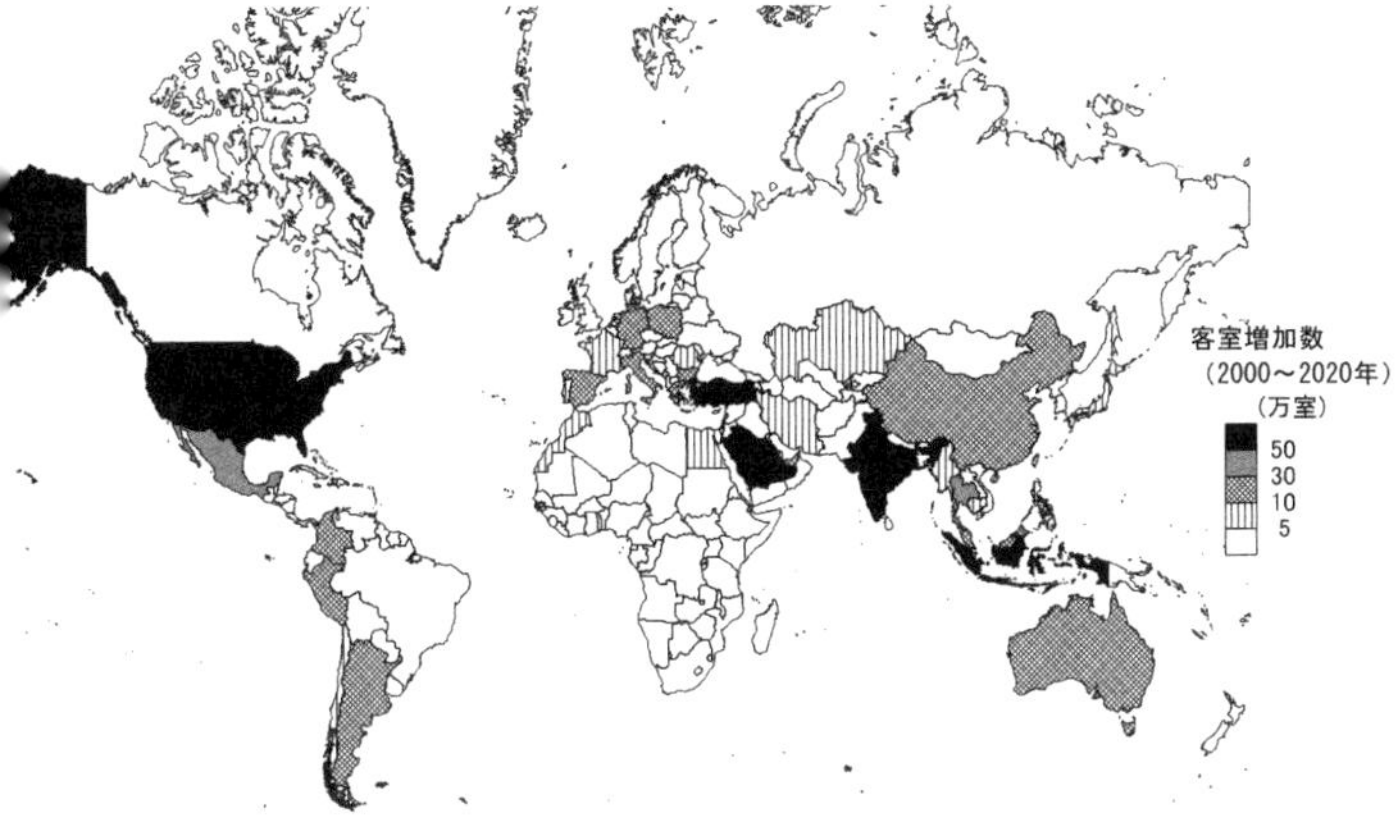


| 順位 | 国名 | 客室増加数（万室） | 客室数（2000年）（万室） | 客室数（2020年）（万室） | 増加率（%） |
|---|---|---|---|---|---|
| 1 | インド | 238.8 | 7.7 | 246.5※3 | 3103.3 |
| 2 | アメリカ | 131.6 | 410 | 541.6 | 32.1 |
| 3 | インドネシア | 52.4 | 25.2 | 77.6 | 208.0 |
| 4 | トルコ | 53.3 | 15.5 | 68.8 | 342.5 |
| 5 | サウジアラビア | 51.1 | 5.6 | 56.7 | 914.2 |
| 6 | タイ | 46.5 | 31.9 | 78.4 | 146.0 |
| 7 | メキシコ | 41.5 | 42.1 | 83.6 | 98.3 |
| 8 | コロンビア | 26.3 | 4.7 | 31.0 | 558.0 |
| 9 | 中国 | 25.6 | 94.8 | 120.4 | 27.0 |
| 10 | スペイン | 25.3 | 67.7 | 93.0 | 37.3 |

図表 3-2　客室数と増加数・増加率（2000～20 年）

出典：図表 3-1 に同じ　※3 インドは 2019 年の統計

バウンド客）の急増を見越して積極的な投資を行っている国ほど、その打撃は大きく、回復の見込みは立たないままです。

図表3-3は、2019年におけるインバウンド宿泊客が多かった国の上位10カ国における翌年（2020年）のインバウンド宿泊客数を比較した資料です。2019年に1位だった日本は、度重なる入国制限や風評もあり、翌年は6分の1にまで宿泊客を減らしています。ヨーロッパでは、夏期のバカンス需要が高い地中海沿岸の国々で減少率が高くなっています。アメリカでは、もともとインバウンド客への依存度は他国に比べると高くはなかったようですが、落ち込み幅は日本並みに大きくなっています。

宿泊施設では、施設の維持や雇用の維持に頭を悩ませています。「アフターコロナ」を見越して、世界のホテル産業がどう振る舞い、政府はそれをどう支援していくのか、興味深いところです。

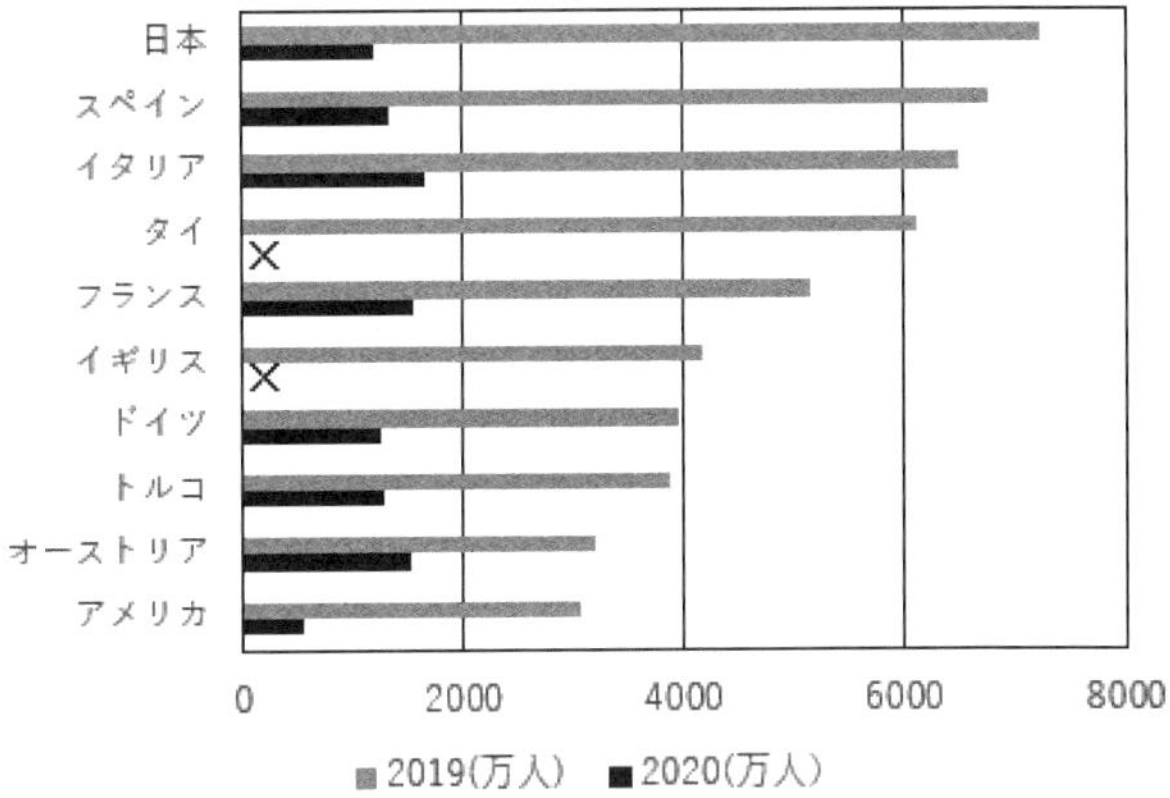


| 国名 | インバウンド宿泊客数（2019年）（万人） | インバウンド宿泊客数（2020年）（万人） | 増減率（%） |
|---|---|---|---|
| 日本 | 7237.0 | 1197.4 | −83.5 |
| スペイン | 6772.8 | 1338.9 | −80.2 |
| イタリア | 6501.0 | 1651.2 | −74.6 |
| タイ | 6125.0 | ×（資料なし） | × |
| フランス | 5139.6 | 1556.3 | −69.7 |
| イギリス | 4175.6 | ×（資料なし） | × |
| ドイツ | 3956.3 | 1244.9 | −68.5 |
| トルコ | 3885.4 | 1277.9 | −67.1 |
| オーストリア | 3188.4 | 1509.1 | −52.7 |
| アメリカ | 3069.9 | 533.9 | −82.6 |

図表 3-3　インバウンド宿泊客の変化（2019〜20 年）
出典：図表 3-1 に同じ

## 4　アメリカの鉄道距離が減少した理由――鉄道の営業距離と輸送量の変化

人や物の移動に欠かせない交通手段である鉄道が置かれている状況を地図にしてみました。営業距離、輸送量の変化から地域性を見たいと思います。

図表4-1は、鉄道の営業距離を示した地図と上位11カ国を示した表です。最も距離が長いのはアメリカですが、営業距離の減少が他国に比べて際立っています。アメリカの鉄道営業距離のピークは1910年代で、総延長は約25万4000マイル（40万6400㎞）ありましたが、戦後の高速道路網の整備や自家用車の浸透、航空輸送の大衆化などを受けて、旅客輸送の低迷が進みました。1996年に政府が鉄道会社に対する規制を大幅に緩和したことで、不採算路線の廃止や貨物輸送に特化したダイヤの制定が進んでいます。

一方、中国では、2008年の世界金融危機後から進められている公共事業への大規模投資の一貫として鉄道の建設が進められ、高速鉄道の新設や大都市での地下鉄や近郊路線の拡充が、鉄道営業距離を伸ばしています。日本は11位ですが、ローカル線の廃止による営業距離の短縮が目立ちます。

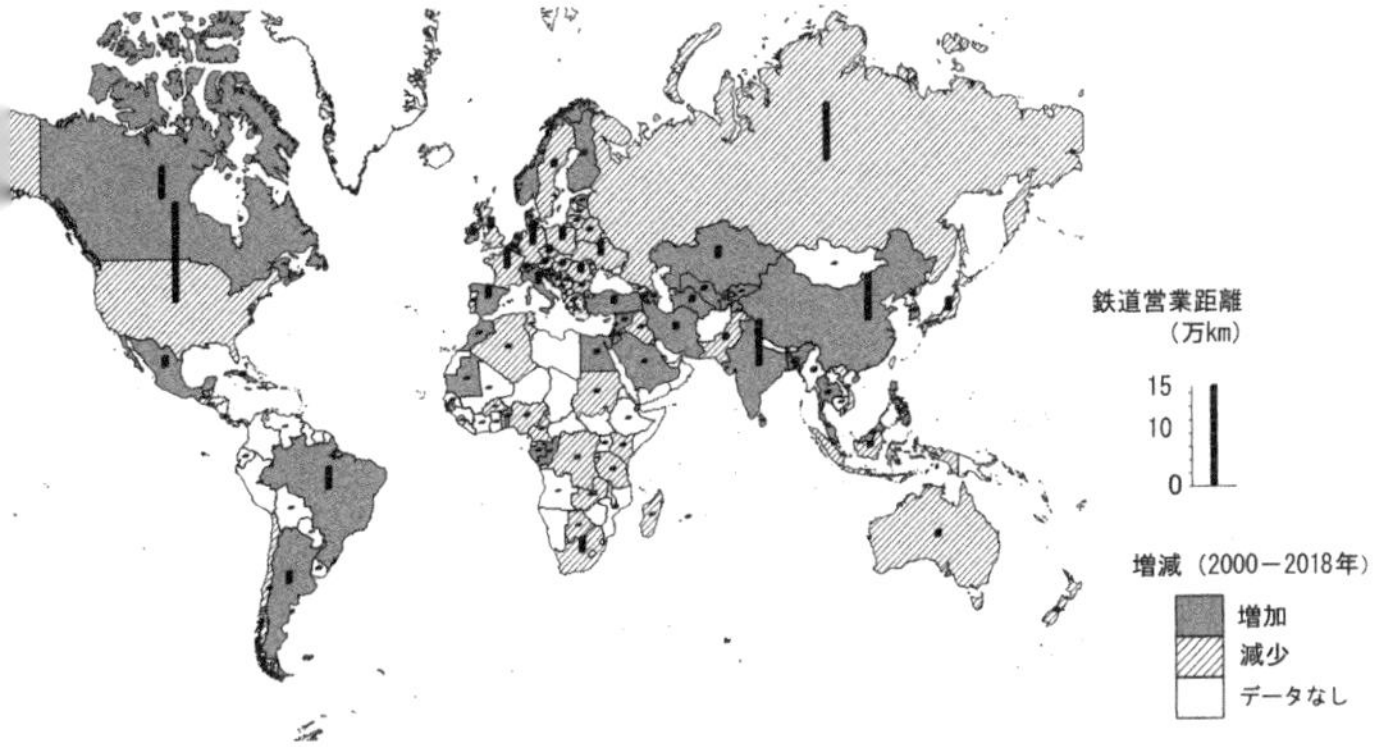


| 順位 | 国 | 営業距離（2000年）（万 km） | 営業距離（2018年）（万 km） | 増減率（%） |
|---|---|---|---|---|
| 1 | アメリカ | 19.40 | 15.05 | −29.2 |
| 2 | ロシア | 8.61 | 8.56 | −0.6 |
| 3 | インド | 6.28 | 6.84 | 8.5 |
| 4 | 中国 | 5.87 | 6.75 | 13.0 |
| 5 | カナダ | 4.65※1 | 4.77 | 2.5 |
| 6 | ドイツ | 3.66 | 3.34 | −9.6 |
| 7 | ブラジル | 3.21※2 | 3.26 | 1.5 |
| 8 | フランス | 2.93 | 2.82 | −3.9 |
| 9 | ウクライナ | 2.23 | 2.16 | −3.2 |
| 10 | 南アフリカ | 2.27※3 | 2.09 | −7.5 |
| 11 | 日本 | 2.98 | 1.91 | −35.9 |

図表 4-1　世界の鉄道営業距離と増減率

世界銀行（World Bank）“Internanion Union of Railways” より作成
※1 カナダは 2004 年のもの　※2 ブラジルの値は 2007 年のもの　※3 南アフリカの値は 2008 年のもの

次に、鉄道が運ぶ旅客と貨物の輸送量について比較します。図表4-2は、鉄道旅客輸送距離（旅客人数と輸送距離をかけた値）の比較と上位の国々です。

上位には、人口大国である中国とインドが他を大きく引き離す形でランク入りし、増加幅も大きくなっています。経済発展が進み、労働集約型の工業都市が発展する中で、地方からの出稼ぎ者の移動や、商用の出張の需要が伸び続けていると見られます。日本は世界3位ですが、旅客輸送量はやや頭打ちの状況です。高速鉄道専用線を増やしている韓国では、鉄道の旅客輸送量が伸びています。

ヨーロッパでは、国によって鉄道の旅客輸送距離の伸びに差があります。イギリス、フランス、ドイツなど西ヨーロッパ諸国で大きく伸びている一方で、ロシアではマイナスになっています。ヨーロッパで鉄道旅客輸送量がマイナスになった国を挙げてみると、モルドバ（−90.1%）、セルビア（−87.8%）、ルーマニア（−70.0%）、ブルガリア（−69.0%）、ウクライナ（−56.0%）、ギリシア（−29.2%）、ポーランド（−23.7%）など、東側に集中しています。社会主義時代からの設備や車両の老朽化や長距離バスなどの代替交通手段の普及により、東ヨーロッパの鉄道の旅客輸送は低迷しているようです。タイ（−53.6%）、コンゴ民主共和国（−62.1%）、メキシコ（−18.4%）などでも鉄道の旅客輸送量の落ち込みが大きくなっています。

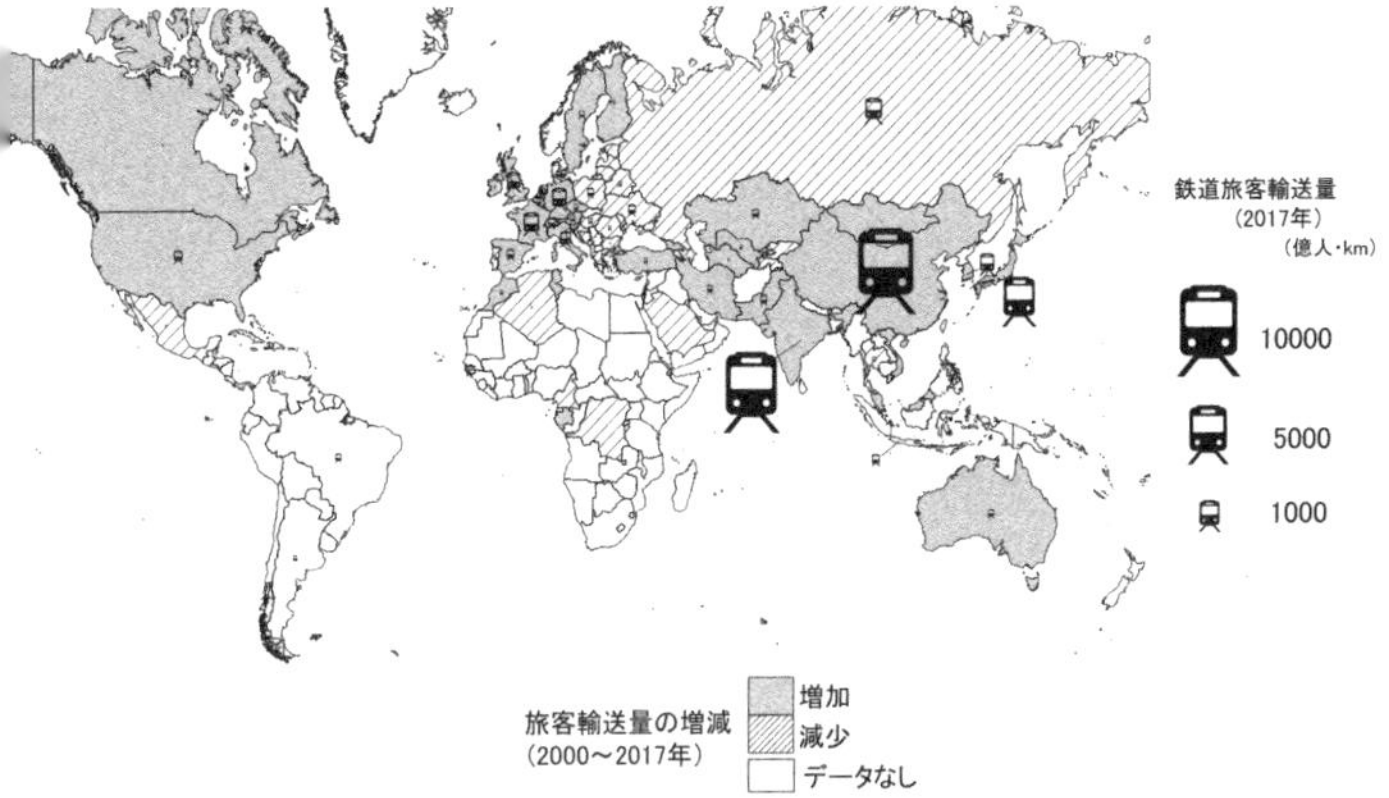


| 順位 | 国 | 旅客輸送距離 (2000年) (億人・km) | 旅客輸送距離 (2017年) (億人・km) | 増減率 (%) |
|---|---|---|---|---|
| 1 | 中国 | 4532.6 | 13456.9 | 196.9 |
| 2 | インド | 4589.0 | 11613.3 | 153.1 |
| 3 | 日本 | 3842.8 | 4373.6 | 13.8 |
| 4 | ロシア | 1670.5 | 1295.4 | −22.5 |
| 5 | フランス | 822.5 | 1079.2 | 31.2 |
| 6 | ドイツ | 754.0 | 980.0 | 30.0 |
| 7 | 韓国 | 495.6 | 899.6 | 81.5 |
| 8 | イギリス | 465.0 | 805.3 | 73.1 |
| 9 | イタリア | 471.3 | 554.9 | 17.3 |
| 10 | アメリカ | 259.8 | 319.6 | 23.0 |

図表 4-2　世界の鉄道旅客輸送量と増減

出典：図表 4-1 に同じ

図表4-3は、鉄道の貨物輸送量（貨物の重量に輸送距離をかけたもの）の国際比較です。

中国は、2000年代初頭から国内の鉄道の輸送力の改善を行い隣国（ロシア・モンゴル・カザフスタン）につながる路線の改良と物流拠点の整備を行ってきました。中国の沿岸部からオランダのロッテルダムを結ぶ「中欧班列」（China Railway Express）と呼ばれるルートの貨物取り扱い量は年々増加しています。ロシアやカザフスタンなど、沿線の国々でも、鉄道の貨物輸送量が増加しています。また、鉱山や農作物の産地と輸出港を結ぶ動脈として機能するオーストラリアやインドの鉄道も貨物取り扱い量を大きく伸ばしています。

日本の鉄道の貨物輸送量の増減率は、－13.7％でした。マイナスになった国は、ブルガリア（－54.3％）、ルーマニア（－49.2％）、韓国（－40.5％）、フランス（－28.2％）、ポーランド（－20.7％）、マレーシア（－12.9％）、パキスタン（－11.2％）などです。物流のトラック依存度が高い国でも、運転手の不足や高齢化、二酸化炭素排出量の削減の必要性から、鉄道貨物への回帰も模索されているところもあります。

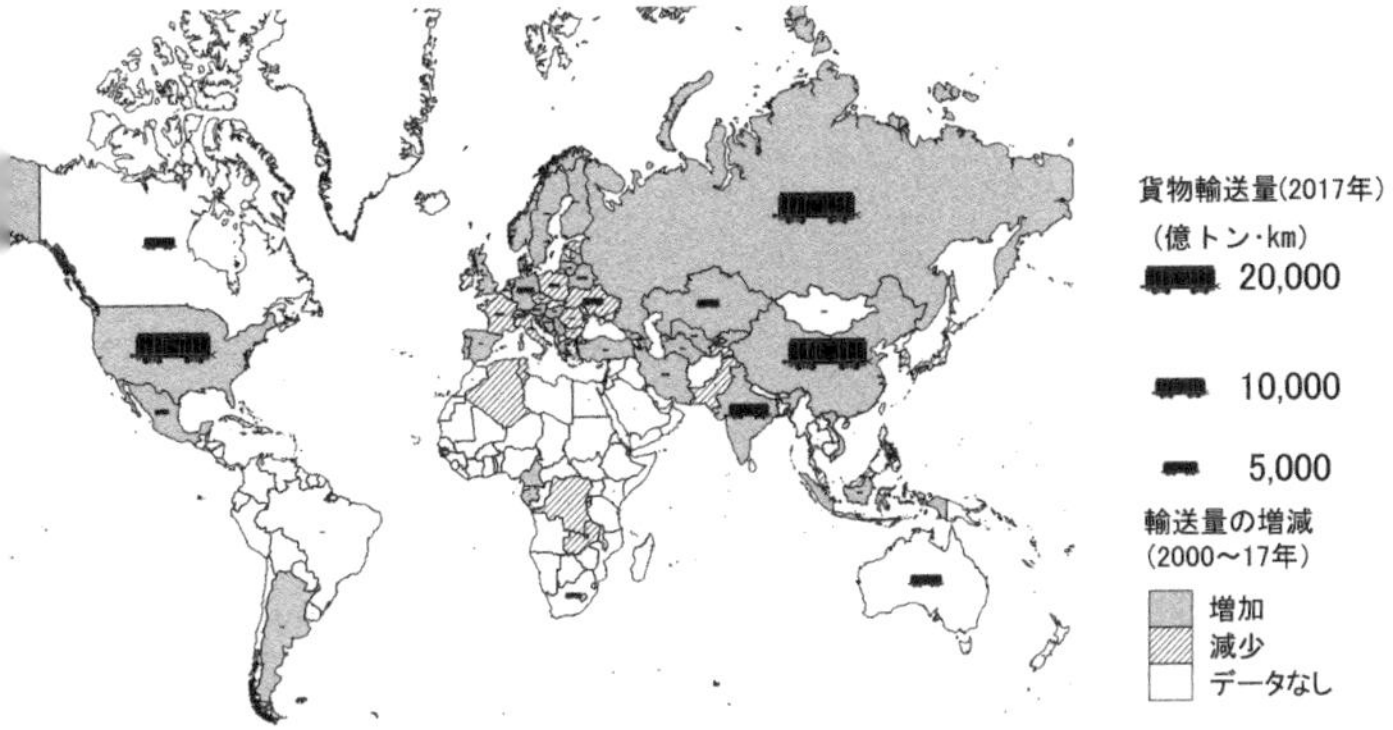


| 順位 | 国 | 貨物輸送量(2000年)(億トン・km) | 貨物輸送量(2017年)(億トン・km) | 増減率(%) |
|---|---|---|---|---|
| 1 | 中国 | 1兆3770.5 | 2兆6962.2 | 95.8 |
| 2 | ロシア | 1兆3731.7 | 2兆4934.3 | 81.6 |
| 3 | アメリカ | 2兆2575.8 | 2兆4451.4 | 8.3 |
| 4 | インド | 3124.0 | 6542.9 | 109.4 |
| 5 | カナダ | 2838.4 | 4201.4 | 48.0 |
| 6 | オーストラリア | 1335.7 | 4134.9 | 209.6 |
| 7 | カザフスタン | 1249.8 | 2062.6 | 65.0 |
| 8 | ウクライナ | 1728.4 | 1919.1 | 11.0 |
| 9 | ドイツ | 775.0 | 1312.0 | 69.3 |
| 10 | メキシコ | 483.3 | 863.2 | 78.6 |

図表4-3　世界の鉄道貨物輸送量と増減

出典：図表4-1に同じ

## 5　一番乗降が多い空港は？──空港の数と利用客・貨物輸送量の多い空港

図表5-1は、国別の空港の数と密度（100km×100kmの国土に占める空港の数）を示しています。最も空港の数が多いのはアメリカです。総数1万3000カ所を超える飛行場（軍用飛行場は除く）のうち、旅客定期便を持っている民間空港は397カ所です。ただ、航空旅客への需要は旺盛で、世界の旅客利用数が多い空港（2021年。国内線・国際線の合計）のうち、上位7位まで（アトランタ・ダラス・デンバー・シカゴ・ロスアンゼルス・シャーロット・オーランド）をアメリカの空港が独占しています。

2位以下の国々を見ると、広大な国土を抱えつつも自然の制約が厳しく、陸上交通のインフラの整備を行き渡らせることが難しい国であることがわかります。広大な森林や砂漠、高山や離島を隔てて点在する集落をつなぎ、医療や緊急時の物資の運搬に小型機やヘリコプターは欠かせません。南米諸国や西ヨーロッパ諸国、日本や韓国などで単位面積あたりの空港の密度が高くなっていますが、山間部や離島の生活に飛行機が欠かせないインフラになっています。

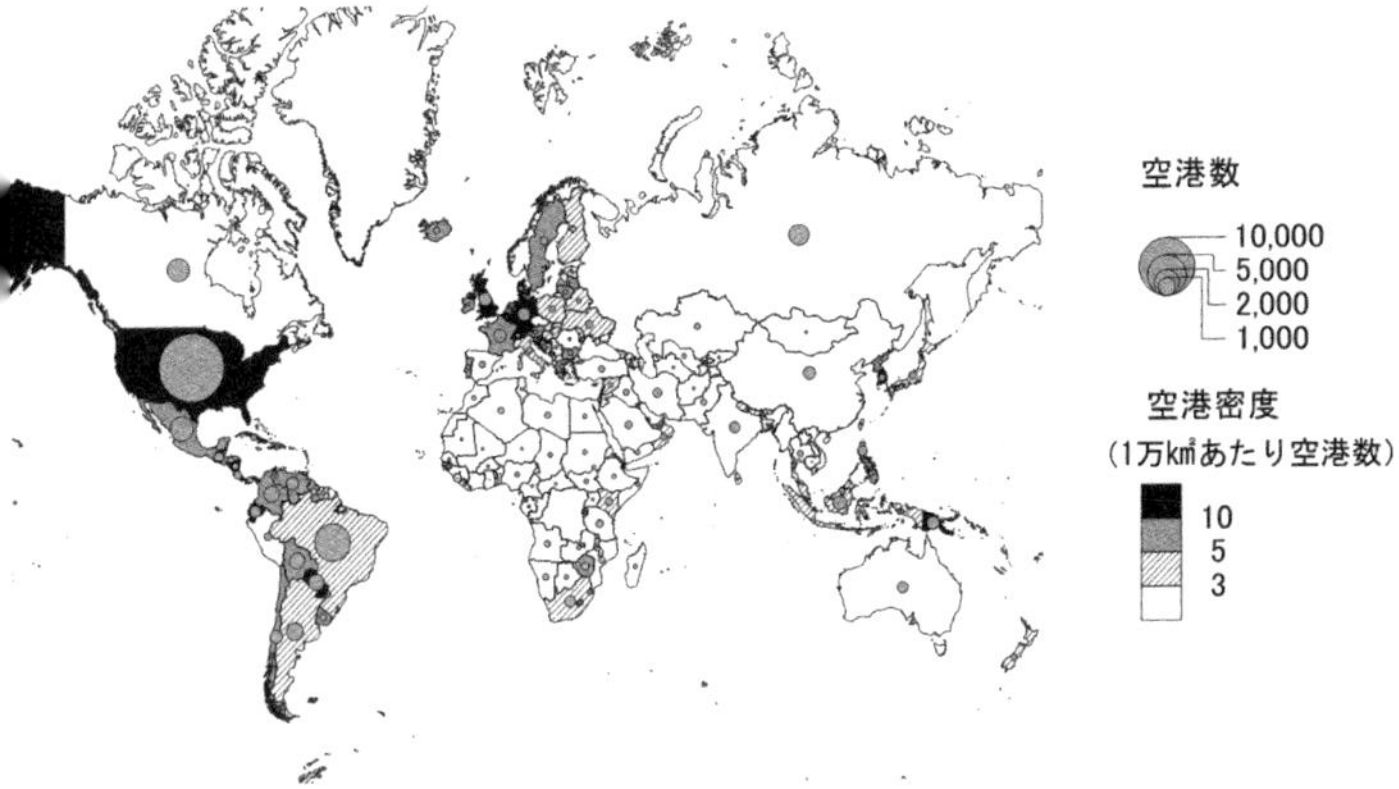


| 順位 | 国 | 空港数（総数） | 空港密度（1万 km² あたり空港数） |
|---|---|---|---|
| 1 | アメリカ | 13513 | 14.8 |
| 2 | ブラジル | 4093 | 4.9 |
| 3 | メキシコ | 1714 | 8.8 |
| 4 | カナダ | 1467 | 1.6 |
| 5 | ロシア | 1218 | 0.7 |
| 6 | アルゼンチン | 916 | 3.3 |
| 7 | ボリビア | 855 | 7.9 |
| 8 | コロンビア | 836 | 7.5 |
| 9 | パラグアイ | 799 | 20.1 |
| 10 | インドネシア | 673 | 3.6 |
| 31 | 日本 | 175 | 4.8 |

図表 5-1　各国の空港の数（2021 年）
米中央情報局（CIA）"The World Factbook 2021" より作成

図表5-2は、国際線の航空旅客の乗降が多かった上位10の空港を示した資料です。

1位のドバイには、世界105カ国、243都市、81路線が就航しています。乗降客数は2018年に過去最高の約8924万人に達した後、2019年は約8639万人になりましたが、新型コロナウイルス感染症による旅行制限や自粛で大きく減りました。2020年には約2583万人、2021年には若干持ち直して2911万人になりました。

2位のイスタンブールは、2020年3月から国際航空路線を順次休航させ、3月20日には陸路の国境も閉鎖しましたが、6月12日には、一部国際線を再開して観光客を受け入れました。

地中海沿いのリゾート地であるアンタルヤも2019年の26位から8位になっています。西ヨーロッパの各都市の空港は、利用客が大きく減りましたが、順位は大きく変わっていないところが多く、国際的な旅客移動に重要な役割を果たしているようです。

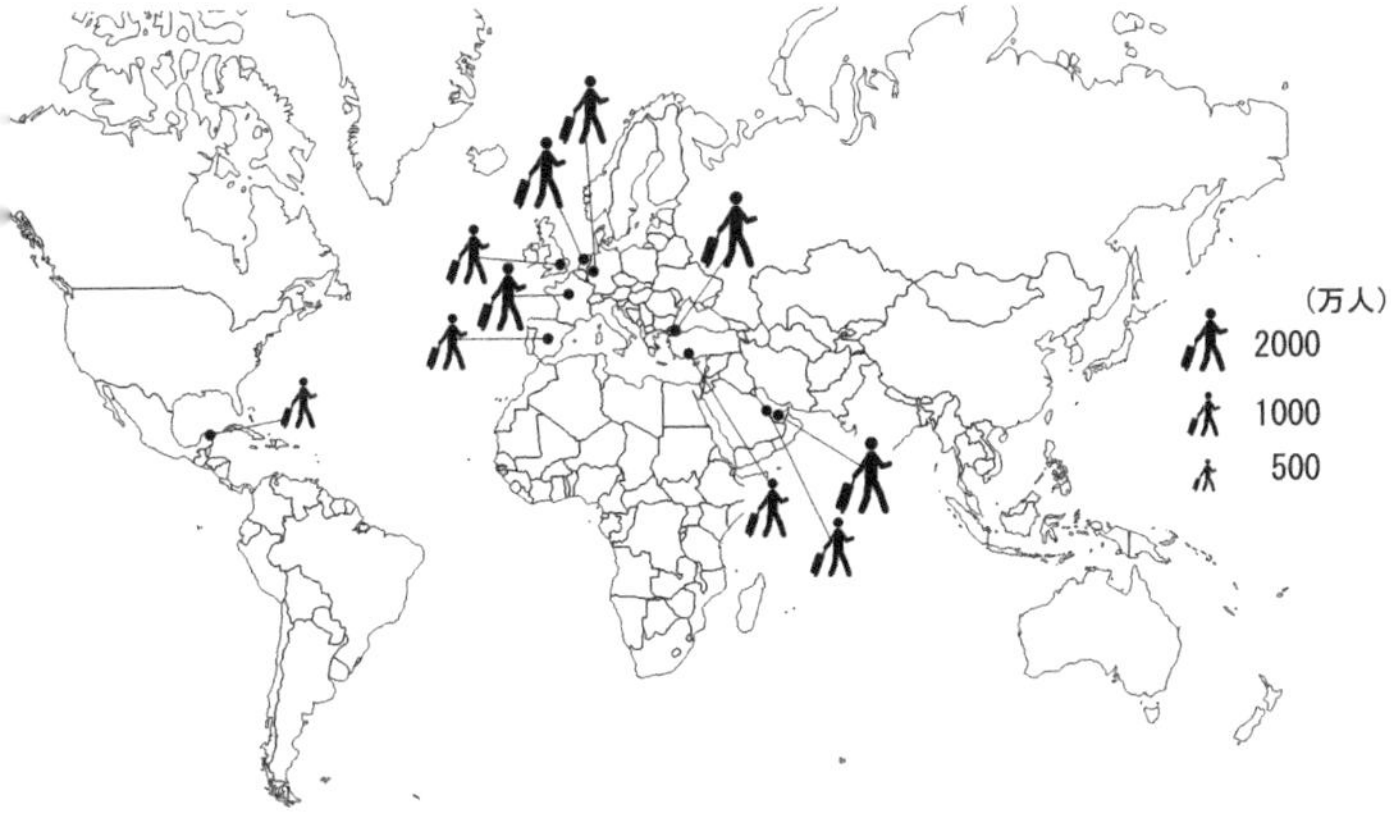


| 順位 | 空港名（国） | 国際線乗降客数（2021年）（万人） | 2019年からの増減率（%） |
|---|---|---|---|
| 1 | ドバイ（アラブ首長国） | 2911.0 | −66.3 |
| 2 | イスタンブール（トルコ） | 2875.2 | −33.1 |
| 3 | アムステルダム（オランダ） | 2548.9 | −66.4 |
| 4 | フランクフルト（ドイツ） | 2269.7 | −64.0 |
| 5 | パリ（フランス） | 2261.7 | −67.6 |
| 6 | ドーハ（カタール） | 1770.2 | −54.4 |
| 7 | ロンドン（イギリス） | 1762.5 | −76.8 |
| 8 | アンタルヤ（トルコ） | 1714.8 | −40.3 |
| 9 | マドリード（スペイン） | 1533.7 | −65.9 |
| 10 | カンクン（メキシコ） | 1326.1 | −19.7 |

図表 5-2　国際線旅客の多い空港（2021年）

国際空港評議会（ACI）“The top 10 busiest airports in the world revealed” より作成

図表5-3は、世界の国際線貨物取り扱い量の空港別順位です。

旅客利用数と違い、ほとんどの空港が2019年に比べて取り扱い量が増えています。コロナ禍により需要が高まっている医薬品やマスクなどの衛生用品やテレワークで需要の高まったパソコン等の電気製品、さらに船員や港湾職員の不足による減便で運びきれない海上コンテナ貨物（業界で「船落ち」と呼ばれる）が航空便に回っていることが要因と考えられています。

国内物流を含めた航空貨物の取り扱い総量において、香港《ほんこん》は2009年から2019年まで10年連続で世界一でした。2020年は、米中貿易摩擦の影響による禁輸措置の影響を受けて2位に後退しましたが（1位はアメリカ・テネシー州のメンフィス空港）、2021年に再び1位を奪還しました。中国から北米向けに出荷される製品の拠点であることに加え、ベトナムやマレーシアなど、東南アジア諸国と各地をつなぐ結節点になっています。現在、週約8000便の貨物専用便が就航しています。

成田空港は、航空貨物取り扱い量が日本一の空港で、日本の航空貨物取り扱い量の54・9%を占めます（2019年）。2021年の旅客数は過去最低（約524万人）でしたが、貨物取り扱い量は過去最高を記録しました。

| 順位 | 空港名（国） | 国際線貨物取り扱い量（万トン） | 2019年からの増減率（%） |
|---|---|---|---|
| 1 | 香港（中国） | 498.6 | 6.0 |
| 2 | インチョン（韓国） | 327.3 | 22.9 |
| 3 | 上海（中国） | 324.6 | 14.9 |
| 4 | 台北（台湾） | 279.4 | 29.0 |
| 5 | 成田（日本） | 259.1 | 27.0 |
| 6 | ドーハ（カタール） | 258.9 | 19.1 |
| 7 | アンカレジ（アメリカ） | 243.9 | 25.5 |
| 8 | ドバイ（アラブ首長国連邦） | 231.9 | −7.8 |
| 9 | フランクフルト（ドイツ） | 219.5 | 11.9 |
| 10 | マイアミ（アメリカ） | 204.0 | 19.6 |

図表 5-3　国際線貨物取り扱い量が多い空港（2021 年）
出典：図表 5-2 に同じ

## 6　交通事故が多い国――道路の過密度とそのリスク

世界の道路行政に関する国際機関である国際道路連盟（ＩＲＦ）の資料をもとに、世界の道路をめぐる現状を地図にしました。

図表6-1は、各国の道路の総延長と面積から割り出した道路密度です。上位には、都市人口率が１００％に近い小国や島国が並びますが、それらを除くと日本が世界でも有数の「高密度国」であることがわかります。

発展途上国では、インドとバングラデシュの密度が高くなっています。２０１５年の道路距離と比較してみるとインドは約90万km（16・４％増）、バングラデシュでは４・４万km（11・８％増）道路距離が伸びました。中国（43・５万km：９・５％増）を上回る勢いで道路が建設されています。インドは現在米の輸出量が世界一ですが、「緑の革命」の背景には、品種改良や農法の改善に加えて産地から港をつなぐ道路網の改善も寄与しているとみられます。

| 順位 | 国名 | 面積（km²） | 道路総延長（km） | 1 km² あたり道路距離（km） |
|---|---|---|---|---|
| 1 | モナコ | 2.02 | 57 | 28.12 |
| 2 | シンガポール | 728.6 | 9405 | 13.41 |
| 3 | マルタ | 316 | 2853 | 8.92 |
| 4 | バーレーン | 760 | 4444 | 6.07 |
| 5 | サンマリノ | 61.2 | 350 | 5.84 |
| 6 | オランダ | 41540 | 185162 | 4.46 |
| 7 | リヒテンシュタイン | 158 | 845 | 5.28 |
| 8 | 日本 | 377973 | 1225000 | 3.51 |
| 9 | バングラデシュ | 148500 | 391658 | 2.64 |
| 10 | ハンガリー | 93020 | 213435 | 2.34 |
| 11 | インド | 3287000 | 6215797 | 1.89 |
| 12 | ジャマイカ | 10990 | 22198 | 2.05 |
| 13 | フランス | 551700 | 1103744 | 2.00 |

**図表 6-1　各国の道路密度（2019 年）**

国際道路連盟（IRF）"IRF Data Warehouse" より作成

図表6-2は、世界各国の道路1㎞あたりの自動車台数と人口1000人あたりの自動車保有台数を表しています。

最も値が大きいのは南仏の都市国家モナコです。約2㎢の国土に57㎞の道路が張り巡らされ、人口約3万9000人に対して登録車は3万6389台（2021年）です。国中の車を一斉に道路に出せば1・6ｍおきに1台になるほどの過密ぶりです。モナコ政府は2050年までに交通手段の脱炭素化を目標に掲げています。具体的には傾斜地へのエレベーターやエスカレーターの設置や電動自転車の利用推進、電動バスや電気自動車タクシーの利用推進を行っています。

2位のポルトガルは、1㎢あたりの道路密度が0・16㎞（84位）と、ヨーロッパの中でも非常に低いのが特徴です。人口1000人あたりの自動車保有台数は日本（602台）よりも高いですが、道路密度は隣国のスペイン（1㎢あたり1・08㎞）や山地の多いノルウェー（同：0・26㎞）、ギリシア（0・26㎞）よりも低いです。2015年から2019年にかけてのポルトガルの道路総延長の増減はプラス3㎞（EU加盟国平均プラス1474㎞）と、ほとんど改善されていません。

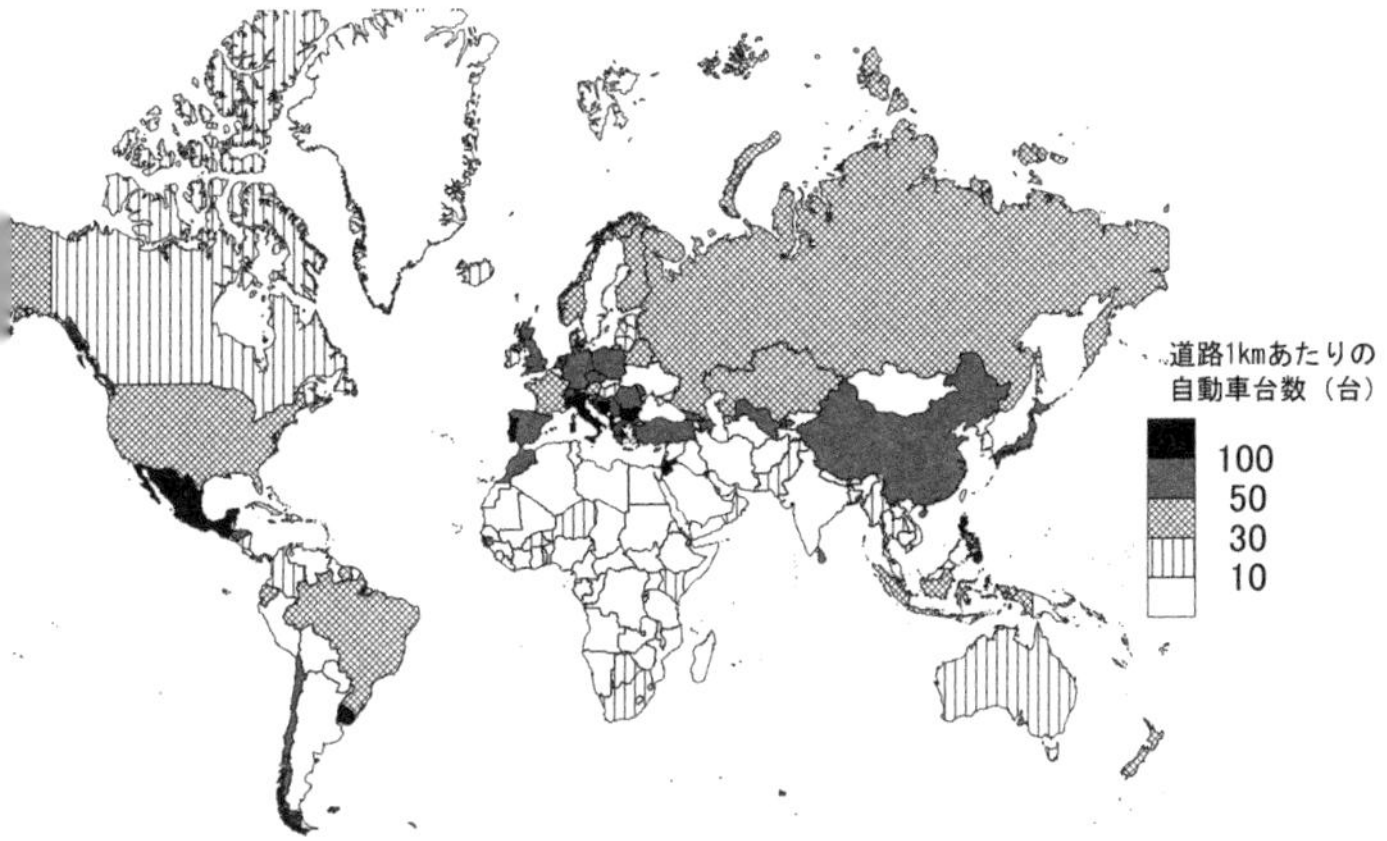


| 順位 | 国名 | 道路 1 km あたり自動車台数（台） | 人口 1000 人あたり自動車台数（台） |
|---|---|---|---|
| 1 | モナコ | 638.4 | 908.5 |
| 2 | ポルトガル | 491.0 | 625.9 |
| 3 | クウェート | 266.7 | 521.4 |
| 4 | イタリア | 190.1 | 720.2 |
| 5 | ヨルダン | 179.6 | 158.3 |
| 6 | イスラエル | 172.6 | 371.6 |
| 7 | ブルガリア | 166.1 | 454.3 |
| 8 | ルクセンブルク | 159.8 | 733.2 |
| 9 | アルバニア | 156.1 | 172.4 |
| 10 | バーレーン | 146.2 | 437.6 |

図表 6-2　自動車の保有状況（2019 年）

出典：図表 6-1 に同じ

図表6-3は、交通事故の発生件数に関する資料です。

一人あたりの発生件数が最も多いのは、カリブ海に浮かぶ島国、トリニダード・トバゴです。総面積5128㎢で、トリニダード島とトバゴ島の2つの島からなり、島内に鉄道はありません。道路の総延長は8320㎞ですが、舗装されているのは4252㎞（51%）に過ぎません。主な交通手段はバスか乗り合いタクシーが利用されています。4車線の高速道路もありますが、地方の道路事情は非常に悪いようです。

2位以下の国は、ヨーロッパに集中しています。アウトバーンなどの道路が充実しており、貨物の自動車輸送も盛んな一方で、交通事故のリスクも高いようです。事故の発生件数はドイツがヨーロッパで最も多く、2位のイタリア、3位のイギリス（11万7536件）を大きく引き離しています。

日本は、人口一万人あたりの交通事故件数はヨーロッパ並みですが、事故発生件数ではドイツを大きく上回っています。負傷者の62%が自動車運転中の事故によるもので、17%が自転車の運転者、9・8%が歩行者が関連する事故です。

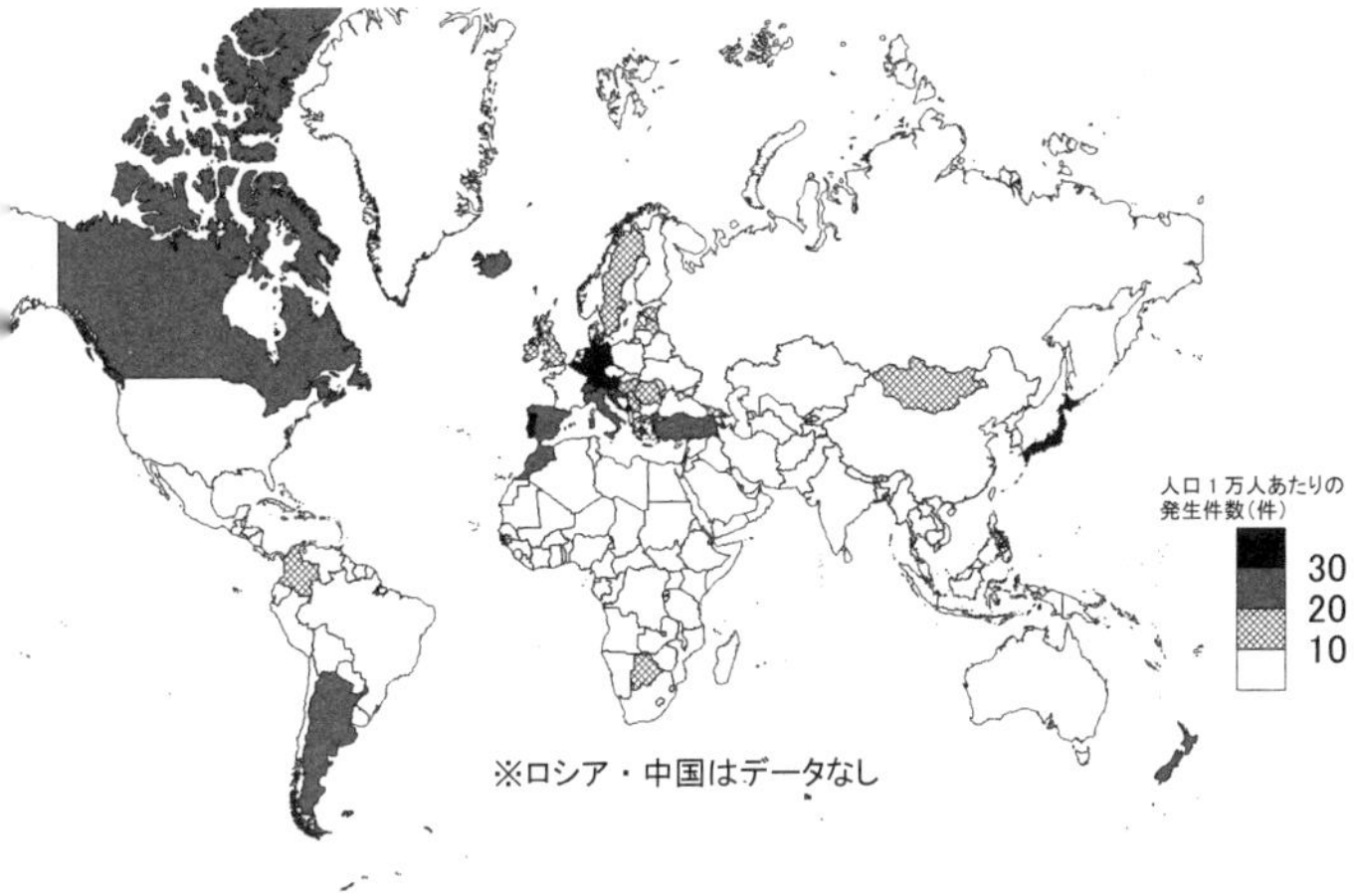


| 順位 | 国名 | 交通事故発生件数（2019 年） | 人口（万人）（2019 年） | 人口１万人あたり交通事故発生件数（2019 年） |
|---|---|---|---|---|
| 1 | トリニダード・トバゴ | 32858 | 139.5 | 235.5 |
| 2 | オーストリア | 35736 | 895.5 | 39.9 |
| 3 | ポルトガル | 37256 | 1022.6 | 36.4 |
| 4 | ドイツ | 300143 | 8351.7 | 35.9 |
| 5 | ベルギー | 37719 | 1153.9 | 32,7 |
| 6 | モンテネグロ | 1924 | 2.8 | 30.6 |
| 7 | マルタ | 1342 | 44.0 | 30.5 |
| 8 | 日本 | 381237 | 1 億 2686.0 | 30.1 |
| 9 | スロベニア | 6025 | 207.9 | 29.0 |
| 10 | イタリア | 172183 | 6055.0 | 28.4 |

図表 6-3　交通事故発生件数（2019 年）

出典：図表 6-1 に同じ

## 7　世界の船——船舶保有量と造船竣工

国連貿易開発会議（UNCTAD）では、世界の貿易に関する統計の中で、外国航路に用いる船舶の現状について毎年統計をまとめています。海の物流を支える船舶をめぐる現状を地図にしてみました。

図表7-1は、世界各国の船舶保有量（総トン数）を見た資料です。貿易大国である中国、日本を抜いて、1位はギリシアです。国土は日本の3分の1（13万㎢）、人口は日本の10分の1（1132万人）しかないギリシアですが、世界の海運業界を取り仕切る「船主大国」の地位を保っています。現在、ギリシア国内には約950の船主会社が登録されており、このうち約半数が1隻ないし2隻の船を運用する中小企業です。一方で、30隻以上の船団を持つ企業も11社あり、ニューヨークの証券取引所に上場して資金を調達しています。世界中から中古船を買い集めて地中海航路や大西洋航路にネットワークを作っています。

2位以降は、アジアの国々が多くを占めています。特に中国は近年船舶の増加が著しく、コンテナ船やばら積み船を中心に船舶の新造と大型化を進めています。

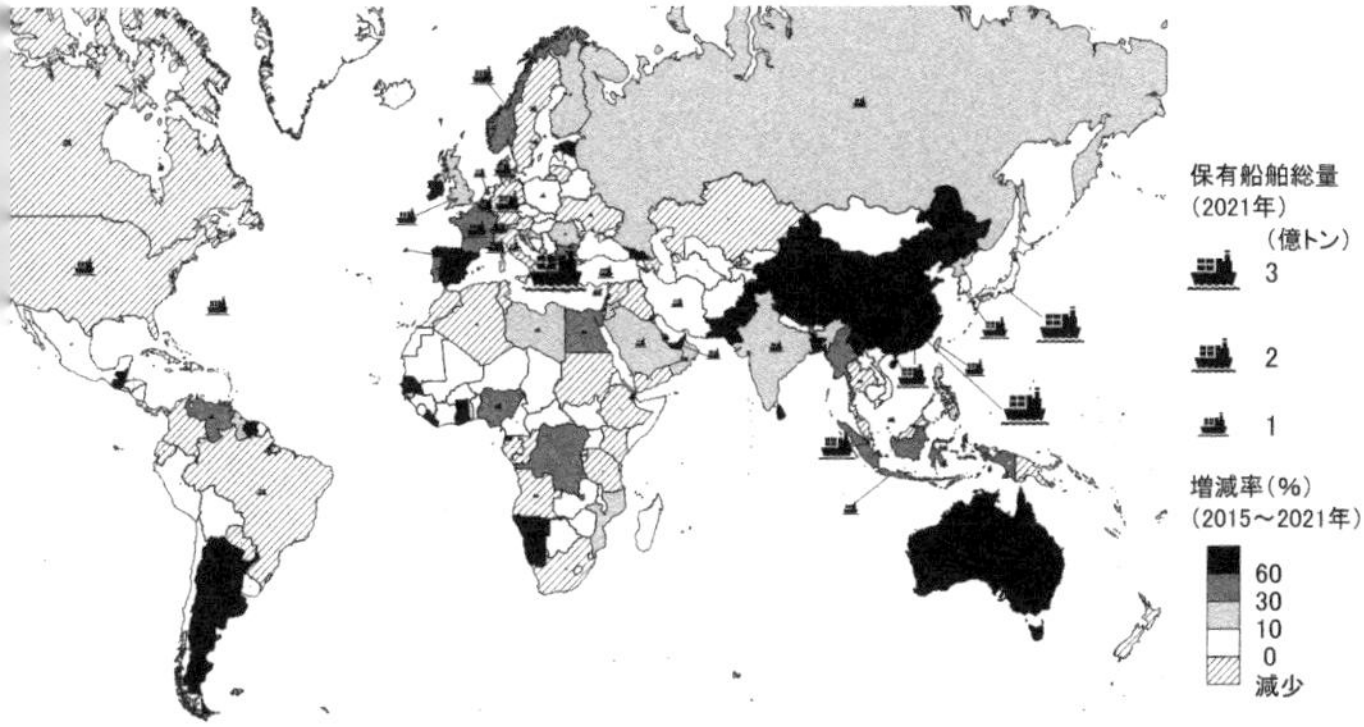


| 順位 | 国・地域名 | 船舶保有量(2021年)(万トン) | 船舶保有量(2015年)(万トン) | 増減率(%) |
|---|---|---|---|---|
| 1 | ギリシア | 3億7409.0 | 2億7787.8 | 34.6 |
| 2 | 中国 | 2億4673.8 | 1億5289.7 | 61.4 |
| 3 | 日本 | 2億4097.4 | 2億2731.3 | 6.0 |
| 4 | シンガポール | 1億4146.1 | 8779.8 | 61.1 |
| 5 | 香港 | 1億0496.4 | 8134.9 | 29.0 |
| 6 | 韓国 | 8624.1 | 7908.2 | 9.1 |
| 7 | ドイツ | 8511.7 | 12461.7 | −31.7 |
| 8 | 英領バミューダ | 6338.2 | 4076.3 | 55.5 |
| 9 | ノルウェー | 6337.8 | 4643.9 | 36.5 |
| 10 | イギリス | 5615.7 | 4621.4 | 21.5 |

図表 7-1　世界の船舶保有量と増減
国連貿易開発会議(UNCTAD)"UNCTAD STAT" より作成

図表7-2は、船舶の国別登録状況と船の種類をまとめた統計です。海洋船舶は、就航する際に必ず所属する国を登録する必要がありますが、船主の国が実質的に利用する国と異なる第三国に登録するケースが珍しくありません。船の登録費用を安く抑えることで多くの船の登録を募る国を「便宜船籍国」と言いますが、登録船舶量の上位には、便宜船籍国が並んでいます。

1位のパナマは、文字通り世界一の便宜船籍国です。パナマ政府が外国人の船主に対して船籍登録を開放したのは、1914年の「パナマ運河」の開通がきっかけと言われています。1917年に税法を改正して外国船の登録誘致に乗り出し、1925年からどこの国の船に対しても船籍を付与する「オープン船籍」制度を世界に先駆けて始めました。第二次世界大戦後、アメリカと密接な関係にあったリベリアでも同様の制度がとられました。

便宜船籍国を利用するメリットは、船舶の登録料や税金が安く済むことに加えて、船員の賃金や労働条件に関して登録国の法律が適用されることがあります。中には、国土が全く海に面していないのに船籍登録を受け付けて、極端に緩い海事法、労働法を適用させる「ブラック船籍国」もあり、国際機関や労働組合では監視と警告を行っています。

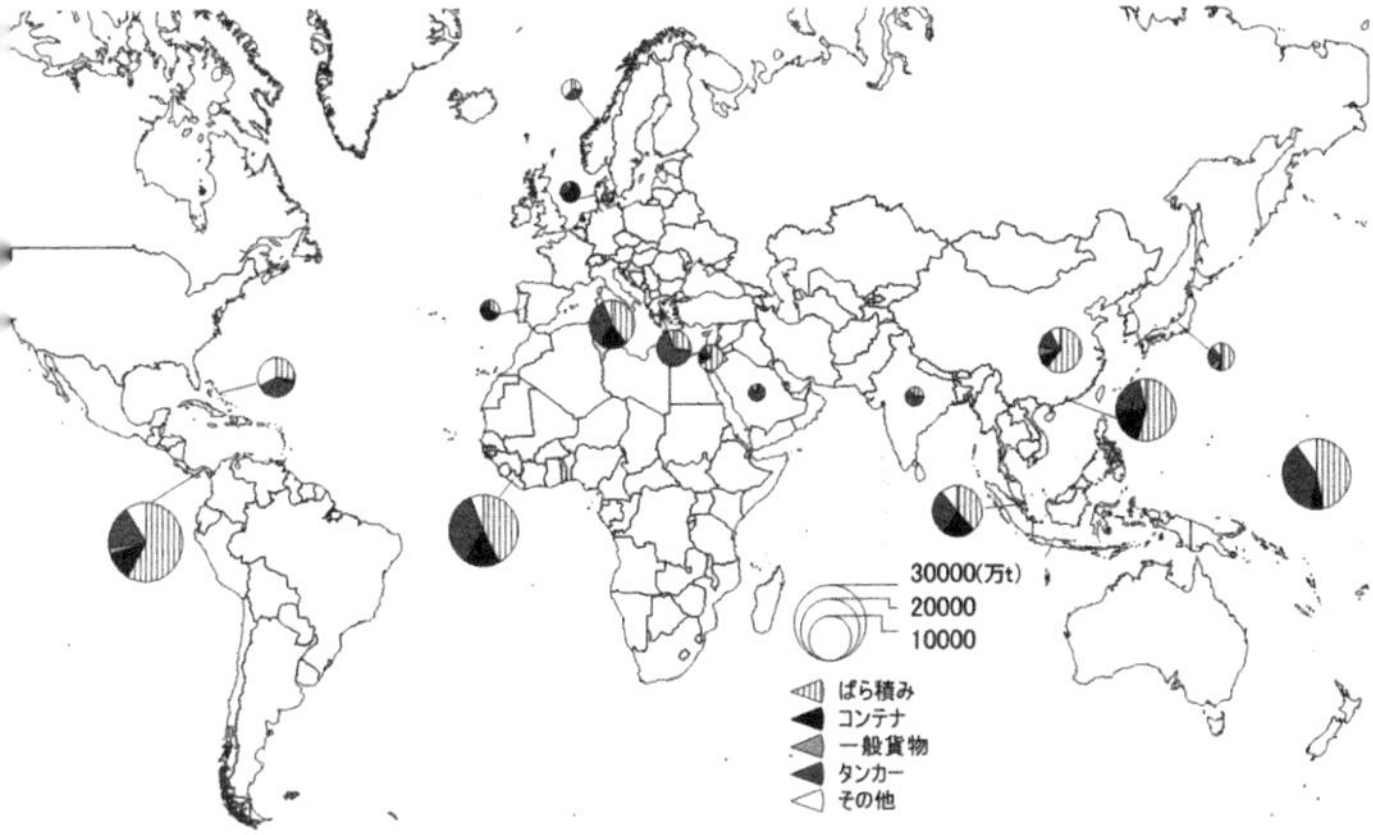


| 順位 | 国・地域名 | 登録船舶量（万 t） | 船舶別割合（%） | | | | |
|---|---|---|---|---|---|---|---|
| | | | ばら積み | コンテナ | 一般貨物 | タンカー | その他 |
| 1 | パナマ | 32913.1 | 58.4 | 12.0 | 2.5 | 17.9 | 9.2 |
| 2 | リベリア | 27524.2 | 42.3 | 17.3 | 0.8 | 33.5 | 6.1 |
| 3 | マーシャル諸島 | 26205.5 | 47.1 | 5.4 | 0.4 | 37.1 | 10.0 |
| 4 | 香港 | 20142.2 | 54.4 | 19.4 | 1.4 | 21.1 | 3.7 |
| 5 | シンガポール | 13991.1 | 38.4 | 20.3 | 1.1 | 29.4 | 10.8 |
| 6 | マルタ | 11559.3 | 39.1 | 19.8 | 1.7 | 32.8 | 6.6 |
| 7 | 中国 | 10332.1 | 60.9 | 10.1 | 6.5 | 14.8 | 7.7 |
| 8 | バハマ | 7763.3 | 27.3 | 2.2 | 0.4 | 37.6 | 32.5 |
| 9 | ギリシア | 6903.4 | 27.3 | 0.8 | 0.2 | 66.3 | 5.4 |
| 10 | 日本 | 4074.9 | 49.6 | 5.6 | 7.8 | 24.8 | 12.2 |

図表 7-2　船舶の国別・船種別登録状況（2021 年）

出典：図表 7-1 に同じ

図表7-3は、世界の造船竣《しゅん》工《こう》量を表しています。

造船は、1970年代には、日本が世界の約半分を占めていました。中東戦争によるスエズ運河の閉鎖が長引き、大型タンカーによる長距離輸送が必要になる中で、早くから大型船の建造態勢を整えていた日本の造船会社に受注が殺到したためです。1990年代以後、中国と韓国の造船技術が向上し、より低コストでたくさんの船を建造できるようになり、日本のシェアを奪っていきました。現在、日本の造船業界は、液化天然ガス（LNG）輸送船や客船など、高度な技術を必要とする船舶の建造を得意としていますが、技術者の不足や高コスト化もあり、世界3位、世界シェアは10％台にまで下がっています。中国、韓国、日本の3カ国だけで世界シェアの93％を占めており、世界の外国船の生産の大半を東アジアの造船所が担っています。

現在、新型コロナウイルスの蔓延《まんえん》により、クルーズ船の運行が低迷している上、貨物船も世界的な船員不足の状態が続いており、船の新造も頭打ちになっている状態です。2014年の竣工量と比較してみると、竣工量が伸びているのは中国とベトナムだけで、他はすべて数値が下がっています。それでも韓国では、政府が公的資金を投入して受注拡大を後押しし、中国や日本では造船会社の大型合併が進むなど、業界の再編が進んでいます。

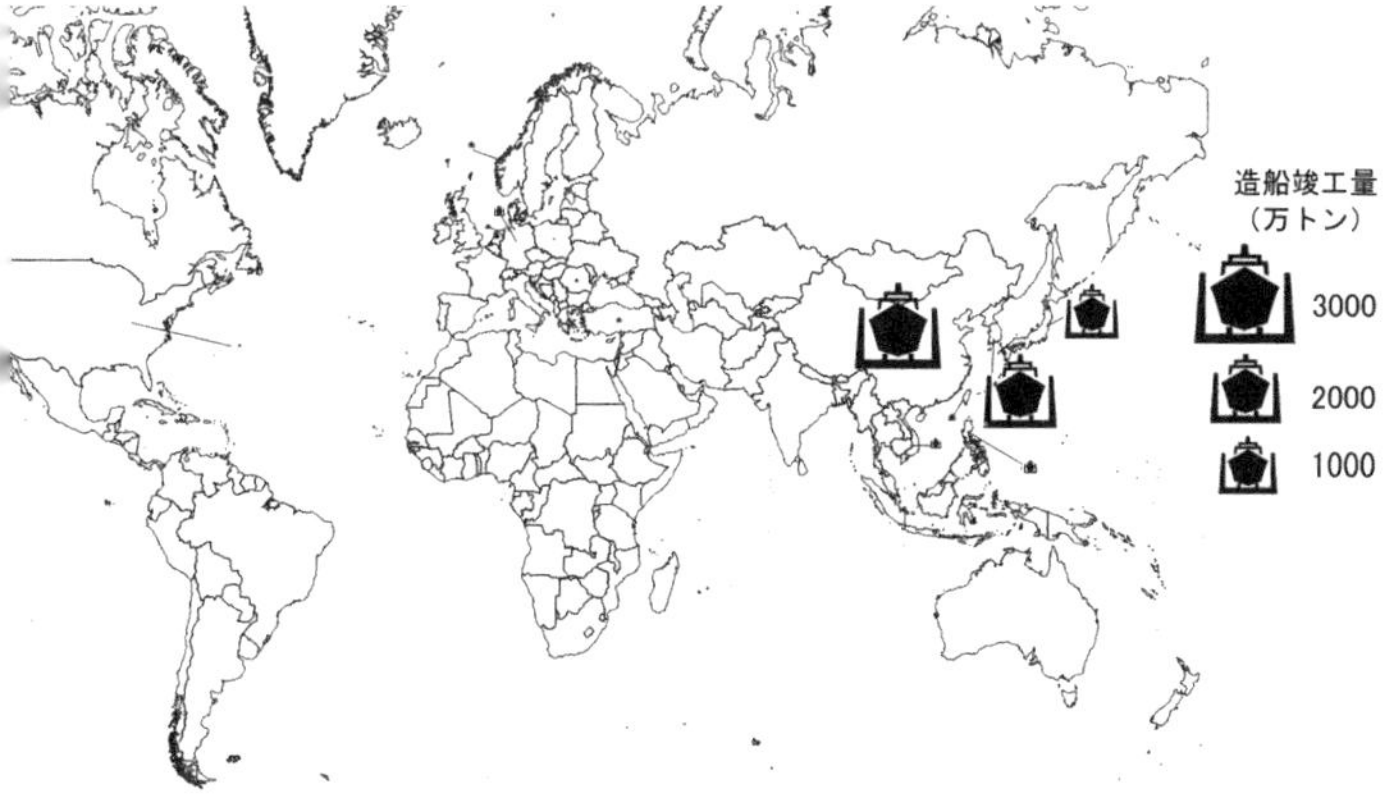


| 順位 | 国名 | 造船竣工量(2021年)(万トン) | 世界シェア(%) | 造船竣工量(2014年)(万トン) | 世界シェア(%) |
|---|---|---|---|---|---|
| 1 | 中国 | 2686.3 | 44.2 | 2285.1 | 35.9 |
| 2 | 韓国 | 1968.7 | 32.4 | 2187.2 | 34.4 |
| 3 | 日本 | 1072.6 | 17.6 | 1339.2 | 21.0 |
| 4 | フィリピン | 64.3 | 1.1 | 186.5 | 2.9 |
| 5 | ドイツ | 38.3 | 0.6 | 49.9 | 0.8 |
| 6 | ベトナム | 37.2 | 0.6 | 33.6 | 0.5 |
| 7 | 台湾 | 18.0 | 0.3 | 57.4 | 0.9 |
| 8 | ノルウェー | 14.7 | 0.2 | 24.9 | 0.4 |
| 9 | トルコ | 13.2 | 0.2 | 14.0 | 0.2 |
| 10 | オランダ | 11.8 | 0.2 | 13.1 | 0.2 |

図表7-3　造船竣工量

出典：図表7-1に同じ

# 第6章　生活と文化

## 1　国によって働き方はこんなに違う——労働時間の長さ

国際労働機関（ＩＬＯ）は、年次報告の中で世界各国の労働条件に関する統計を公開しています。国によって労働時間の換算の方法が違う上、産業形態の違いや雇用労働に従事している人自体が少ない国もあるため、単純な比較はできませんが、労働時間が長い国短い国、長時間労働に従事する人の割合の高い国の傾向を知ることができます。

図表１-１は、週あたりの労働時間を表した地図と上位11カ国を示しています。週あたり45時間を超える国は24カ国あり、このうち13カ国がアジア、８カ国がアフリカでした。軽工業やプランテーション労働、鉱山の採掘建設業に従事する人が多い国では労働時間が長くなる傾向にあるようです。１位のアラブ首長国連邦では、高層ビルや石油化学プラントなどの建設に、多くの外国人出稼ぎ労働者が関わっています。過酷な労働環境で、低賃金が故に長時間働かざるを得ない状況にあるようです。

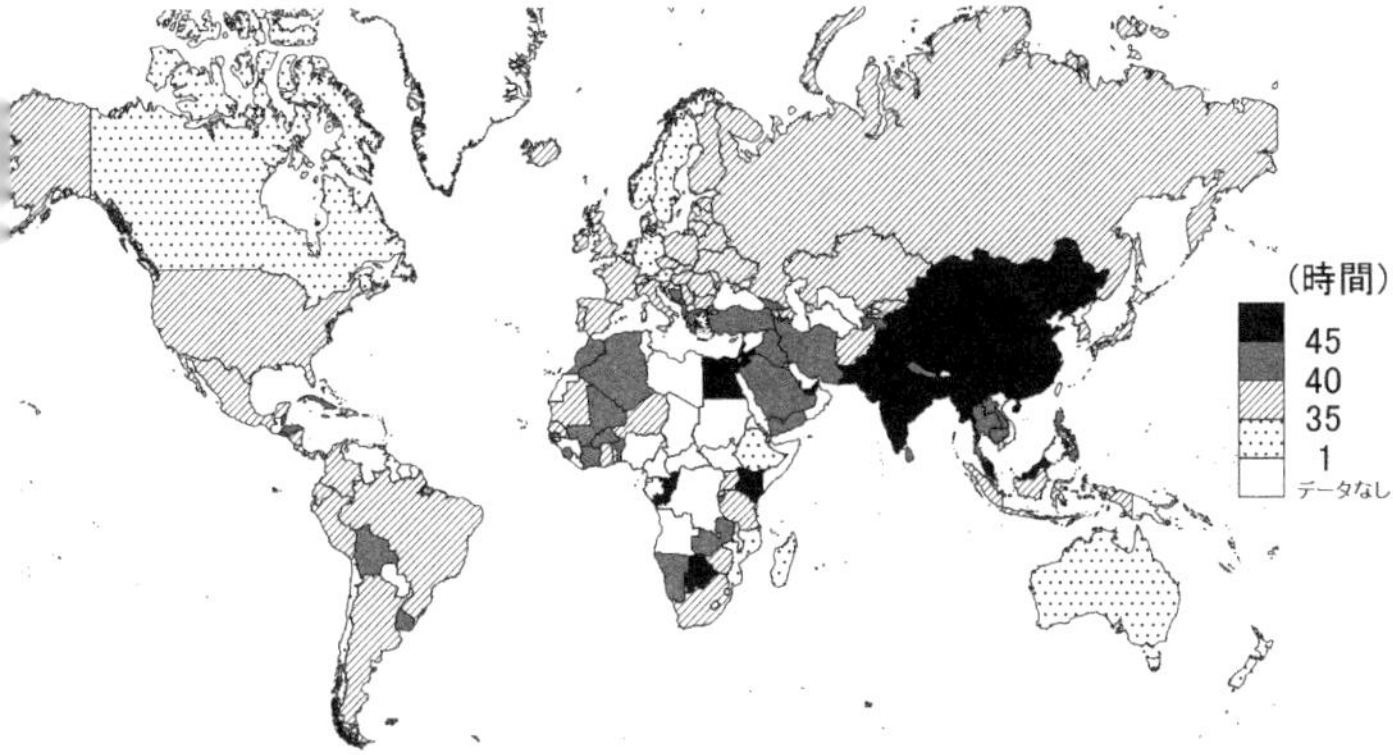


| 順位 | 国 | 統計年 | 労働時間（時間／週） |
|---|---|---|---|
| 1 | アラブ首長国連邦 | 2019 | 52.6 |
| 2 | ガンビア | 2018 | 49.8 |
| 3 | コンゴ共和国 | 2009 | 48.6 |
| 4 | カタール | 2019 | 48.0 |
| 5 | インド | 2019 | 47.9 |
| 6 | ヨルダン | 2019 | 47.5 |
| 7 | バングラデシュ | 2017 | 46.9 |
| 8 | モンゴル | 2020 | 46.8 |
| 8 | パキスタン | 2018 | 46.8 |
| 10 | レバノン | 2019 | 46.5 |
| 11 | エジプト | 2019 | 46.2 |

図表 1-1　雇用者の週あたりの平均労働時間（1）
国際労働機関（ILO）"ILOSTAT" より作成

逆に平均労働時間が短い国の分布を見てみます（図表1-2）。

週35時間未満の国を塗りつぶしてみると、ドイツやデンマーク、北欧諸国に加えてカナダやオーストラリア、ニュージーランドなどの先進国が挙げられますが、アフリカや太平洋諸国にはさらに労働時間が短い国があることがわかります。

平均労働時間が短いからといって、労働者が恵まれた環境にあるとは限りません。「ワークシェアリング」という考え方がありますが、少ない仕事に多くの人が関わることで、失業率を下げる代わりに一人あたりの収入は減少します。また、鉱山や農園などでは、時給や月給ではなく、成果物（掘り出した鉱石や農産品の質や量）に対する歩合制で賃金を払っているようなところでは、労働時間の長さが収入に直結しません。労働時間が最も短いリベリアの失業率は4・1％（2021年：ILO集計）と世界平均（6・18％）よりも低い水準にありますが、平均年収は約900ドル（約12万円）しかありません。

| 順位 | 国 | 統計年 | 労働時間（時間／週） |
|---|---|---|---|
| 1 | リベリア | 2014 | 28.5 |
| 2 | モザンビーク | 2015 | 28.6 |
| 3 | エチオピア | 2017 | 30.0 |
| 4 | 東ティモール | 2016 | 30.4 |
| 4 | ミクロネシア連邦 | 2014 | 30.4 |
| 6 | バヌアツ | 2019 | 30.6 |
| 7 | ツバル | 2016 | 31.3 |
| 8 | オランダ | 2020 | 31.4 |
| 9 | ルワンダ | 2017 | 32.1 |
| 10 | カナダ | 2012 | 32.1 |
| 11 | ニュージーランド | 2019 | 33.0 |
| 12 | オーストラリア | 2018 | 33.2 |

図表 1-2　雇用者の週あたりの平均労働時間（2）

出典：図表 1-1 に同じ

図表1-3は、週に49時間以上働く雇用者の割合を示した資料です。週49時間の労働時間は1日8時間労働で6日間以上、週休2日ならば、1日最低10時間近く働くことになります。

1位のイエメンの人口は約3298万人（2021年）で、労働人口の約60％が農業に従事しています。一人あたりのGDPは940ドル（2021年）で、石油やコーヒーが主な輸出品ですが、中東諸国の中では最貧の国です。2015年3月に内戦が勃発し、イランが支援する勢力と、サウジアラビアとアラブ首長国連邦が支援する勢力との間で激しい戦闘が続いています。ILOは、2021年にイエメンにおける児童労働（15歳未満）を警告する報告をまとめています。

2位以下の国にはアジア、アフリカ諸国が並びます。ホテルや空港などの大規模施設の建設が相次ぐ中東諸国や、低価格の衣料品や雑貨を製造する東南アジア諸国、鉱産資源の採掘に従事する労働者など、長時間労働に従事する人が多くなっているようです。

日本の平均労働時間は週37・8時間（156カ国中101位）、週49時間以上働く人の割合は18・7％（74位）でした。

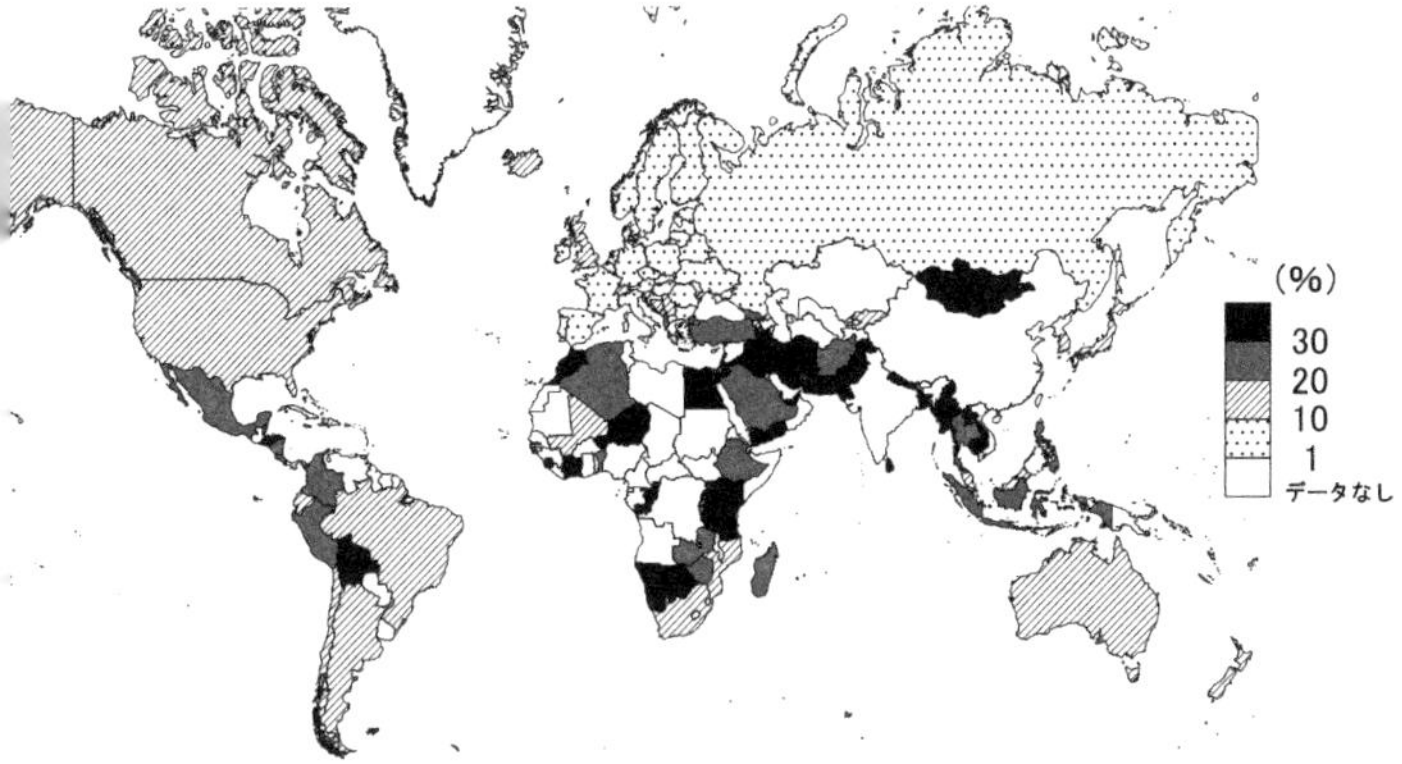


| 順位 | 国 | 統計年 | 週49時間以上働く雇用者の割合（%） |
|---|---|---|---|
| 1 | イエメン | 2010 | 97.0 |
| 2 | カタール | 2017 | 87.7 |
| 3 | カンボジア | 2017 | 56.1 |
| 4 | バングラデシュ | 2017 | 50.4 |
| 5 | アラブ首長国 | 2019 | 46.5 |
| 6 | コンゴ | 2009 | 45.6 |
| 7 | モルディブ | 2016 | 44.9 |
| 8 | ガンビア | 2018 | 44.7 |
| 9 | ラオス | 2017 | 43.8 |
| 10 | モロッコ | 2012 | 41.7 |
| 74 | 日本 | 2019 | 18.7 |

図表 1-3　週 49 時間以上働く雇用者の割合

出典：図表 1-1 に同じ

## 2　スイスの卵の値段は日本の何倍？——食料品の価格

世界の価格差を比較するNGOのサイトから、身近な食品の価格の違いを地図にしてみました。

図表2-1は、卵の小売価格の比較です。2022年の平均レートを1ドル＝130円で計算すると、1位のスイスでは卵1パック（12個）で816円、アメリカでは約520円にもなります。対して日本は244円と、中国（約256円）、韓国（約436円）よりも安価です。

欧米の卵が高く、日本の卵が安い背景には、飼育環境の違いと政府の補助の手厚さがあります。日本で主流（約95％の養鶏場が採用）の「ケージ」と呼ばれる狭い鳥かごを使った飼育は、スイスでは全廃され、EUでは2021年に禁止を決定（2027年までに達成）しました。2015年と2022年に大規模な鳥インフルエンザに見舞われたアメリカでも、5つの州が禁止しています。鶏の生育環境を改善し、産む卵の数を減らせば価格も高くなります。逆に、補助金があるとはいえ、安いことが当たり前のように見られている日本や途上国の養鶏家は、効率を優先してかろうじて利益を挙げていると言えます。

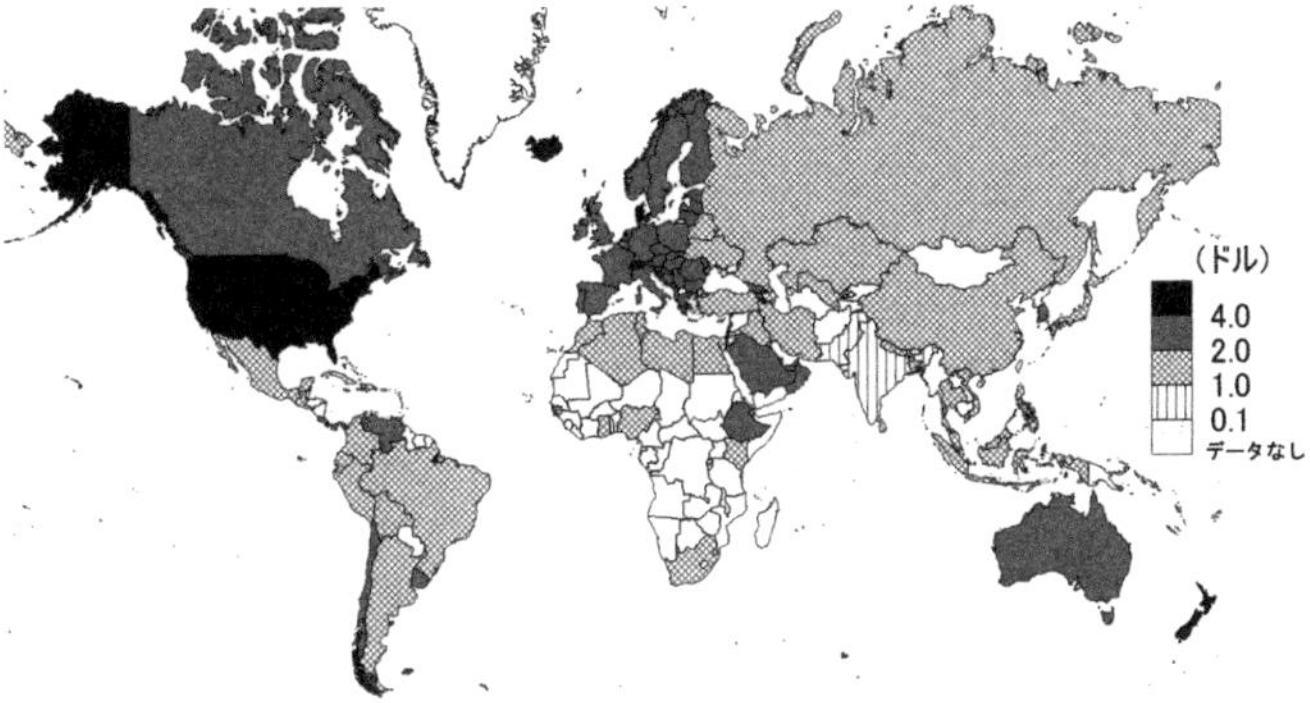


| 順位 | 国 | 小売価格（2022年）（ドル） | 小売価格（2010年）（ドル） | 増減率（%） |
|---|---|---|---|---|
| 1 | スイス | 6.29 | 3.69 | 70.5 |
| 2 | アイスランド | 5.16 | — | — |
| 3 | ニュージーランド | 4.51 | 2.30 | 96.1 |
| 4 | デンマーク | 4.17 | 2.21 | 88.7 |
| 5 | アメリカ | 4.00 | 1.61 | 148.4 |
| | …… | | | |
| 71 | 日本 | 1.88 | 1.82 | 3.3 |
| 105 | バングラデシュ | 1.20 | — | — |
| 106 | チュニジア | 1.16 | — | — |
| 107 | エジプト | 1.15 | 1.18 | −2.5 |
| 108 | インド | 0.92 | 0.64 | 43.6 |
| 109 | パキスタン | 0.89 | 0.69 | 29.0 |

図表2-1　鶏卵（12個）の小売価格
Numbeo "Cost of Living" より作成

図表2-2は、パンの価格の比較です。

ロシアのウクライナへの侵攻で、小麦の価格が世界的に高騰する中、世界中のパンの価格は軒並み上昇しています。小麦の価格が上昇する一方で、農機具や輸送するためのトラックを動かす燃料や肥料の価格も高騰しているため、アメリカやオーストラリアの小麦の生産が急に増えることはありません。このため、アメリカやカナダ、オーストラリアと、それらの国々から小麦の輸入が多い国々（日本、韓国、西ヨーロッパ諸国など）ではパンの価格が上がっています。

一方で、中東やアフリカ諸国では、パンの小売価格はアメリカの10分の1以下の国が目立ちます。これらの国々の小麦の輸入量は増加しています。例えばエジプトでは、2011年の小麦輸入量が510・6万トンでしたが、2021年には980万トンになりました。アメリカ、フランス、ロシアなど主要輸出国からの輸入が減っている一方で、ウクライナ、ルーマニア、リトアニアなど、それまでほとんど取り引きがなかった国からの小麦の輸入が急増しています。ウクライナ産に加えて、ロシア産の小麦が第三国を経由して輸出されていると見られます。経済制裁や輸送路の安全性から、輸出できる国が限られた中で、紛争当事国の小麦は海を渡っているようです。

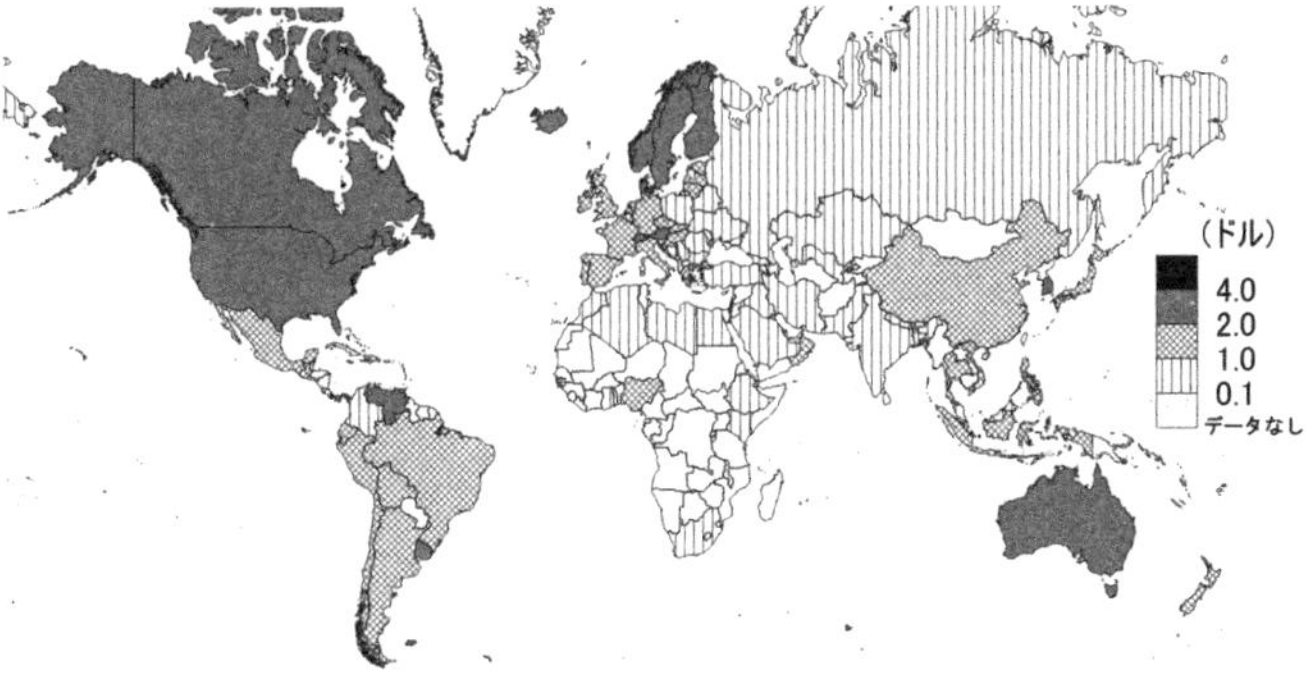


| 順位 | 国 | 小売価格（2022年）（ドル） | 小売価格（2010年）（ドル） | 増減率（%） |
|---|---|---|---|---|
| 1 | アメリカ | 3.25 | 1.85 | 75.7 |
| 2 | スイス | 3.25 | 1.95 | 66.7 |
| 3 | アイスランド | 2.96 | — | — |
| 4 | ノルウェー | 2.89 | 2.45 | 18.0 |
| 5 | デンマーク | 2.83 | 2.34 | 20.9 |
| …… | | | | |
| 38 | 日本 | 1.6 | 1.4 | 12.7 |
| 103 | パキスタン | 0.38 | 0.38 | 0 |
| 104 | カザフスタン | 0.35 | 0.38 | −7.9 |
| 105 | リビア | 0.35 | — | — |
| 106 | アルジェリア | 0.16 | — | — |
| 107 | チュニジア | 0.14 | — | — |

図表 2-2　パン（500 g）の小売価格

出典：図表 2-1 に同じ

図表2-3は、牛乳の小売価格の比較です。

牛乳の小売価格が高い国に共通することは、国土や気候が酪農に適さず、牛乳の多くを輸入に頼っている国であること、国土が広い、あるいは交通インフラの整備が不十分で、牛乳を新鮮な状態で輸送するのにはコストがかかるため、単価が高くなっていることが考えられます。

価格が安い国の分布を見ると、牛が多く飼育されているインドやパキスタンに加え、エジプトやモロッコなどの北アフリカの国々が並びます。これらの国々では、オアシスや山地で乳牛の酪農や水牛の乳の加工が行われている上、ヨーロッパ諸国から輸入される加工乳(ロングライフミルク、低脂肪乳)が盛んに流通しています。

日本の牛乳は、1リットルあたり1・47ドル(約191円)です。アメリカの1・2ドル(約156円)、フランスの1・1ドル(約143円)よりも若干高いです。ただ、産地と陸続きの欧米と違い、大産地である北海道から100台以上のタンクローリーを載せた専用船で輸送し、生乳を新鮮なまま各地に届けるコールドチェーンを維持しながら、この価格に抑えているのは、ある意味すごいことではないかと思います。

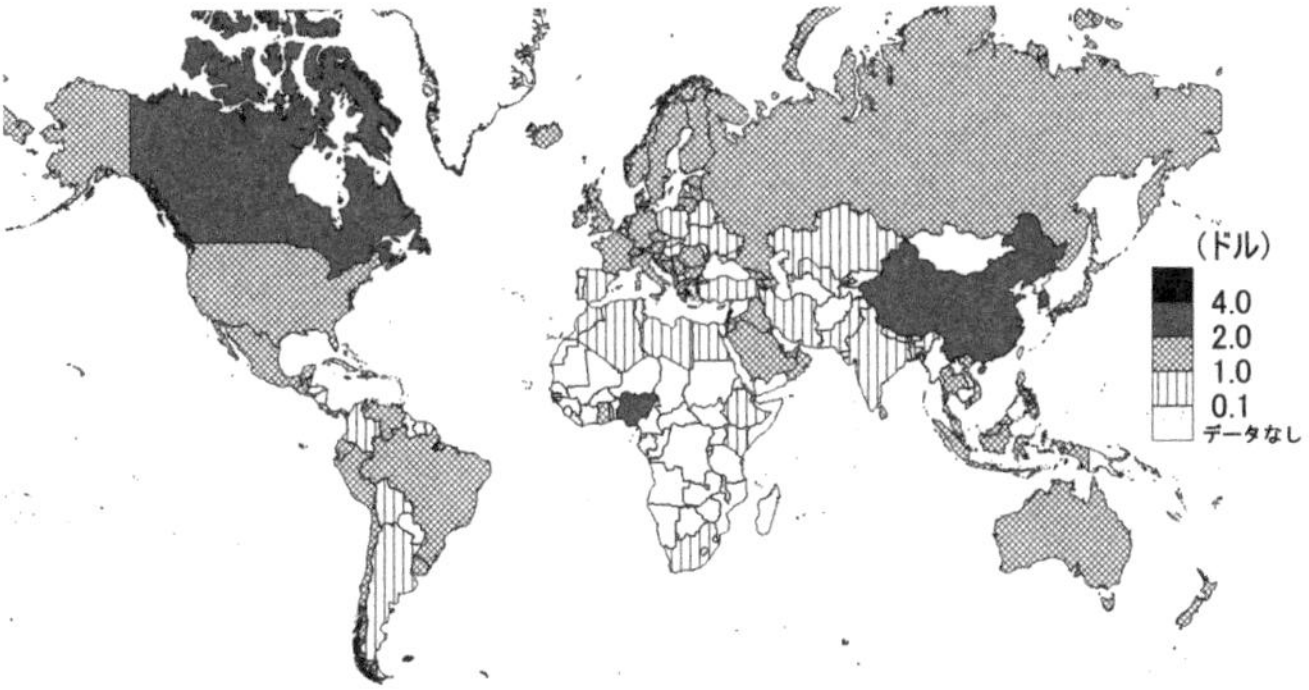


| 順位 | 国 | 小売価格(2022年)(ドル) | 小売価格(2010年)(ドル) | 増減率(%) |
|---|---|---|---|---|
| 1 | レバノン | 5.49 | — | — |
| 2 | 台湾 | 3.80 | — | — |
| 3 | 香港 | 3.11 | — | — |
| 4 | ジャマイカ | 2.87 | — | — |
| 5 | ナイジェリア | 2.76 | — | — |
| …… | | | | |
| 41 | 日本 | 1.47 | 1.66 | −11.4 |
| 103 | モロッコ | 0.70 | 0.89 | −21.3 |
| 103 | エジプト | 0.70 | 0.89 | −21.3 |
| 105 | インド | 0.67 | 0.46 | 45.7 |
| 106 | パキスタン | 0.54 | 0.55 | −1.8 |
| 107 | チュニジア | 0.44 | — | — |

図表 2-3　牛乳（1 リットル）の小売価格

出典：図表 2-1 に同じ

## 3　世界の住宅事情――持ち家・賃貸補助・公営住宅

ＯＥＣＤ（経済協力開発機構）では世界各国の住宅に関する指標を公開しています。日本や中国など、アジア諸国のデータは掲載されていませんが、ヨーロッパや中南米の住宅事情を知ることができます。

図表3-1は、住宅に占める持ち家の比率を示しています。持ち家率が最も高いのはルーマニアで、大半が自己所有による住宅です。西ヨーロッパでは逆に持ち家率が低い国が集まっており、住宅ローンによる所有率も高くなっています。ヨーロッパ以外の地域では、アメリカが66％（自己所有26％、住宅ローン40％）、オーストラリアが63％（自己所有31％、住宅ローン32％）と西ヨーロッパより持ち家率は高いですが、ローンの割合が高くなっています。

東ヨーロッパ諸国で持ち家率が高い理由は、かつての社会主義政権時代に集中的に建てられた集合住宅が住民に払い下げられたためです。住居費は安く抑えられますが、老朽化が進み、必ずしも恵まれた住環境とは言えないと思われます。ちなみに日本の持ち家率は61・2％（２０１８年：総務省）です。

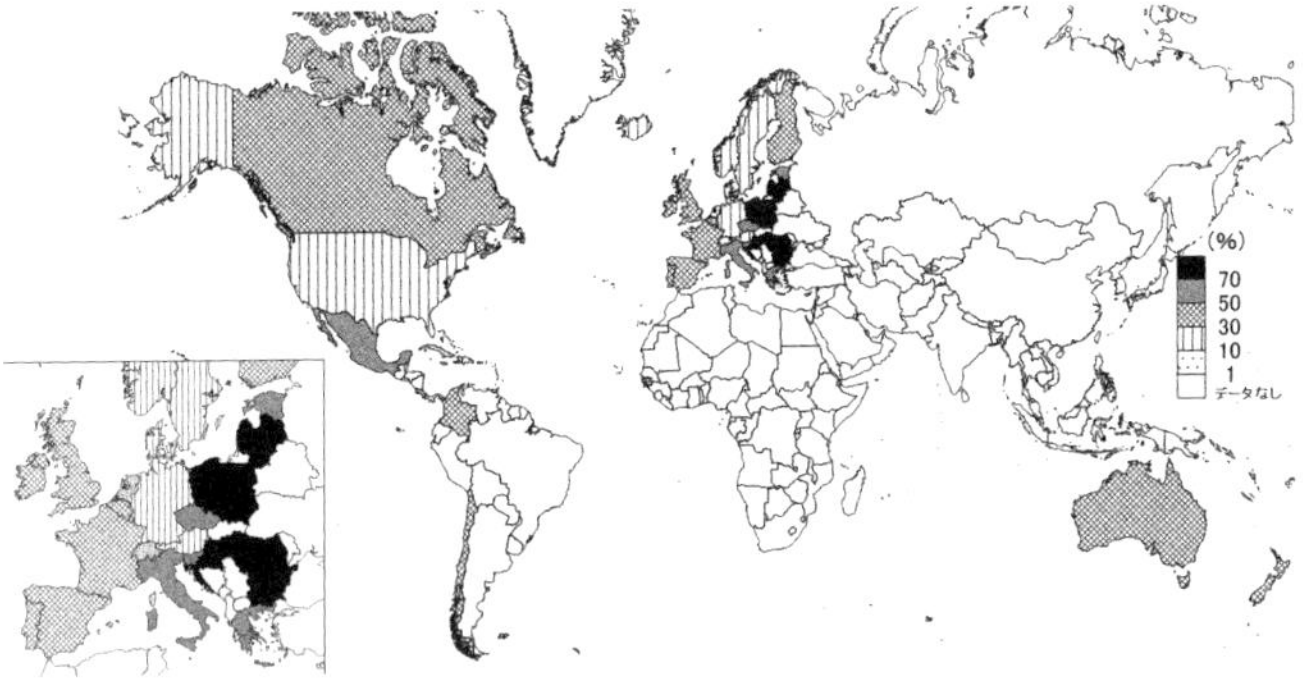


| 順位 | 国 | 自己所有の住宅率(%) | ローン所有の住宅率(%) | 持ち家率合計（%) |
|---|---|---|---|---|
| 1 | ルーマニア | 95 | 1 | 96 |
| 2 | リトアニア | 84 | 8 | 92 |
| 3 | クロアチア | 85 | 6 | 91 |
| 3 | ハンガリー | 79 | 12 | 91 |
| 5 | ブルガリア | 83 | 2 | 85 |
| | | …… | | |
| 34 | デンマーク | 15 | 36 | 51 |
| 35 | オーストリア | 29 | 19 | 48 |
| 36 | ドイツ | 26 | 18 | 44 |
| 37 | コロンビア | 32 | 5 | 37 |
| 37 | スイス | 4 | 33 | 37 |

図表 3-1　持ち家率と所有手段（2020 年）

経済協力開発機構（OECD）“OECD Affordable Housing Database” より作成

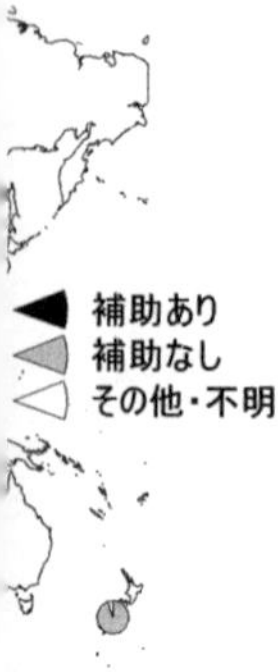


図表3-2は、賃貸住宅に関する指標です。ＯＥＣＤでは、家賃に公的な補助を受けている世帯とそうでない世帯の割合を集計しています。

公的補助を受けている世帯の割合が最も高いのがイギリスです。イギリスの持ち家率は67%と、ヨーロッパの中でも比較的低いですが、政府の住宅関係支出がＧＤＰに占める比率がトップ（1・38%）です。2位のフィンランド（0・88%）、3位のドイツ（0・73%）を引き離しています。

産業革命以来、都市の過密化と住宅の供給不足に頭を悩ませてきたイギリスでは、国や地方自治体が様々な政策を展開してきました。他の国々が賃貸住宅の居住者に補助金を出す形で支援するのに対して、イギリスでは1960年代から、家賃の水準を定めて所得税から控除する制度を取り入れています。1980年代のサッチャー政権以後は、持ち家への誘導や民間の賃貸住宅も増加しましたが、主に地方税の控除による家賃補助は続いています。

一方、アメリカや中南米、オーストラリアでは、家賃の公的補助がある国はほとんどなく、貧困層にとっては厳しい環境が続いています。

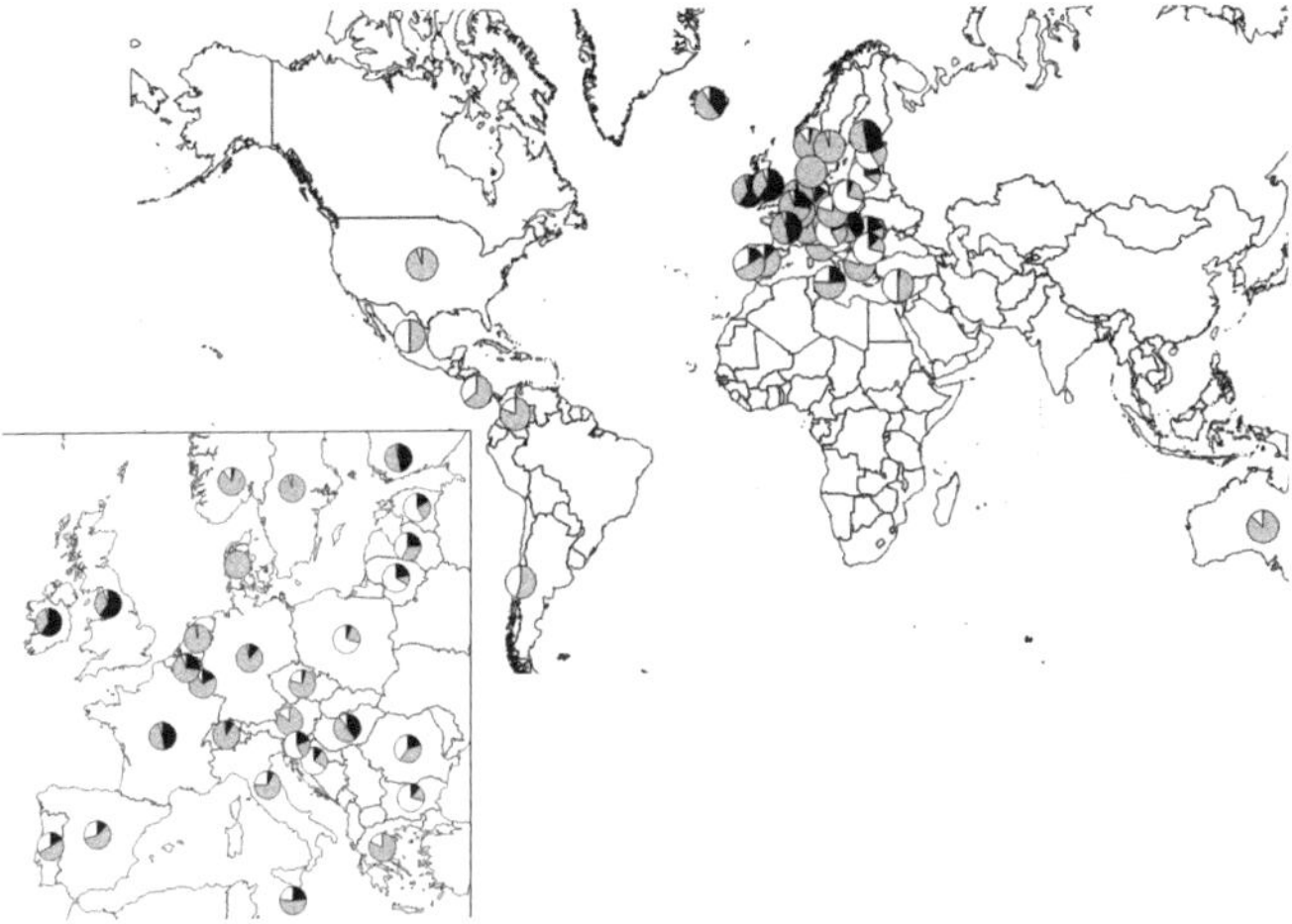

| 順位 | 国 | 家賃の公的補助を受ける世帯の割合（%） | 公的補助を受けない世帯の割合（%） | その他不明（%） |
|---|---|---|---|---|
| 1 | イギリス | 60.6 | 33.3 | 6.1 |
| 2 | アイルランド | 60.0 | 36.7 | 3.3 |
| 3 | フランス | 47.4 | 47.3 | 5.3 |
| 4 | フィンランド | 47.2 | 50.0 | 2.8 |
| 5 | アイスランド | 39.9 | 51.5 | 8.6 |
| 6 | ベルギー | 26.5 | 67.6 | 5.9 |

図表 3-2　賃貸住宅の家賃に公的補助を受ける世帯の割合（2020 年）
出典：図表 3-1 に同じ

図表3－3は、国や自治体が運営する公営住宅が全住宅に占める割合と住宅戸数を示しています。公営住宅が占める割合が最も高いのはオランダで、住宅戸数ではフランスやイギリス、アメリカが際立っています。

オランダでは、低所得者層向けの公営住宅（ソーシャルハウス）が整備され、低所得者を優先的に入居させています。一方で、公営住宅に入るには所得が高く、住宅を購入するための資金がない中間層向けの賃貸住宅が慢性的に不足しており、家賃の高騰への抗議や住宅取得の補助の拡大を求めるデモが頻発しています。

フランスでは、1984年に低家賃の住宅の建設を促す法律が制定され、都市の再開発の一環として郊外に公営住宅群が相次いで建設されました。2000年から2010年にかけて再び建設ラッシュがおこり、年間20～30万戸のペースで公営住宅が建設されました。「インナーシティ」と呼ばれる都市中心部の周縁に集まっていた低所得者は郊外の公営住宅に移り、中心市街地の再開発を進めることができましたが、郊外に新たな貧困者の集住地域を生み出しました。パリで「バンリュー（郊外）」と言えば、移民が多く集まる公営住宅が多い地域を蔑視の意味を込めて使うようになっています。

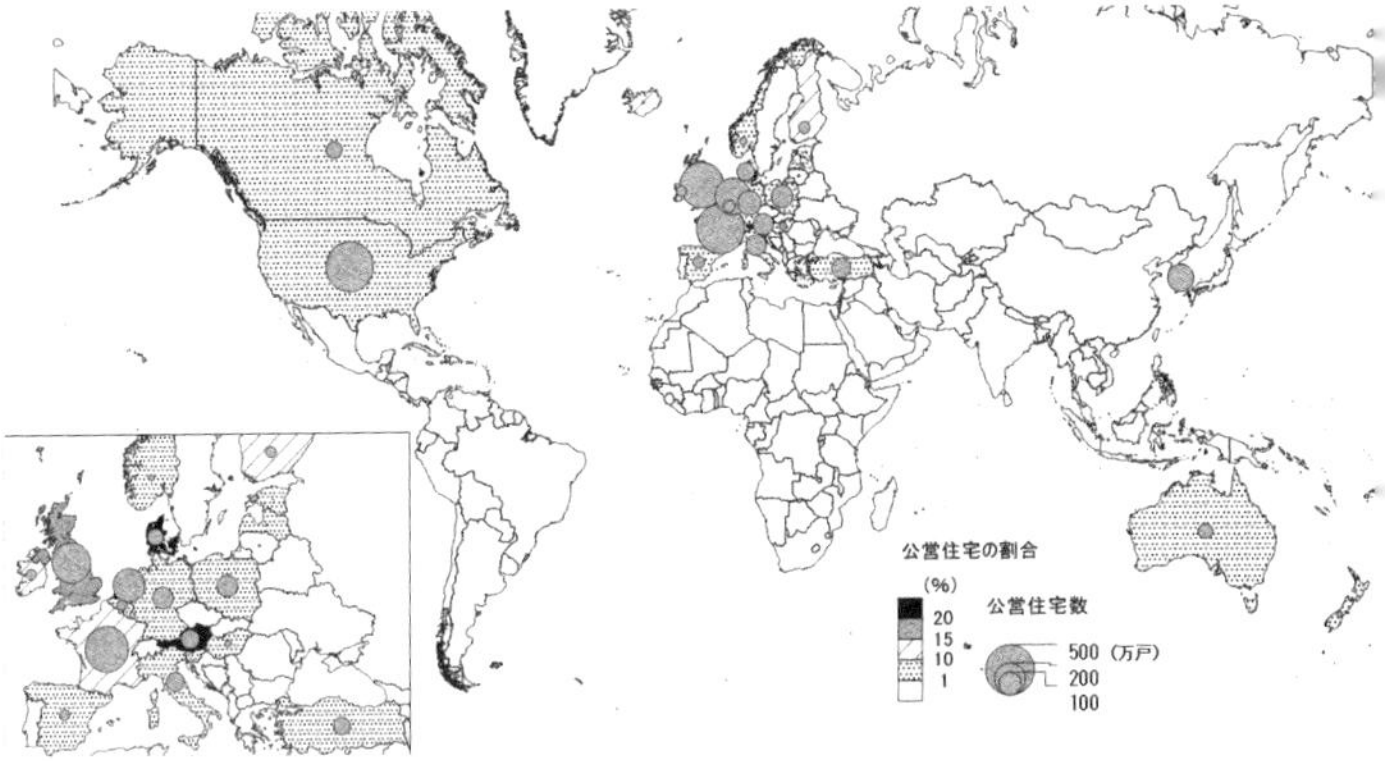


| 順位 | 国 | 住宅供給に占める公営住宅の割合（%） | 公営住宅数（万戸） | 統計年 |
|---|---|---|---|---|
| 1 | オランダ | 36.4 | 271.4 | 2020 |
| 2 | オーストリア | 23.6 | 93.1 | 2019 |
| 3 | デンマーク | 21.4 | 62.0 | 2020 |
| 4 | イギリス | 16.7 | 406.6 | 2019 |
| 5 | フランス | 14.0 | 508.9 | 2018 |
| | | …… | | |
| 9 | 韓国 | 8.9 | 157.0 | 2018 |
| 10 | ポーランド | 7.6 | 110.1 | 2016 |
| 16 | アメリカ | 3.6 | 497.5 | 2019 |
| 18 | ドイツ | 2.7 | 113.7 | 2019 |

図表 3-3　住宅供給数に占める公営住宅の割合と戸数

出典：図表 3-1 に同じ

## 4　社会保障費の国際比較――日本よりも多い国・少ない国

日本の社会保障費の予算額は131兆円（2022年）で、対GDP（国内総生産）比で23・2％になります。内訳は、年金に58・9兆円（44・2％）、医療保障に40・8兆円（31・5％）、子育て支援などその他福祉に31・5兆円（24・0％）などです。財源は税収が5割、国債が4割、1割が社会保険料などで賄われています。日本の社会保障制度は、他国と比べてどのような位置づけにあるのでしょうか。OECD（経済協力開発機構）の統計を使って比較してみました。

図表4-1は、2017年における各国の社会保障費支出のGDPに対する比率を示しています。比率が高い国の分布を見ると、西ヨーロッパ諸国やアメリカ、オーストラリアなどが日本よりも高い一方で、ヨーロッパでも東部や南部の国々では低くなっています。

社会保障支出の対GDP比が高いほど公的サービスが充実しているとは限りません。例えばアメリカは日本よりも数値は高いですが、公的な医療保険制度に加入している人は高齢者や低所得者など、人口の2割程度に限られ、大部分の人が民間の医療保険制度を利用しています。

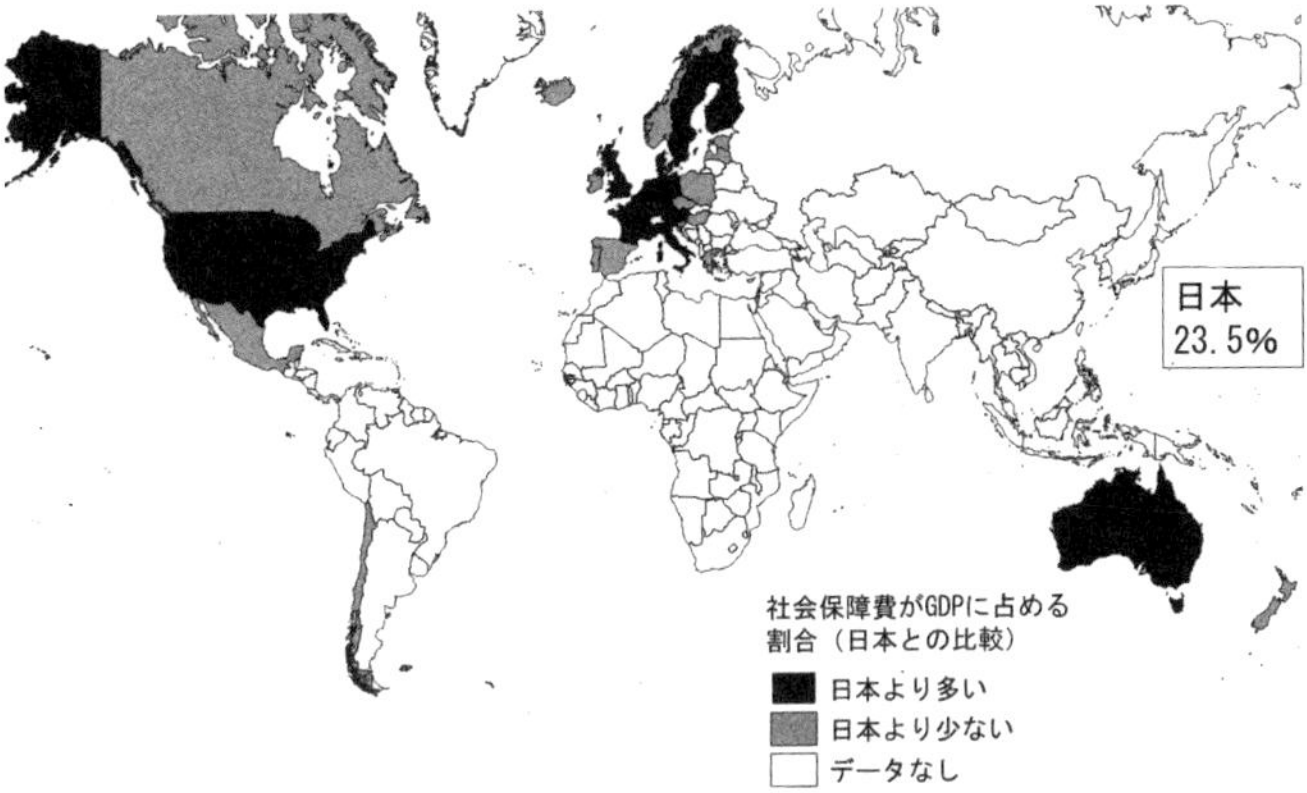


| 順位 | 国 | 対GDP比（%） |
|---|---|---|
| 1 | フランス | 30.9 |
| 2 | アメリカ | 29.4 |
| 3 | オランダ | 25.7 |
| 4 | ベルギー | 25.5 |
| 5 | デンマーク | 25.2 |
| 12 | 日本 | 23.5 |
| 30 | チリ | 14.0 |
| 31 | ラトビア | 13.6 |
| 32 | 韓国 | 12.8 |
| 33 | トルコ | 11.8 |
| 34 | メキシコ | 7.5 |
| OECD平均 | | 20.3 |

図表4-1　社会保障費の対GDP比（2017年）

経済協力開発機構（OECD）"OECD Affordable Housing Database" より作成

図表4-2は、家族関係の社会保障費がGDPに占める割合を示したデータです。西ヨーロッパ諸国が総じて日本よりも比率が高い一方で、アメリカは、34カ国中最下位です。

家族関係の社会保障費について、ILO（国際労働機関）は、「子どもその他の被扶養者がいる家族（世帯）を支援するために提供される給付が対象」と定義しています。日本では「児童手当」や「扶養手当」がこれにあたります。

イギリスの児童手当は「チャイルド・ベネフィット」と呼ばれています。満16歳未満（学生は19歳未満まで）の子どもを持つ世帯に対して、第1子に対して週21ポンド（約3400円）。第2子以後は週14ポンド（約2300円）が支払われます。日本の児童手当は3歳まで月額1万5000円、中学生までが月1万円で、一カ月4週で計算すると、イギリスとあまり変わりませんが、日本では所得上限があり、すべての世帯が受給できるわけではありません。アメリカには、児童手当の制度自体がなく、申請に基づいて所得税から一定額を控除することで補助が行われています。控除額は、収入にもよりますが、年間3200ドル（約35万円）程度の税金が還付されています。

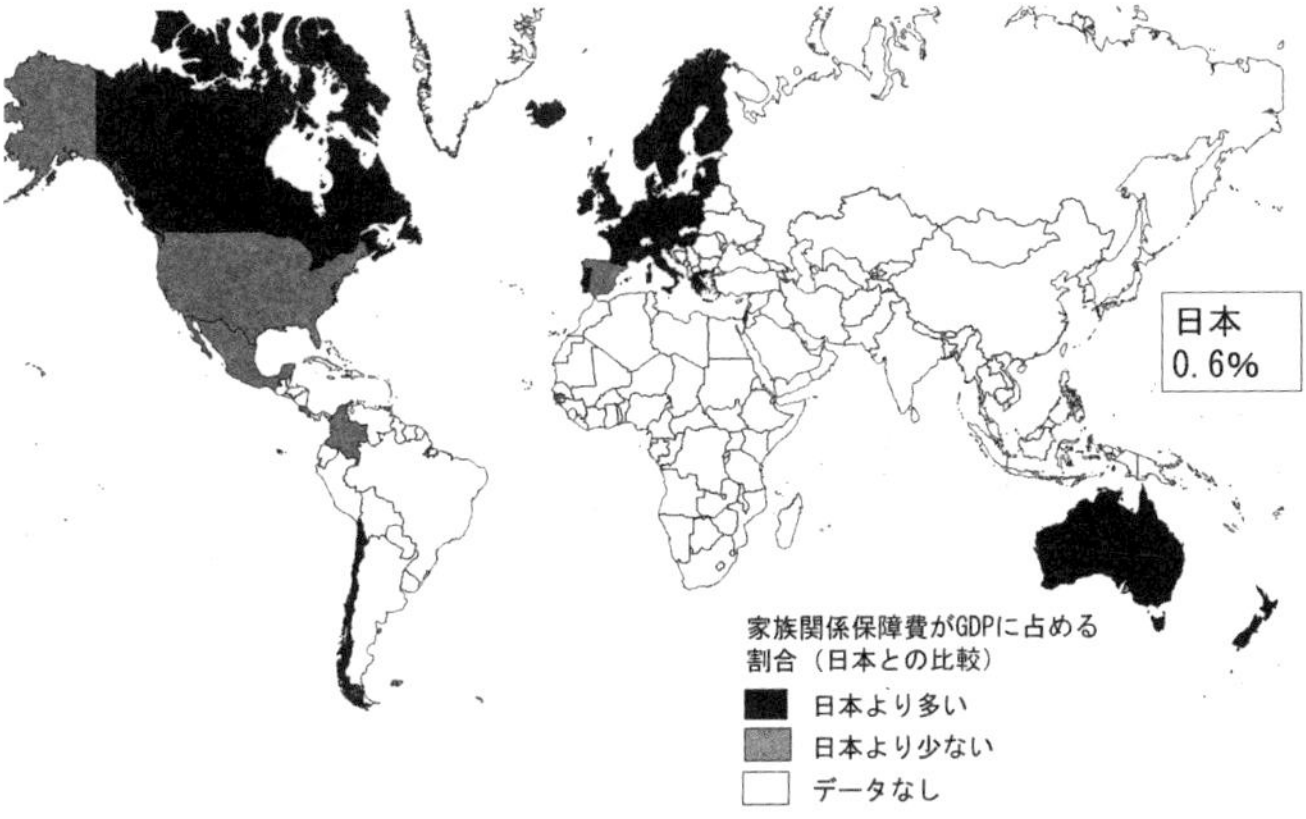


| 順位 | 国 | GDPに占める割合（%） |
|---|---|---|
| 1 | アイスランド | 2.3 |
| 1 | ルクセンブルク | 2.3 |
| 2 | スウェーデン | 2.1 |
| 2 | イギリス | 2.1 |
| 5 | デンマーク | 2.0 |
| 5 | エストニア | 2.0 |
| | …… | |
| 58 | 日本 | 0.6 |
| 74 | トルコ | 0.3 |
| 74 | カナダ | 0.2 |
| 75 | 韓国 | 0.2 |
| 76 | アメリカ | 0.1 |
| | OECD平均 | 1.1 |

図表4-2　家族関係の社会保障費の対GDP比（2017年）

出典：図表4-1に同じ

図表4-3は、高齢者に関わる社会福祉支出の対GDP比を示しています。西ヨーロッパ諸国では、高齢者向けの社会保障費がGDPに占める割合は日本よりも多い国が目立ちます。1位ギリシアの高齢化率（65歳以上の人口が占める比率）は、22・8%と、日本（29・1%）よりも低いですが、高齢者向けの社会保障費の比率は日本よりも高くなっています。一方で、韓国の高齢化率は2016年に13・3%だったものが2021年には16・8%にまで上昇しており、今後高齢者関係の社会保障費が急増していく可能性があります。

日本の高齢者向けの社会保障費は、2017年度は79兆円で、社会保障費全体に占める割合は66・3%に達しました。1980年に約10兆7500億円にすぎなかった高齢者向け社会保障費は、40年で7倍以上に膨れ上がっています。内訳は年金が5割、医療保障が3割、福祉その他が2割で、全体の6割が社会保険料で、4割が税金で賄われています。

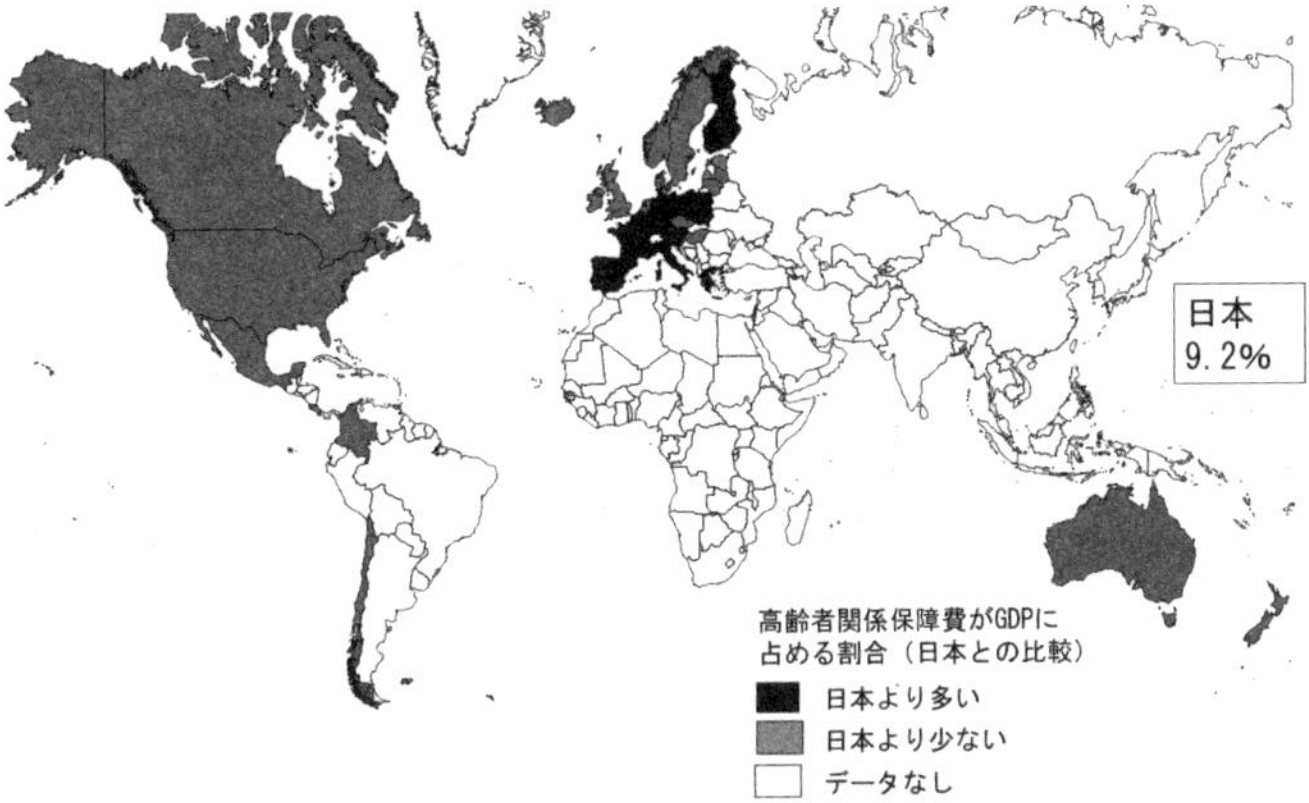


| 順位 | 国 | GDPに占める割合(%) |
|---|---|---|
| 1 | ギリシア | 16.3 |
| 2 | イタリア | 15.7 |
| 3 | フランス | 13.6 |
| 4 | オーストリア | 12.9 |
| 5 | ポルトガル | 12.7 |
| 12 | 日本 | 9.2 |
| 33 | アイルランド | 3.6 |
| 34 | 韓国 | 2.8 |
| 34 | チリ | 2.8 |
| 36 | メキシコ | 2.7 |
| 37 | アイスランド | 2.6 |
| OECD平均 | | 7.7 |

図表4-3　高齢者関係の社会保障費の対GDP比（2017年）
出典：図表4-1に同じ

## 5　活字メディアの現状——新聞と出版の国際比較

新聞や書籍など、活字メディアの落ち込みが激しいといわれて久しくなりました。活字離れは全世界的に進んでいるのでしょうか。その地域性について地図を描いてみました。

図表5-1は、世界の主な国の新聞（有料日刊紙）の発行部数について見た資料です。国別の発行部数を2019年と2021年で比較しています。

中国は、世界で最も新聞発行部数が多い国です。近年、発行部数は伸び悩んでいますが、2004年の約9350万部（世界新聞協会調べ）から見ると、市場は大きく拡大しています。インドでは、2010年代から新聞の新規刊行が相次ぎ、それまで都市を中心に購読されていた英字紙をしのぐ形で現地語の新聞が台頭しています。新聞を日常的に読む中産階級が増えていることと、企業にとって着実な広告媒体として認識されているためとみられます。

一方、ロシアやブラジル、韓国などの新興国では落ち込みが激しくなっています。

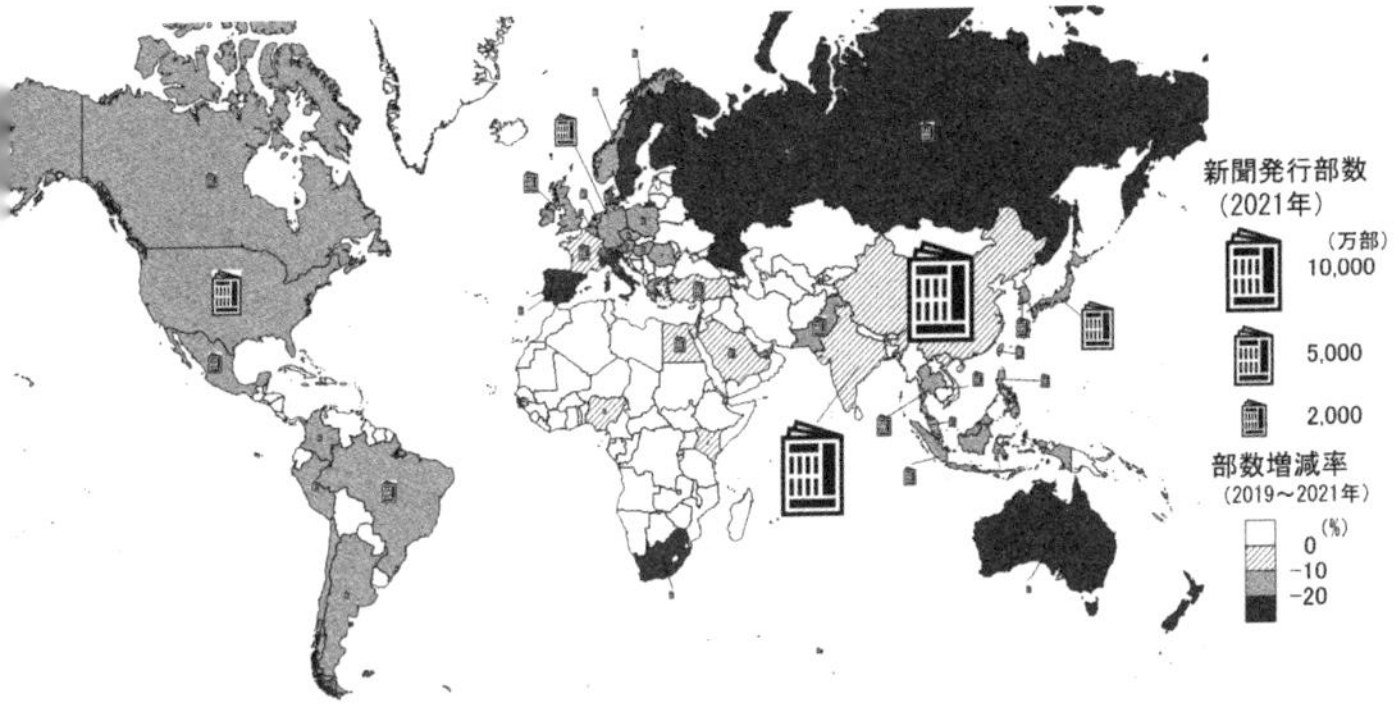


| 順位 | 国 | 新聞発行部数（万部） | | 部数増減（万部） | 増減率（%） |
|---|---|---|---|---|---|
| | | 2021 年 | 2019 年 | | |
| 1 | 中国 | 1 億 4273.9 | 1 億 5482.8 | −1208.9 | −7.8 |
| 2 | インド | 1 億 3313.6 | 1 億 4472.3 | −1158.7 | −8.0 |
| 3 | 日本 | 3302.7 | 3781.1 | −478.4 | −12.7 |
| 4 | アメリカ | 2870.3 | 3383.0 | −512.7 | −15.2 |
| 5 | ドイツ | 1570.1 | 1830.5 | −260.4 | −14.2 |
| 6 | イギリス | 678.0 | 820.8 | −142.8 | −17.4 |
| 7 | タイ | 675.7 | 768.6 | −92.9 | −12.1 |
| 8 | ブラジル | 637.3 | 773.1 | −135.8 | −17.6 |
| 9 | メキシコ | 626.7 | 706.1 | −79.4 | −11.2 |
| 10 | 韓国 | 591.3 | 716.2 | −124.9 | −17.4 |
| 11 | ロシア | 546.5 | 688.6 | −142.1 | −20.6 |

図表 5-1　新聞発行部数と増減
日本新聞協会 Web サイト「世界主要国・地域の有料日刊紙の発行部数」より作成

次に、書籍の出版について比較をしてみます。図表5-2は、各国の年間書籍出版点数です。重版（人気が出て売り切れたため再度印刷して販売すること）書籍を1点と数える国とそうでない国がありますので、単純に比べることはできませんが、日々おびただしい数の本が出版されていることがわかります。

出版点数が多いのは英語圏の国で、イギリスとアメリカを足すと中国の倍以上になります。英語の出版物は、作者も読者も英語を母国語とする国以外の人々を対象とすることが多く、特に学術書の出版においては、その分野の用語や査読に通じた専門性の高い出版社を擁するアメリカやイギリスが有利になりますので、両国が抜きんでて出版点数が多いものと思われます。

日本の出版点数は世界4位と、人口でははるかに多いインドやインドネシアよりも出版点数が多くなっています。外国に行くと、文庫や新書、コミック本のような、安いのに良質な紙を使った書籍を目にする機会がなかなかありません。新鮮で着実な情報を、いつでもどこでも手軽に手に取って読める日本の書籍は評価されてよいと思いますし、日本の出版文化を守るためにも、本を読み、買い支えていく必要があるのかもしれません。

| 順位 | 国名 | 年間出版点数（冊／年） | 統計年 |
|---|---|---|---|
| 1 | アメリカ | 27万5232 | 2013 |
| 2 | 中国 | 20万8418 | 2013 |
| 3 | イギリス | 18万6000 | 2020 |
| 4 | 日本 | 13万9078 | 2017 |
| 5 | インドネシア | 13万5081 | 2020 |
| 6 | イタリア | 12万5948 | 2020 |
| 7 | ロシア | 11万5171 | 2019 |
| 8 | フランス | 10万6799 | 2018 |
| 9 | イラン | 10万2691 | 2018 |
| 10 | インド | 9万0000 | 2013 |
| 11 | トルコ | 8万8975 | 2020 |
| 12 | スペイン | 8万3622 | 2020 |

図表5-2　書籍の年間出版点数
Wikipedia "Books published per country per year" より作成

図表5-3は、世界知的所有権機関（WIPO）が毎年公表している世界の出版業界の総売り上げを国ごとに比較した資料です。

年間出版点数が世界一のアメリカは、出版収入も世界一である上、2018年からの売り上げ幅を14・9％伸ばしています。対して出版点数が3位のイギリスは、売上高は5位で、売り上げ幅は1・4％減少させています。

同機関が公表している出版物の内訳を見ると、アメリカの出版物の70・1％が一般書（商用）、29・9％が教育・学術書であるのに対し、イギリスは56・8％が一般書、43・2％が学術書と、イギリスの方が学術書の割合が高いのが特徴です。ただ、ドイツのように、学術書が占める割合が20・2％と大きいのに、総売上高も伸び率も日本（学術書が占める割合7・4％）を上回っているケースも見られます。ブラジルやトルコなどの新興国では売り上げの落ち込みが大きくなっています。

「出版不況」は、国により、ジャンルによりまちまちです。信頼性の高い情報を適正な価格で販売し続けることができるか、各国の新聞・出版業界はこれからも難しい対応を迫られるようです。

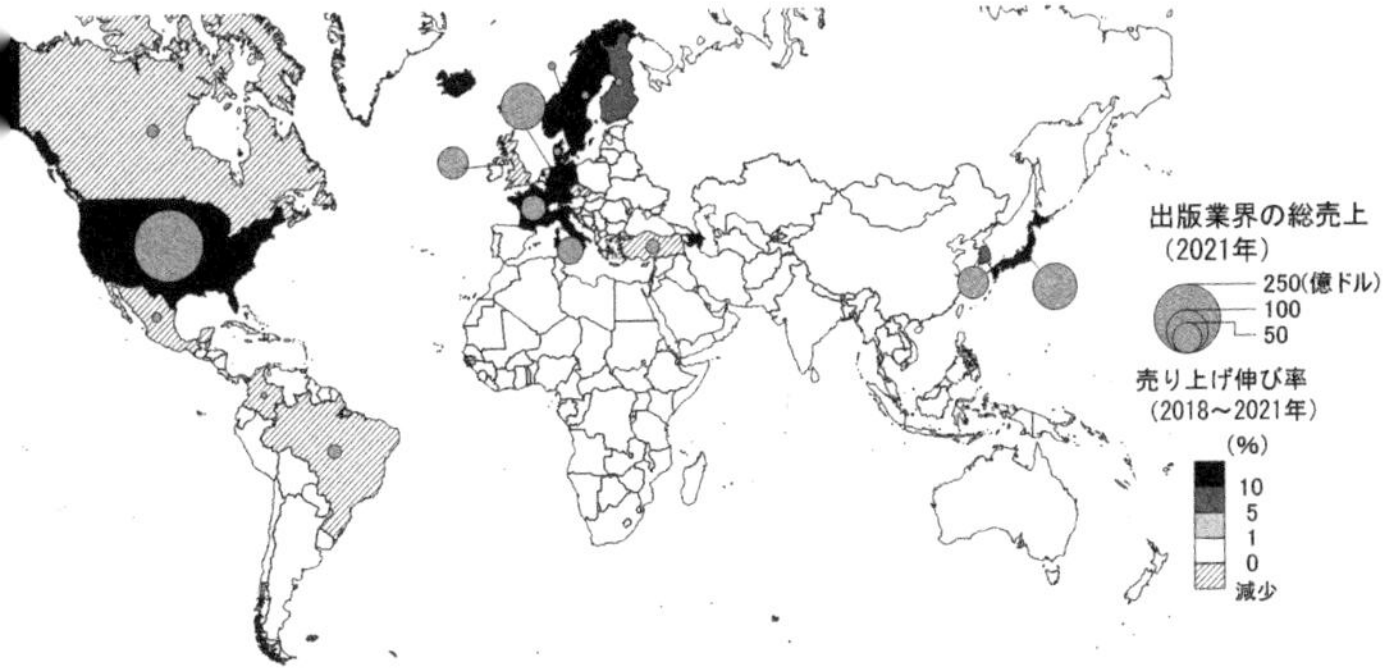


| 順位 | 国名 | 出版業界の総売上(2021年)(億ドル) | 増減率(%)(2018〜21年) |
|---|---|---|---|
| 1 | アメリカ | 268.2 | 14.9 |
| 2 | ドイツ | 113.9 | 87.7 |
| 3 | 日本 | 113.2 | 34.1 |
| 4 | 韓国 | 54.3 | 9.5 |
| 5 | イギリス | 53.6 | −1.4 |
| 6 | イタリア | 40.5 | 62.6 |
| 7 | フランス | 34.7 | 16.3 |
| 8 | ブラジル | 11.1 | −20.4 |
| 9 | トルコ | 10.2 | −18.4 |
| 10 | カナダ | 8.6 | −16.9 |
| 11 | メキシコ | 4.4 | −4.2 |
| 12 | スウェーデン | 3.8 | 75.4 |

図表 5-3　出版業界の総売上と増減率

世界知的所有権機関(WIPO)"The Global Publishing Industry in 2021" より作成

## 6 アフリカ・西アジアで伸びる携帯——携帯電話の普及と契約数

国際電気通信連合（ITU）が毎年公表している携帯電話回線の契約数から、携帯電話の普及状況の各国比較を行ってみました。

図表6-1は、2000年から2021年の21年間における携帯電話回線の契約数の伸びの大きさを示しています。黒く塗られた国々は、他を遥《はる》かに上回るペースで携帯電話が普及しています。特にアフリカ諸国と西アジアで濃い色が目立ちます。

これらの地域で利用者の拡大を加速させた背景には、基地局設備の小型化、省電力化に伴う設置・運用コストが低減されたことに加え、極めて安い価格で携帯電話を利用できるビジネスモデルが欧州系の企業によって展開され、定着したことが挙げられます。例えば、イギリス系の会社がM-Pesaのブランドでアフリカや中東、インドで行っているサービスは、個人が端末を購入しなくても個人情報を記録したカード（SIMカード）を買うだけで利用できる上、プリペイド式の料金決済と端末間のショートメールを利用した送金サービスは、金融インフラの脆弱《ぜいじゃく》な地域で安全かつ低コストな預金・送金の手段となっており、広く支持を受けています。

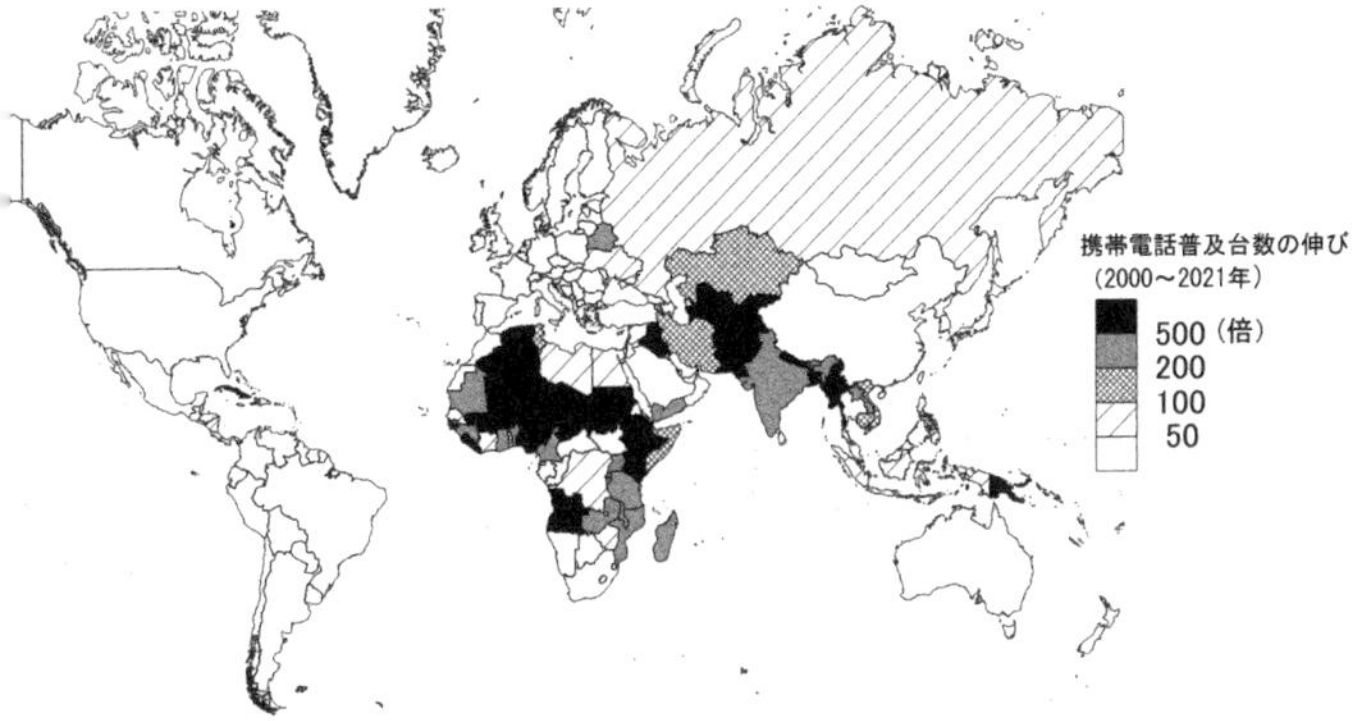


| 順位 | 国・地域 | 契約数（万台）（2000 年） | 契約数（万台）（2021 年） | 伸び幅（倍）（2021/2000） |
|---|---|---|---|---|
| 1 | タジキスタン | 0.11 | 1158.4 | 9986.2 |
| 2 | ニジェール | 0.21 | 1423.9 | 6925.6 |
| 3 | ナイジェリア | 3.0 | 19512.8 | 6504.2 |
| 4 | ミャンマー | 1.34 | 6793.0 | 5070.5 |
| 5 | ネパール | 1.02 | 3821.3 | 3736.8 |
| 6 | エチオピア | 1.78 | 6450.0 | 3632.4 |
| 7 | コンゴ民主 | 1.5 | 4688.6 | 3125.7 |
| 8 | マリ | 1.03 | 2433.5 | 2340.3 |
| 9 | ジブチ | 0.02 | 48.9 | 2127.6 |
| 10 | イラク | 2.0 | 4074.9 | 2037.5 |
| 187 | 日本 | 6678.4 | 2333.5 | 3.0 |

図表 6-1　携帯電話回線の契約数と伸び幅（2000／2021 年）
国際電気通信連合（ITU）“MobileCellularSubscriptions_2000-2021” より作成

図表6-2は、各国の携帯電話の人口カバー率（人口に対する携帯電話契約者の数の割合）が100%を超えた年を示しています。日本が100%を超えた（名目上「一人一台」を達成）のが2011年ですので、表では2010年以前に達成した国を年代ごとに並べています。

初めて100%を達成する国が出た2002年世界の携帯電話の契約総数は約11億6548万回線（現在の中国の7割程度）でした。最も契約者数が多かったのが中国（2億6000万回線）で人口カバー率は16・1%、2位がアメリカ（1億4180万回線）で49・2%、3位が日本（8111万回線）で63・7%でした。アメリカですら5割に届かなかった時代に100%を達成した国は、北欧や東欧の国に集中しています。

その理由として、国の推進政策と関連産業の保護政策が挙げられます。携帯電話は、基地局の設置など初期費用は高くつきますが、回線の維持管理は固定電話よりも低コストで済みます。厳寒の冬季に作業を余儀なくされる北欧諸国では、いち早く携帯電話への誘導が進み、世界的な携帯電話メーカーの操業が相次ぎました。砂漠に囲まれた環境の中で先駆的な企業が集まるイスラエルや、行政の電子化を徹底するエストニアも、比較的早い段階で人口カバー率100%を達成しています。

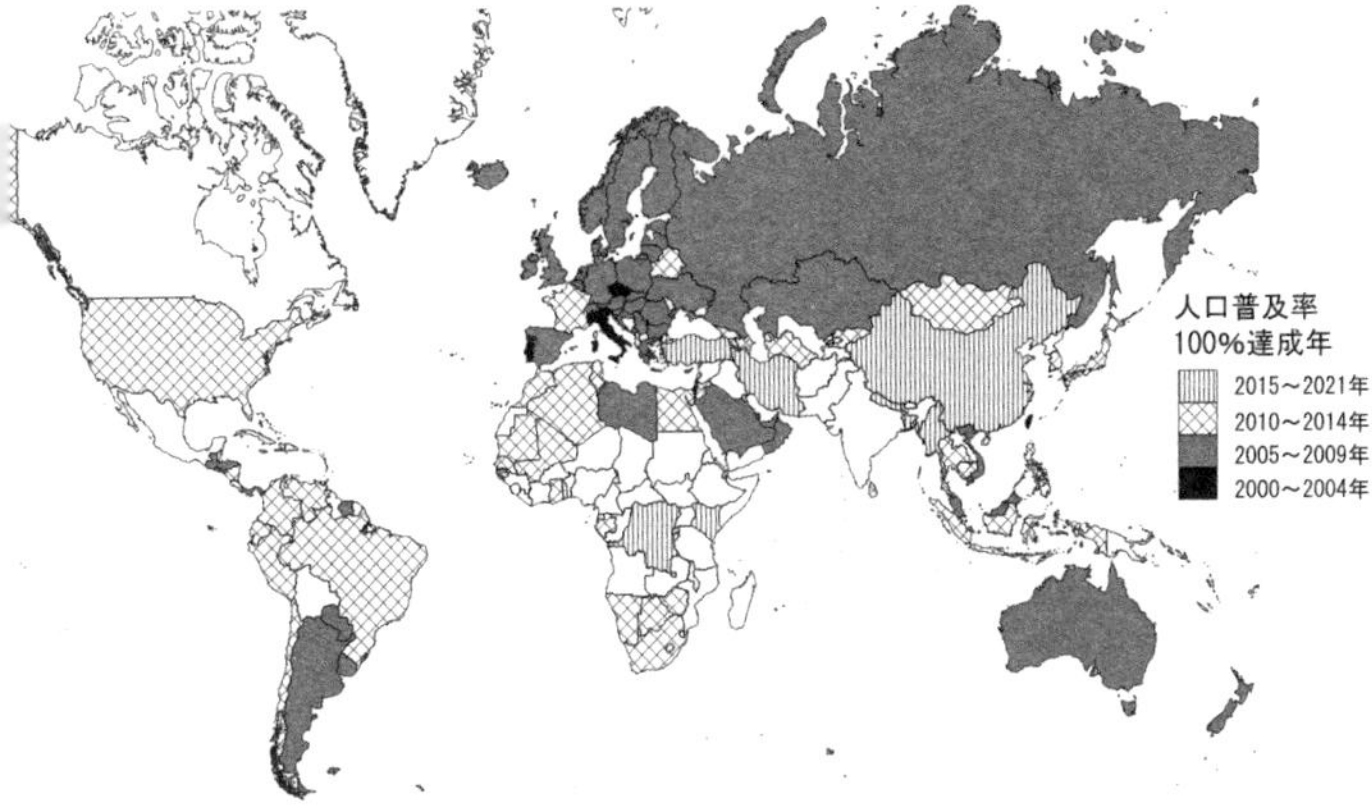


| 年 | 人口カバー率 100% を達成した国・地域 |
| --- | --- |
| ~2004 | ルクセンブルク・台湾（2002）／香港・イスラエル（2003）／イタリア・チェコ・ポルトガル（2004） |
| 2005 | オーストリア・キプロス・デンマーク・エストニア・フィンランド・アイルランド・リトアニア・マカオ・ノルウェー・シンガポール・アラブ首長国連邦・イギリス・アンティグア・バーブーダ |
| 2006 | ブルガリア・トリニダード＝トバゴ・ドイツ・モンテネグロ・オランダ・ロシア・スペイン・スウェーデン・ウクライナ・ドミニカ |
| 2007 | アルゼンチン・オーストラリア・バハマ・バーレーン・ベルギー・クロアチア・エルサルバドル・ギリシア・グリーンランド・ハンガリー・アイスランド・ラトビア・ニュージーランド・ポーランド・カタール・サウジアラビア・セルビア・スロバキア・スイス |
| 2008 | バルバドス・ブルネイ・グアテマラ・ジャマイカ・リビア・マレーシア・モルディブ・オマーン・パナマ・パラグアイ・ルーマニア・セントルシア・セントビンセントグレナディーン・セイシェル・スロベニア・スリナム・ウルグアイ |
| 2009 | グレナダ・ホンジュラス・カザフスタン・ベトナム |
| 2010 | アルメニア・ベラルーシ・ボツワナ・ブラジル・チリ・ジョージア・韓国・クウェート・北マケドニア・タイ・チュニジア |

図表 6-2　携帯電話契約者数が「人口カバー率 100%」を達成した年
出典：図表 6-1 に同じ

図表6-3は、現在（2021年）の各国の人口100人あたりの携帯電話契約者数です。もはや「人口カバー率100%」は当たり前の状態になっている現在、普及が進んだ国では、競合する通信業者同士の顧客の獲得競争や、複数の端末の契約による利用者増が試みられている状態が続いています。ただ、スマートフォンの普及と、携帯電話サービスに頼らない無料の高速データ通信（公衆無線LAN）の普及が進む中で、個人が複数の回線の契約を求めることは難しくなってきています。

そのような中で、人口に対する携帯電話回線の契約者数が多い国々を上位から見ると、新規の契約を支えているのは、国内の居住者ではなく外国人の観光客ではないかと仮定できます。先述したアフリカにおける「SIMカードだけのプリペイド契約」は、観光客にとっては便利なサービスだからです。特に、公衆無線LANが十分に発達していないような国や地域では、一度支払えば滞在中インターネットが使える方が楽です。上位にはリゾート地を抱える国が多く並ぶのはそのためではないかと思われます。

日本もロシアと並んで上位に入っていますが、屋外のネットワーク接続を有料の携帯電話回線に頼りがちな国の一つであると言えそうです。

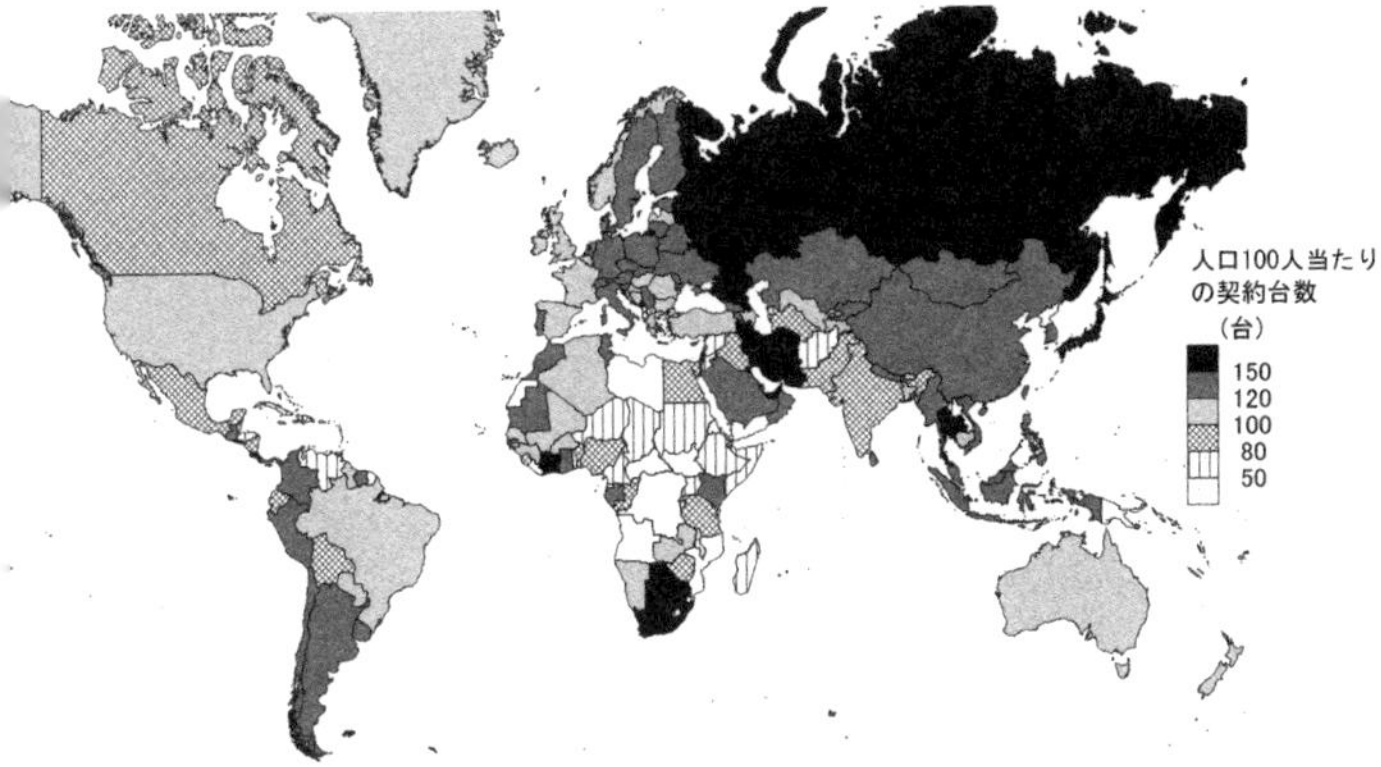


| 順位 | 国・地域 | 人口（万人） | 携帯電話契約台数（万台） | 人口 100 人あたり契約台数（台） |
|---|---|---|---|---|
| 1 | マカオ | 68.7 | 279.3 | 406.8 |
| 2 | 香港 | 741.3 | 2394.0 | 319.4 |
| 3 | アンティグア・バーブーダ | 9.3 | 18.4 | 197.4 |
| 4 | アラブ首長国連邦 | 936.5 | 1823.7 | 194.7 |
| 5 | モンテネグロ | 61.9 | 112.0 | 178.4 |
| 6 | エルサルバドル | 631.4 | 1107.1 | 175.3 |
| 7 | セイシェル | 9.9 | 18.4 | 185.9 |
| 8 | ロシア | 14510.0 | 24656.9 | 169.0 |
| 9 | 南アフリカ | 5949.2 | 132.8 | 168.9 |
| 9 | タイ | 7160.1 | 12085.0 | 168.9 |
| 11 | 日本 | 12550.2 | 20333.5 | 163.2 |

図表 6-3　各国の人口と携帯電話契約数（2021 年）
出典：図表 6-1 に同じ

## 7 世界三大宗教の信者数

「世界三大宗教」と言えば、キリスト教、イスラム教、仏教が挙げられます。実際の信者数で言えば、仏教徒よりもヒンドゥー教徒の方が多いのですが、信者の分布地域がより広い仏教が三大宗教にされることが多いです。それぞれの宗教は、どの国で信者が多いのか、また国内の人口に占める信者の割合がどのようなものかを比較してみました。

図表7-1は、キリスト教の信者数の国別分布を示しています。最も信者が多いのはアメリカで、国民の約8割がキリスト教徒で、このうち約7割がプロテスタント系の宗派に属します。2位のブラジルをはじめとした南米諸国やフィリピンではカトリックの信者が大多数を占めます。

5位のナイジェリアでは、キリスト教徒が多いものの、国内に占める割合はそれほど高くないのが特徴的です。砂漠の交易民との交流が盛んだった北部ではイスラム教徒が大半を占める一方で、植民地時代にイギリスの影響を受けた南部ではキリスト教徒が多くなっています。

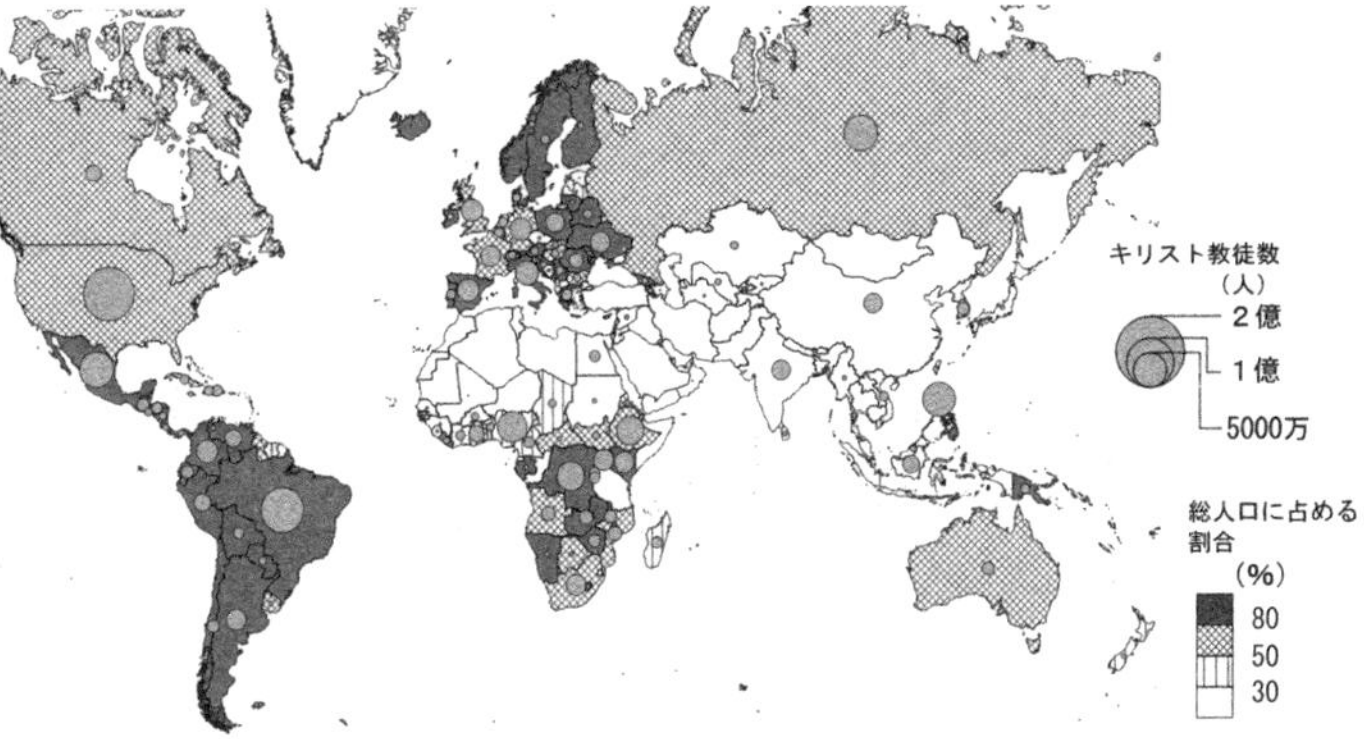


| 順位 | 国 | 信者人口（万人） | 総人口に占める信者の割合（%） |
|---|---|---|---|
| 1 | アメリカ | 2億6053.7 | 78.5 |
| 2 | ブラジル | 1億8753.5 | 87.5 |
| 3 | メキシコ | 1億1492.2 | 90.7 |
| 4 | ロシア | 1億1418.6 | 79.6 |
| 5 | フィリピン | 1億0533.9 | 92.5 |
| 6 | ナイジェリア | 8536.1 | 40 |
| 7 | コンゴ民主 | 7671.5 | 80 |
| 8 | エチオピア | 7541.7 | 62.7 |
| 9 | イタリア | 5414.4 | 91.6 |
| 10 | ドイツ | 4867 | 58.5 |

図表 7-1　世界の国別キリスト教徒の信者数
World Data.info　“Spread of Christianity” より作成

図表7-2は、イスラム教徒の国別分布を示しています。サウジアラビアのメッカを聖地とし、西アジアや北アフリカ諸国に多くの信者を擁するイスラム教ですが、国別の信者数を見ると、南アジアから東南アジアにより多くの信者がいることがわかります。最も信者が多いのがインドネシアですが、イスラム教を「国教」としているわけではなく、国内にはキリスト教徒（約10％）、ヒンドゥー教徒（約1・7％）などが多く暮らしています。

インドとパキスタン、バングラデシュは、1947年に「イギリス領インド」から独立する際に、別々の国になりました。「インド」に属するか「パキスタン」に属するかは、各州の実質的な統治者である「藩王」の意志によるものでした。このため、国境地域を中心に、「インド」に属することになったイスラム教徒が多く発生しました。イスラム教徒の多い地域で構成された「パキスタン」は、インドをはさんで東西に領地を得ましたが、サイクロンの被害に対する中央政府と現地との対立から紛争が激化し、1971年に東パキスタンが独立して「バングラデシュ」になりました。

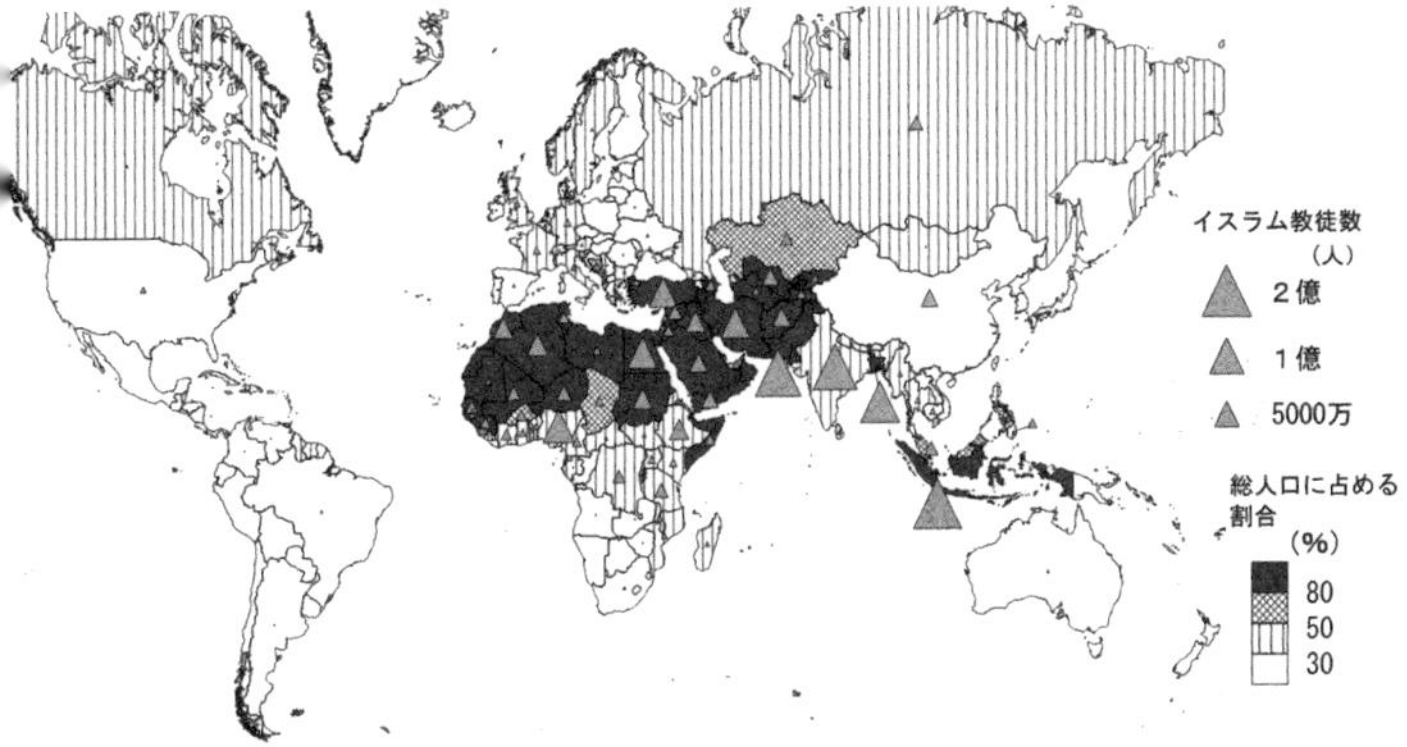


| 順位 | 国・地域 | 信者人口（万人） | 総人口に占める信者の割合（%） |
|---|---|---|---|
| 1 | インドネシア | 2億2900.0 | 87.2 |
| 2 | パキスタン | 2億40.0 | 96.5 |
| 3 | インド | 1億9500.0 | 14.2 |
| 4 | バングラデシュ | 1億5370.0 | 90.4 |
| 5 | ナイジェリア | 9900.0 | 49.6 |
| 6 | エジプト | 8750.0 | 92.4 |
| 7 | イラン | 8250.0 | 99.4 |
| 8 | トルコ | 7985.0 | 99.2 |
| 9 | アルジェリア | 4214.1 | 99.0 |
| 10 | スーダン | 3958.6 | 97.0 |

図表7-2　世界の国別イスラム教の信者数

World Population Review　"Muslim Population by Country 2023" より作成

図表7-3は、仏教徒の分布です。

ネパールの首都、カトマンズ付近で修業をしたとされるガウダマ＝シッダルタ（釈迦牟尼《しゃかむに》）とその弟子たちが広めたとされる仏教ですが、故国のネパールにおける推定信者数は約374万人（人口の約10％）しかいません。むしろ、長い時間をかけて伝播《でんぱ》していった中国や東南アジア諸国で多くの信者を得ています。

アジア以外の地域で仏教徒が多い国はアメリカ（約417万人）、次いでイギリス（約380万人）、カナダ（約370万人）、フランス（約310万人）、ブラジル（約250万人）、ドイツ（約230万人）などがあります。アメリカやカナダへは中国、韓国や日本からの移民が多く、フランスやカナダへは、ベトナム戦争時に大量に移住したベトナムやカンボジアからの難民が多く移り住んだことが影響しているものと思われます。

| 順位 | 国 | 信者人口（万人） | 総人口に占める信者の割合（%） |
|---|---|---|---|
| 1 | 中国 | 2億5470.0 | 18.3 |
| 2 | タイ | 6612.0 | 92.6 |
| 3 | ミャンマー | 4144.0 | 79.8 |
| 4 | 日本 | 4138.0 | 33.2 |
| 5 | カンボジア | 1569.0 | 96.8 |
| 6 | ベトナム | 1556.0 | 16.2 |
| 7 | スリランカ | 1544.0 | 68.6 |
| 8 | 韓国 | 1095.0 | 21.9 |
| 9 | インド | 1014.0 | 0.7 |
| 10 | マレーシア | 522.0 | 15.7 |

図表 7-3　世界の国別仏教の信者数

World Population Review "Buddhist Countries 2023" より作成

## ちくまプリマー新書

011
世にも美しい数学入門
藤原正彦
小川洋子
数学者は「数学は、ただ圧倒的に美しいものです」とはっきり言い切る。作家は、想像力に裏打ちされた鋭い質問によって、美しさの核心に迫っていく。

012
人類と建築の歴史
藤森照信
母なる大地と父なる太陽への祈りが建築を誕生させた。人類が建築を生み出し、現代建築にまで変化させていく過程を、ダイナミックに追跡する画期的な建築史。

101
地学のツボ
——地球と宇宙の不思議をさぐる
鎌田浩毅
地震、火山など災害から身を守るには？　地球や宇宙の起源に迫る「私たちとは何か」。実用的、本質的な問いを一挙に学ぶ。理解のツボが一目でわかる図版資料満載。

205
「流域地図」の作り方
——川から地球を考える
岸由二
近所の川の源流から河口まで、水の流れを追って「流域地図」を作ってみよう。「流域地図」で大地の連なり、水の流れ、都市と自然の共存までが見えてくる！

406
富士山はいつ噴火するのか？
——火山のしくみとその不思議
萬年一剛
富士山は約３００年噴火していないが、実はとても活発な火山だ。次の噴火はいつ？　起きたらどうなる？　最新の調査から噴火の規模、被害、そして防災までを語る。

## ちくまプリマー新書

chikuma primer shinsho

ちくまプリマー新書 436
ランキングマップ世界地理《せかいちり》 統計《とうけい》を地図《ちず》にしてみよう
二〇二三年九月一〇日　初版第一刷発行

著者　伊藤智章（いとう・ともあき）
装幀　クラフト・エヴィング商會
発行者　喜入冬子
発行所　株式会社筑摩書房
東京都台東区蔵前二‐五‐三　〒一一一‐八七五五
電話番号　〇三‐五六八七‐二六〇一（代表）
印刷・製本　株式会社精興社
ISBN978-4-480-68460-8 C0225　Printed in Japan